Beck'scheReihe

Denker
BsR 537

Baruch de Spinoza (1632–1677) hat ein philosophisches System entworfen, das wie kein anderes einem absoluten Rationalismus verpflichtet ist. Es ist sein Ziel, über eine vollständige Begründung von Weltzusammenhängen dem Menschen zu einer vernünftigen Weltorientierung zu verhelfen. Das gelingende menschliche Leben hängt demnach von klarer und deutlicher Erkenntnis ab. Spinoza hat deshalb sein Hauptwerk, das sein philosophisches System enthält, unter den Titel „Ethik" gestellt. Dieses zentrale Werk steht im Mittelpunkt von Wolfgang Bartuschats Darstellung, doch werden auch die übrigen Werke Spinozas dem Leser vorgestellt. Eine Leitfrage ist dabei, in welcher Weise für Spinoza theoretische Begründungen eine zugleich praktische Bedeutsamkeit haben.

Wolfgang Bartuschat, geb. 1938, ist Professor für Philosophie an der Universität Hamburg. Wichtigste Veröffentlichungen: Zum systematischen Ort von Kants „Kritik der Urteilskraft", Frankfurt/M 1972; Spinozas Theorie des Menschen, Hamburg 1992; Hrsg. und Übers.: Spinoza, Tractatus de intellectus emendatione, Hamburg 1993: Hrsg. und Übers.: Spinoza, Tractatus politicus, Hamburg 1994. Seit 1994 ist er Mitherausgeber der Zeitschrift „Archiv für Geschichte der Philosophie".

Die Reihe „Denker" wird herausgegeben von Otfried Höffe, Professor für Philosophie an der Universität Tübingen. Über die weiteren Bände der Reihe siehe S. 205.

WOLFGANG BARTUSCHAT

Baruch de Spinoza

VERLAG C. H. BECK

Mit 5 Abbildungen

Archiv Th. van der Werf,
Vereniging Het Spinozahuis, Rijnsburg.

Die Deutsche Bibliothek – CIP-Einheitsaufnahme

Bartuschat, Wolfgang:
Baruch de Spinoza / Wolfgang Bartuschat. – Orig.-Ausg. –
München : Beck, 1996
  (Beck'sche Reihe ; 537 : Denker)
  ISBN 3 406 38936 8
NE: GT

Originalausgabe
ISBN 3 406 38936 8

Umschlagentwurf: Uwe Göbel, München
Umschlagabbildung: Collectie Haags Historisch Museum
© C. H. Beck'sche Verlagsbuchhandlung (Oscar Beck), München 1996
Gesamtherstellung: C. H. Beck'sche Buchdruckerei, Nördlingen
Gedruckt auf säurefreiem, alterungsbeständigem Papier
(hergestellt aus chlorfrei gebleichtem Zellstoff)
Printed in Germany

Inhalt

Zitierweise und Abkürzungen

Spinoza wird nach der kritischen Ausgabe von Gebhardt bzw. Mignini zitiert. Die Übersetzungen stammen von mir.

Folgende Abkürzungen werden verwendet:

E	Ethik
Ep.	Briefe
KV	Kurze Abhandlung von Gott, dem Menschen und dessen Glück
PPC	Descartes' Prinzipien der Philosophie
TIE	Abhandlung über die Verbesserung des Verstandes
TP	Politischer Traktat
TTP	Theologisch-Politischer Traktat

Die zitierten Stellen werden nach der üblichen Feingliederung in Kapitel und Paragraphen ausgewiesen. In dem Abschnitt „Das philosophische System", der sich im wesentlichen auf die „Ethik" bezieht, habe ich bei Zitaten aus der „Ethik" auf das Kürzel „E" verzichtet. Die Teile dieses Werks habe ich durch römische, die Lehrsätze durch arabische Ziffern markiert und des weiteren folgende Abkürzungen verwendet:

app.	Anhang
ax.	Axiom
c	Folgesatz
d	Beweis
def.	Definition
praef.	Vorrede
s	Anmerkung

Vorbemerkung

Spinoza ist ein Denker der Vergangenheit. Anders als der Kantianismus, aber auch der Cartesianismus und der Hegelianismus, ist der Spinozismus in der gegenwärtigen philosophischen Diskussion kaum präsent, mag auch heute noch der eine oder andere, wie ehedem Schelling (Brief an Hegel im Jahre 1795), „Spinozist" geworden sein oder, wie ehedem Goethe (Brief an Jacobi im Jahre 1786), aus Spinoza den „Mut" gewonnen haben, die Dinge unter dem Aspekt einer ihnen eigenen Ewigkeit zu betrachten. Freilich gilt als unbestritten, daß Spinoza ein „großer" Denker war und daß man deshalb neben vielem Toten auch etwas Lebendiges in seiner Philosophie wird finden können. Doch wird dabei allzu leicht etwas für lebendig und insofern aktualisierbar erachtet, das als ein Bruchstück aus dem systematischen Zusammenhang herausgelöst wird, in dem Spinoza seine Philosophie dargelegt hat, die als eine Kritik gerade dieses Verfahrens einer isolierten Betrachtungsweise zu verstehen ist.

Mir ist es deshalb darauf angekommen, das System Spinozas, wie es in seinem Hauptwerk, der „Ethik", entfaltet wird, von dem es organisierenden Prinzip her darzustellen und auf diese Weise nicht nur die Vielfalt der von Spinoza erörterten Sachprobleme in den Blick zu bringen, sondern auch deren interne Verfugung. Dabei habe ich mich bemüht, im Rahmen des vorgegebenen Umfangs Spinozas Philosophie vollständig darzustellen. Die die Erörterung des philosophischen Systems (Kap. III) einrahmenden Kapitel zu Spinozas Frühschriften (Kap. II) und zu seiner Religions- und Politik-Theorie (Kap. IV) sind unter den Aspekten von Hinführung und Ergänzung mit Blick auf das System geschrieben. Gestützt habe ich mich für dieses Buch der Reihe „Denker", zu dem mich Otfried Höffe ermuntert hat, auf langjährige Spinoza-Forschungen, die ich unter Ausblendung der Frühschriften und der Religions-Theorie in meinem Buch „Spinozas Theorie des Menschen" (Hamburg 1992) zusammengefaßt habe. Tobias Berben und Katja Crone danke ich für die Durchsicht des Manuskripts und für die Hilfe bei der Erstellung des Registers.

I. Leben und geistiger Hintergrund

Baruch (portugiesisch: Bento; latinisiert: Benedictus) de Spinoza wurde am 24. November 1632 im Judenviertel Amsterdams geboren. Die jüdische Familie De Spinoza (auch d'Espinosa) stammt aus Portugal. Man nannte die Juden auf der iberischen Halbinsel „Marranen" (marrano: schweinisch), nachdem sie im 15. Jahrhundert unter dem Druck der katholischen Kirche formell zum Christentum hatten übertreten müssen, aber bloße Scheinchristen waren, die in ihren Lebensformen dem jüdischen Glauben verpflichtet blieben. Aufgrund ihres Kryptojudentums blieben sie Verfolgungen schwerster Art ausgesetzt, was bald zu einer Welle der Emigration führte. Sie suchten in den anrainenden Mittelmeerstaaten und zunehmend in den Staaten Nordeuropas Zuflucht, im besonderen Maße in den Niederlanden mit dem geistigen und ökonomischen Zentrum Amsterdam. Dort wurde die Familie Spinozas um 1600 ansässig.

Die Niederlande schickten sich an, eine aufblühende Großmacht zu werden. Deren sieben nördliche Provinzen (Holland, Utrecht, Geldern, Zeeland, Overijssel, Friesland und Groningen) hatten sich 1579 in der Utrechter Union vereinigt und damit den Abfall von Spanien besiegelt. 1581 gelangten sie zur politischen Selbständigkeit der „Republik der Vereinigten Niederlande". Der seit 1559 ausgetragene Kampf gegen das vermeintlich übermächtige Spanien, seit 1572 maßgeblich angeführt von Wilhelm I. von Oranien als niederländischem „Statthalter" (also Vertreter des spanischen Monarchen), veranlaßt durch den Protest gegen eine zunehmende Liquidierung überkommener ständischer Privilegien und durch die Furcht vor der sich abzeichnenden Inquisition, hatte am Ende Erfolg. Und man darf annehmen, daß diese Leistung auf die verfolgten Juden der iberischen Halbinsel großen Eindruck gemacht hat.

Die Provinzen, im Inneren selbständige und eigenverantwortliche Staaten, bildeten für die Sicherung der errungenen Souveränität nach außen eine feste Union.

Bald schufen sie die ökonomischen Grundlagen, die dieser Souveränität Bestand zu geben vermochten. 1602 wurde die Ostindische Handelsgesellschaft, 1609 die Bank von Amsterdam gegründet. Die Niederlande wurden die führende Handelsmacht Europas, die sich in Ostasien, Afrika und Amerika auf überseeische Besitztümer stützen konnte und als Seefahrernation über eine gewaltige Flotte verfügte, die einen großen Teil des internationalen Handels kontrollierte. In der Jugend Spinozas vollzog sich der enorme Aufschwung. Im Jahr des Westfälischen Friedens 1648, der auch formell die Souveränität der Vereinigten Republik bestätigte, erreichte die Blüte des Landes ihren Höhepunkt. Erst die beiden Seekriege mit England (1652–54 und 1664–67) und schließlich der 1672 beginnende Krieg mit Frankreich und dessen Verbündeten führten zu einer außenpolitischen Schwächung und zu damit verbundenenen ökonomischen Schwierigkeiten, von denen sich das Land aber immer wieder erholen konnte.

Innenpolitisch gewann zunächst ein aus dem Kampf gegen das katholische Spanien hervorgegangener orthodoxer Calvinismus die Oberhand. Er konnte auf der Dordrechter Synode von 1619 nicht nur die Verurteilung der freisinnigen Remonstranten bewirken, sondern setzte auch die Gewaltanwendung gegen deren Anhänger durch: der führende republikanische Politiker Oldenbarnevelt wurde hingerichtet, der Rechtslehrer Hugo Grotius zu lebenslanger Haft verurteilt. Der orthodoxe Calvinismus unterstützte die Politik der den Statthalter stellenden Oranierpartei gegen die republikanisch gesonnene Regentenpartei; insbesondere bekämpfte er deren Programm eines laizistischen Staates, das die Religion in die Innerlichkeit privaten Glaubens verwies und dem Staat ein Kontrollrecht gegenüber der Kirche zubilligte. Diesem Programm, das Grotius in seiner 1649 posthum veröffentlichten Schrift über die Gewalt der Souveränität in religiösen Angelegenheiten theoretisch formuliert hatte („ius circa sacrum"), war Spinoza zeitlebens verbunden. Der als Folge der ökonomischen Prosperität dominant gewordenen Regentenpartei mußte es darauf ankommen, die innere Stabilität des Gemeinwesens, die durch die ökonomische Verflechtung ihrer führenden Mitglieder gewährleistet war, nicht durch Parteibildungen zu gefährden, die religiösen Streitereien entsprangen. Deshalb war sie darauf aus, als Gegengewicht zum Calvinismus, der in seiner dogmatischen Ausprägung nicht die Gestalt einer universellen Religion annehmen konnte, durch die sich Menschen unterschiedlicher geistiger Bedürfnisse miteinander verbunden wissen konnten, auf dem Territorium ihres Landes die freie Meinungsäußerung weitgehend zu ermöglichen und somit faktisch zu dulden. Verglichen mit anderen Ländern waren die Niederlande im damaligen Europa ein durchaus liberaler Staat.

So konnte sich in diesem Land neben der ökonomischen Blüte, die sich auf die freie Aktivität ihrer Handel betreibenden Bewohner stützte, auch eine Blüte des Geisteslebens in Wissenschaft und Kunst herausbilden. Hugo Grotius (1583–1645), der als Huigh De Groot in Delft geborene große Jurist, Politiker und Historiker, mußte noch sein Vaterland verlassen und sein grundlegendes Werk zum Völkerrecht ‚De iure belli ac pacis' 1625 in Paris veröffentlichen. Doch nur wenig später wählte der Franzose René Descartes (1596–1650), ein Katholik, die Niederlande zu seiner geistigen Heimat, in der er, mit Unterbrechungen, von 1629 bis 1649 lebte und in der er zwei seiner wichtigsten Schriften veröffentlichen ließ: ‚Discours de la méthode' 1637 in Leiden, ‚Principia philosophiae' 1644 in Amsterdam. Die 1575 als Bollwerk gegen die südlichen (spanischen) Niederlande im Geist des Protestantismus gegründete Universität Leiden wurde zu einem Zentrum des europäischen Geisteslebens mit Studenten aus ganz Europa. Christiaan Huygens aus Den Haag (1629–1695), seiner Heimat freilich nicht so stark verbunden und Mitglied der Wissenschaftlichen Akademien in London und Paris, war einer der bedeutendsten Physiker und Mathematiker seiner Zeit. Antoni van Leeuwenhoek aus Delft (1632–1723), ein Tuchhändler, gelangte mit Hilfe selbstgefertigter Mikroskope zu wegweisenden Einsichten in die Natur der Mikroorganismen. Ein Mathematiker, Jan de Witt aus Dordrecht (1625–1672), war seit 1653 als Ratspensionär von Holland nahezu zwei Jahrzehnte lang der leitende politische Kopf nicht nur dieses Staates, sondern der gesamten Vereinigten Republik. Das „Gouden Eeuw" (Goldene Zeitalter) der Niederlande erreichte mit dem in Amsterdam lebenden Joost van den Vondel (1587–1679) eine Blüte der Dichtkunst und fand seine Krönung mit den Malern des Landes, in deren Werken die europäische Malerei des 17. Jahrhunderts im Land Spinozas ihren Höhepunkt erreicht. Frans Hals (1585–1666) aus den südlichen Niederlanden, der Porträtist von Descartes, fand seine Wirkungsstätte in Haarlem, wo er 1664 die letzten seiner großen Gruppenbildnisse malte; Rembrandt van Rijn (1606–1669), geboren in Leiden, siedelte 1631 nach Amsterdam über und machte diese Stadt zum Ort seiner Kunst; Jan Vermeer (1632–1675) aus Delft ist in demselben Jahr geboren wie Spinoza.

Den eingewanderten Marranen genügte es allerdings, daß sie Handel treiben konnten und daß es ihnen gestattet war, das Gewand ihres Scheinchristentums abzulegen. Als neue Juden bekannten sie sich offen zu einer Religion, die sie innerlich zwar nie aufgegeben hatten, in der sie sich aber, seit mehr als hundert Jahren abgeschnitten von jeglichem Religionsunterricht, neu orientieren mußten. In dem ihnen unvertrauten kulturellen Milieu des nordischen Holland konnten sie ihre auf der iberischen Halbinsel erlittene Entwurzelung nur überwinden, wenn sie sich in ihrer neuen Heimat fest zusammenschlossen und eine enge Gemeinschaft mit Synagogen, Schulen und geselligen Vereinigungen bildeten. Doch war dies für sie, verunsichert über den geistigen Gehalt dessen, was ihnen gemeinsam sein sollte, außerordentlich schwierig. Nicht nur unterschiedliche, sondern auch stark kontroverse Lehrmeinungen erschwerten den Zusammenhalt der neuen Juden.

Das geistige Oberhaupt der Amsterdamer Juden war Menasseh ben Israel (1604–1657), ein hervorragender Kenner der Heiligen Schriften und der Tradition des jüdischen Denkens, ein kosmopolitisch orientierter, auf Ausgleich der Konfessionen bedachter liberaler Rabbiner. Daneben wirkten konservative Anhänger der Kabbala wie Isaac Aboab de Fonseca (1605–1693) und orthodoxe, das Judentum fanatisch verteidigende Rabbiner wie Saul Levi Morteira (1596–1660), der für den Ausschluß Spinozas aus der jüdischen Gemeinde hauptverantwortlich war. Eine im besonderen Maße innerlich zerrissene Persönlichkeit war Uriel da Costa (1584–1640), ein christlich erzogener Portugiese, der nach dem Bruch mit dem Katholizismus 1614 nach Amsterdam ging und zum Judentum übertrat, bald jedoch als Häretiker von der jüdischen Gemeinde denunziert und verfolgt wurde. Er kam der Aufforderung zur öffentlichen Abbitte nicht nach, versöhnte sich zwar äußerlich mit der jüdischen Gemeinde, polemisierte gleichwohl weiter gegen sie und ging schließlich in den Freitod. Sein Leben und Schicksal hatte Spinoza deutlich vor Augen. Persönlich bekannt war Spinoza mit dem Arzt Juan de Prado (1614 in Spanien geboren; von 1655–1660 in Amsterdam; Todesdatum unbekannt), dem Hauptvertreter eines heterodoxen Judentums, der von der Gemeinde verstoßen wurde, aber das Urteil nicht akzeptierte. Aus den Schriften seines Gegners Isaac Orobio de Castro (1617–1687), eines einflußreichen Vertreters der jüdischen Orthodoxie, kennen wir die Hauptthesen des Juan de Prado: Kritik aller traditionellen Formen göttlicher Offenbarung; Zweifel an der Auserwähltheit des jüdischen Volkes; Naturgesetze als unveränderliche Gesetze Gottes; Interpretation der Religion unter einem allein moralischen, allen Menschen gemeinsamen Aspekt. Der intellektuelle Einfluß dieses Denkers auf den jungen Spinoza ist nicht zu unterschätzen. Und schließlich gab es frömmelnde Juden, denen aus Sorge um das Seelenheil alle weltzugewandten Tätigkeiten der Menschen verdächtig waren. Zu ihnen gehörte Abraham Pereyra, aus Spanien stammend, seit 1650 in Amsterdam, der mit seiner Kritik an Machiavellis Trennung der Politik von der Theologie auch Spinoza im Auge hatte. Er war, zusammen mit vielen anderen Amsterdamer Juden, naiv genug, in einem Scharlatan, dem aus Smyrna stammenden Sabbatai Zevi (1626–1676), einen neuen Messias zu sehen, der im „prophetischen" Jahr 1666 die geschundenen Juden in das gelobte Land zurückführen würde.

Angesichts der religiösen Kontroversen, die die neuen Juden, die nach mehr als hundert Jahren der Verfolgung in der neuen Heimat eine sie verbindende Identität suchten, nur noch mehr verunsichern mußten, war es allein eine bestimmte Form des ritualisierten alltäglichen Lebens, das sie zusammenhalten konnte. Es war das Band einer strengen Orthodoxie der Lebensform. In diesem Milieu ist Spinoza großgeworden, und er hat darunter sehr gelitten. Schon früh ist er offenbar zu der Einsicht gelangt, daß die Unklarheit in geistigen Dingen und damit das mangelnde Wissen es ist, das die Menschen sich zurückziehen läßt in eine Position, in der auf ein Wissen-wollen und damit auf eine Begründung dessen, was man tut, ganz verzichtet wird. Spinoza wird dies später eine Flucht in das Asyl der Unwissenheit (asylum ignorantiae) nennen (E I, app.), die dazu führe, daß die geistige Aktivität der Menschen in der Äußerlichkeit einer blind übernommenen Lebensform erstarrt, in der sich die Menschen einem Zwang unterwerfen, durch den sie sich selbst entfremden.

Spinozas Vater, 1598 noch in Portugal geboren, war Inhaber eines Geschäfts, das mit Südfrüchten und anderen Produkten der Levante Handel trieb, und ein angesehenes Mitglied der Amsterdamer Synagoge „Kadar Kadoch", in der er zeitweise als Kassenwart tätig war. Er war dreimal verheiratet. Seine zweite Frau Hanna Debora ist Spinozas Mutter; sie starb, als Baruch sechs Jahre alt war. Bald nach ihrem Tod heiratete der Vater ein drittes Mal; diese Ehe blieb kinderlos. Aus der ersten Ehe stammen die Kinder Isaac und Rebecca; Baruch hatte zwei leibliche Geschwister: die früh verstorbene Schwester Mirjam (†1651) und den wohl 1635 geborenen Bruder Gabriel. Zu Hause sprach man portugiesisch, die ihnen geläufige Schriftsprache war das Spanische (Spinoza hatte die klassischen Werke der spanischen Literatur in seiner Bibliothek); auf der Straße konnte Baruch das Niederländische vernehmen und, so gut es ging, auch lernen. Hebräisch lernte er auf der zur portugiesischen Gemeinde gehörenden jüdischen Schule schon im Ele-

Abb. 1: Houtgracht mit dem elterlichen Haus Spinozas im Judenviertel Amsterdams; Gravierung von J. de Beyer (Privatbesitz).

mentarunterricht, war es doch die unerläßliche Voraussetzung für das Verständnis des „Alten Testaments" und des Talmud, den Hauptgegenständen des schulischen Unterrichts. Die „Höhere" Schule, die eigentliche Talmud-Schule, der der schon genannte Rabbiner Morteira vorstand, vermittelte auch das jüdische Denken des Mittelalters und der Renaissance. Das höhere Talmud-Studium, das zur Ausbildung der Rabbiner diente, konnte Spinoza nicht aufnehmen, weil er nach dem Tod seines Stiefbruders Isaac 1649, 17jährig, auf Geheiß des Vaters im elterlichen Geschäft mitarbeiten mußte. Doch gaben ihm die Bibliotheken der Gemeinde wohl Gelegenheit, seinen Wissensdurst auch dann noch zu stillen.

1654 starb der Vater; sein Geschäft hatte im ersten englischen Seekrieg (1652–54) durch die Blockade des Amsterdamer Hafens gelitten. Baruch mußte es gemeinsam mit seinem jungen Bruder Gabriel in ungünstiger Zeit übernehmen, und die

17

neugegründete Firma „Bento y Gabriel de Spinoza" hatte offenbar keine Inhaber, die fähig waren, das Geschäft wieder in Gang zu bringen. Neben dem unerfahrenen Gabriel stand ein Bruder, der nur widerwillig an der Sache beteiligt war. 1656, als Baruch aus der Synagoge ausgestoßen wurde und deshalb auch nicht mehr jüdischer Geschäftsmann sein konnte, war die Sache für den Älteren erledigt. Der Bruder führte das Geschäft zunächst allein weiter und ließ es 1664 überschreiben, um in die Karibik auszuwandern.

Am 27. Juli 1656 wurde die Verbannung aus der jüdischen Gemeinde ausgesprochen, nachdem Spinoza zuvor durch einen sogenannten kleinen Bann verwarnt worden war, auf den er nicht anpasslerisch reagierte. Der Bann war auch in sozialer Hinsicht eine harte Strafe; Spinoza hat ihn schon deshalb nicht akzeptieren können, weil er die Gerichtsbarkeit einer religiösen Institution neben der des bürgerlichen Staates nicht anerkannte. Eine in spanischer Sprache verfaßte Verteidigungsschrift ‚Apologia', von der Pierre Bayle in seiner ‚Enzyklopädie' berichtet, ist nicht erhalten und offensichtlich auch nicht verbreitet worden. Spinoza hat sich einer weithin anerkannten Autorität nicht gebeugt, auch nicht um sozialer Vorteile willen. Er hat die Arbeit eines Linsenschleifers aufgenommen und bis zu seinem Lebensende beibehalten. Sie wurde, wenn auch bescheidener Quell von Einnahmen aus eigener Tätigkeit. Seinen Auffassungen abzuschwören, wäre für ihn ein Verstoß gegen das Prinzip gewesen, auf das sie sich stützen: einer Rationalität verpflichtet zu sein, die für das eigene Tun Gründe angeben kann, die sich vor der Vernunft rechtfertigen lassen. In erster Linie sind es wohl nicht theologische Gründe gewesen, die Anstoß erregten, sondern die Rigorosität, mit der Spinoza gelebte und vertraute Umgangsformen des alltäglichen Zusammenlebens in Frage stellte. Eine solche Haltung mußte freilich auch das Selbstverständnis der in der Öffentlichkeit dominierenden calvinistischen Orthodoxie treffen, und ihr gegenüber konnten sich die eingewanderten und lediglich geduldeten Juden keinen Affront durch Freigeister aus den eigenen Reihen leisten. So war es letztlich das Selbsterhaltungsstreben der jüdischen Gemeinde in einer sie latent bedrohenden Umwelt, das zum Ausschluß Spinozas führte.

Spinozas kaufmännische Tätigkeit hatte ihn in Kontakt gebracht zu einem Kreis freisinniger mennonitischer Kaufleute (Simon de Vries, 1633?–1677; Jarrig Jelles, †1683; Pieter Balling, †1663/64), die sich in religiösen „Kollegien" trafen, um dort freimütig zu diskutieren. In diesem Diskussionskreis hat sich der junge Spinoza mehr und mehr von der dogmatischen Enge des jüdischen Lebens emanzipiert. Zu dem Kreis der Kollegianten stieß bald der Verlagsbuchhändler Jan Rieuwertsz (1616–1697), der Spinoza Zugang zu der wichtigsten Literatur seiner Zeit verschaffen konnte und mit dem als seinem Verleger er lebenslang verbunden bleiben sollte. Hier wurde er vertraut mit der wichtigsten philosophischen Strömung der Zeit, der Philosophie Descartes'. In der nahegelegenen Universität Leiden war Adriaan Heereboord (1614–1661) seit 1640 einer der Professoren für Philosophie. In seinem Hauptwerk, den ‚Meletemata' von 1654, setzte er die von seinem Vorgänger Franco Burgersdijk (1590–1635) eingeleitete Abwendung von der durch die Metaphysik des Spaniers Francisco Suárez (1548–1617) geprägten spätscholastischen Philosophie entschieden fort, indem er nicht nur die Philosophie Descartes', sondern auch die von Bacon und Gassendi aufgriff. Darüber hinaus nahm er in seinem Bemühen, die Philosophie, die er an der Universität zu lehren hatte, für die neuesten Entwicklungen offen zu halten, in die Diskussion des Cartesianismus die antiteleologische Naturphilosophie Galileis, der aufgrund seines ‚Dialogo dei massimi sistemi' (1633) mit der römischen Kirche in Konflikt geraten war, ebenso auf wie die materialistische Geist-Theorie des Thomas Hobbes, die dieser in seinen Einwänden gegen Descartes' 'Meditationes de prima philosophia' (1641) formuliert hatte und 1655 im ersten Teil seines philosophischen Hauptwerks (‚De corpore') weiter ausarbeiten sollte.

So wurde Spinoza über die Diskussionen im Freundeskreis, aber auch durch eifriges Selbststudium (ob auch als Gasthörer an der Universität Leiden ist ungewiß) mit der neuesten Philosophie vertraut. Er besuchte zudem in Amsterdam, wahr-

scheinlich seit 1657, die von dem freigeistigen Arzt und Privat-
gelehrten Franciscus van den Enden (1602–1674) 1652 gegründete Latein-Schule. Er lernte dort nicht nur Latein, die Sprache
der gelehrten Welt, in der er künftig schreiben sollte, und ein
wenig Griechisch. Er lernte dort auch die Physik Descartes'
kennen, die dieser in Form dreier Abhandlungen schon dem
‚Discours de la méthode' (1637) beigefügt und dann in seinem
Hauptwerk, den ‚Principia philosophiae' (1644), systematisch
entwickelt hatte, ferner die neuere Staatsphilosophie von Machiavelli, Grotius und Hobbes. An den Systemen von Descartes und Hobbes erkannte er, daß eine Form rationalen Demonstrierens nicht auf die Erörterung metaphysischer Fragen im
engeren Sinne beschränkt bleiben mußte, sondern auch in den
Feldern von Natur und Gesellschaft leistungsfähig sein konnte.

Wir wissen kaum etwas über Spinozas erste Jahre nach seiner Verbannung aus der Synagoge, in denen er wohl in Amsterdam gelebt hat. Sicherlich hat er die geistigen Kontakte im
Kollegianten-Kreis, die seinen endgültigen Bruch mit dem Judentum beschleunigt hatten, nach 1656 fortgesetzt und vertieft.
In diesem Freundeskreis, deren Mitglieder zum Teil auch an
der Privatschule van den Endens studierten, wurde Spinoza
bald zu der geistig dominierenden Figur. Andere kamen hinzu:
Adriaan Koerbagh (1632–1669), der einer der ersten Spinozi-
sten werden sollte, ein kämpferischer Aufklärer, der mit der
These von der Identität Gottes mit der Natur eine radikale Religionskritik verband und im Gefängnis endete; Jan Hendrik
Glazemaker (1619–1682), der im Auftrag von Rieuwertsz die
Schriften Descartes' ins Niederländische übersetzte und auch
der glänzende Übersetzer der ‚Ethica' in diese Sprache werden
sollte; schließlich Lodewijk Meyer (1630–1681), ein Arzt und
Anhänger der cartesischen Philosophie, neben Spinoza der
selbständigste Kopf dieses Kreises, der 1666 im Geist des Ra-
tionalismus eine bibelkritische Schrift verfaßte (‚Philosophia
Scripturae interpres ...') und später (1677) wesentlich an der
Herausgabe der ‚Opera posthuma' Spinozas beteiligt war.
Auch liberale Politiker waren mit dem Kreis verbunden, über
die Spinoza Kontakt zu Jan de Witt bekam, der seit 1653, da-

mals erst 28jährig, der führende politische Kopf der Republik war. Vielleicht hat de Witt dem nahezu mittellosen Spinoza finanzielle Zuwendungen zukommen lassen, gewiß aber taten es die Freunde des Kreises, zum Teil begüterte Kaufleute. Jedenfalls finanzierten sie 1663 die Veröffentlichung seiner Descartes-Schrift.

Gegen 1660 siedelte Spinoza in das kleine Rijnsburg in der Nähe der Universitätsstadt Leiden über, in ein gerade erbautes Haus eines Kollegianten, das, museal hergerichtet, noch heute in dem sonst unansehnlich gewordenen Ort besichtigt werden kann. Spinoza hatte sich Anfang 1660, fast vier Jahre nach dem ersten Bann, in Amsterdam erneut einem Verhör unterziehen müssen, diesmal im Rathaus der Stadt, veranlaßt von Gegnern seiner liberalen Gesinnung und wohl gesteuert von der immer noch nachtragenden portugiesischen Gemeinde. Es war faktisch eine zweite Verbannung. Spinoza verließ seine Vaterstadt, die er künftig nur noch heimlich betreten sollte; er suchte die Ruhe, um die bis dahin gereiften Gedanken zu Papier bringen zu können. Wohl 1660 hat er seine erste Schrift fertiggestellt, eine Zusammenfassung seiner Philosophie, wie er sie im Freundeskreis der Kollegianten vorgetragen und diskutiert hatte, möglicherweise auch für sie geschrieben als Dokument ihrer gemeinsamen Diskussion. Er hat sie lateinisch verfaßt; überliefert ist nur eine zeitgenössische holländische Übersetzung, die in mehreren Abschriften kursierte und auf unklarer Textbasis erstmals in der Mitte des 19. Jahrhunderts publiziert worden ist. Erst seit gut zehn Jahren liegt uns ein authentischer Text dieser Schrift vor, deren Titel lautet: ‚Korte Verhandeling van God, de Mensch en deszelvs Welstand‘. Nicht dem geometrischen Beweisverfahren verpflichtet, dessen sich Spinoza in seinem Hauptwerk bedienen wird, enthält dieses Werk bereits die zentralen Themen der reifen Philosophie Spinozas: die Theorie Gottes und des Menschen (in dieser Reihenfolge!) und einer Ethik, die aus einer Verhältnisbestimmung von Gott und Mensch zu geben ist.

Aber erst in seiner zweiten Schrift, die er in Rijnsburg ausarbeitete, machte Spinoza dasjenige, was dann Basis seiner

Abb. 2: Rekonstruktion des Arbeitszimmers in Spinozas Haus in Rijnsburg (Foto privat).

Ethik im engeren Sinn wird, zum zentralen Thema: die Macht des Verstandes, in der – der ‚Ethica' zufolge – die menschliche Freiheit gegründet ist. Es ist der wohl 1661/62 geschriebene unvollendet gebliebene ‚Tractatus de intellectus emendatione'. Er gibt den Abriß einer Methodenlehre, die der „Verbesserung" des Verstandes dienen soll und als das Heilmittel angesehen wird, das den Menschen aus den Irrungen des alltäglichen Lebens, die Spinoza eingangs beschreibt, zum wahren Glück führen kann. Darin erinnert dieser Traktat stark an Descartes' ‚Discours de la méthode', und einige Forscher haben ihn deshalb als eine cartesianisierende Erstlingsschrift noch vor dem eigentlichen „Spinozismus" angesehen. Er wird aber in den ‚Opera posthuma' von 1677 erscheinen, in die Spinoza, der seine Schriften für diese Ausgabe geordnet hat, die oben erwähnte erste Abhandlung nicht hat aufnehmen lassen, deren Herausgeber, die alten Freunde Spinozas, zudem versichern, daß Spinoza die Abhandlung über den Verstand noch habe

weiter bearbeiten wollen. Offensichtlich erkannte Spinoza, der früh gesehen hatte, daß der Ausgang der philosophischen Untersuchungen von Gott, dem Unbedingten, zu nehmen ist, daß er in eine Aporie gerate, wenn er den Ausgang von uns nimmt und in Form einer „Verbesserung" unseren Verstand auf das Unbedingte erst hinzuführen sucht, das uns doch immer schon bestimmen muß, sollen wir einen angemessenen Begriff von ihm haben.

Spinoza ließ sich Zeit, seine Philosophie auszuarbeiten. Einzelne Lehrstücke schickte er den Freunden in Amsterdam, mit denen er Kontakt hielt. Der seit 1661 dokumentierte Briefwechsel gibt Zeugnis davon. Nur kurz unterbrach Spinoza die Arbeit an der werdenden ‚Ethica' für ein anderes Werk. 1663 erschienen, versehen mit einem Vorwort des Freundes Meyer, die ‚Renati Des Cartes Principiorum Philosophiae Pars I et II . . .', denen ein Anhang mit dem Titel ‚Cogitata Metaphysica' hinzugefügt ist, bei Rieuwertsz in Amsterdam, der als Verfasser Spinoza aus Amsterdam („Per Benedictum de Spinoza Amstelodamensem") angab. Es ist die einzige Schrift, die Spinoza unter seinem Namen hat publizieren lassen. Nach eigenen Angaben (Ep. 15) hat er das Werk in vierzehn Tagen heruntergeschrieben als Resultat eines Unterrichts, den er einem Leidener Studenten, den er nicht übermäßig schätzte, gewährt hatte. Zur Veröffentlichung hatten ihn die Freunde gedrängt, was ihm wohl willkommen war, gab ihm die Publikation doch Gelegenheit, sich öffentlich als ein solider Philosoph auszuweisen, der nicht nur mit der am stärksten diskutierten Philosophie der Zeit, sondern auch mit der immer noch fortwirkenden spätscholastischen Philosophie bestens vertraut ist. Deshalb bleibt die eigene Philosophie, die schon so weit entwickelt war, daß sie mit Grundannahmen der cartesischen Philosophie (dem Ausgang vom „ego cogito" als der Instanz der Gewißheit) und der tradierten Metaphysik (Transzendenz des göttlichen Wesens) unvereinbar war, in der Darstellung der fremden Theorien im Hintergrund und tritt allenfalls implizit auf. Leibniz konnte Spinoza, als er von dessen eigener Philosophie noch nichts wußte, als einen Cartesianer unter anderen bezeichnen, der nichts anderes tue, als seinen Meister zu paraphrasieren (Brief an Thomasius vom April 1669). Und der frühe Biograph Colerus, der Spinoza nicht schätzte, war der Ansicht, mit dieser Schrift „hätte man ihn noch für einen ordentlichen Philosophen passieren lassen können" (Lebensbeschreibung Spinozas, 1705, Kap. 11).

Im Frühjahr 1663 siedelte Spinoza nach Voorburg in die Nähe Den Haags über und damit in einen zentraler gelegenen Ort. Spinoza hatte mittlerweile Kontakt zu verschiedenen Wissenschaftlern bekommen, den er zunehmend suchte. Schon 1661 hatte er Heinrich Oldenburg (1618–1677) kennengelernt, der 1663 Sekretär der gerade gegründeten „Royal Society" in London wurde. Mit ihm stand er bis zu seinem Lebensende in einem ausgedehnten Briefwechsel, der im Anfang vor allem naturwissenschaftliche Fragen zum Gegenstand hatte, die sich auf die neuesten Untersuchungen des Briten Robert Boyle (1627–1691) bezogen und die Einblick geben in Spinozas Verständnis von empirischer Wissenschaft. In Voorburg lernte er Christiaan Huygens kennen, der ihm von Fernrohren und Mikroskopen berichtet, was ihn „über die Voreiligkeit des Descartes" in Fragen der Wissenschaft staunen läßt (Ep. 26). Über Huygens machte er auch die Bekanntschaft mit Johan Hudde (1628–1704), einem an der Wahrscheinlichkeitsrechnung interessierten Mathematiker, der als politischer Freund Jan de Witts 1667 in das Regentenkollegium aufgenommen wurde und später (1672) für mehr als drei Jahrzehnte Bürgermeister von Amsterdam werden sollte. Zwei kurze, wohl Mitte der sechziger Jahre entstandene Abhandlungen, ‚Stelkonstige Reeckening van den Regenboog' (Algebraische Berechnung des Regenbogens) und ‚Reeckening van Kanssen' (Berechnung von Wahrscheinlichkeiten), sind einige Forscher geneigt, Spinoza zuzuschreiben; die Autorschaft ist jedoch nicht verbürgt und eher zweifelhaft.

An Oldenburg hatte Spinoza im Juli 1663 geschrieben, daß er sein Descartes-Buch auch habe veröffentlichen lassen, um „einige Männer, die in meinem Vaterland die obersten Stellen einnehmen", für weitere Veröffentlichungen aus der eigenen

Feder zu interessieren; denn er beabsichtige nicht, seine Ansichten „den Leuten gegen den Willen des Vaterlandes aufzudrängen" (Ep. 13). Spinoza verstand sich als Bürger des niederländischen Staates, doch blieb er – Kind von Immigranten, aber ohne deren kulturellen Hintergrund und ohne neue religiöse Bindung – bei allem Kontakt, den er suchte, tatsächlich ein heimatloser Außenseiter. „Wie geht es unserem Juden aus Voorburg?", fragte Huygens in einem Brief aus Paris seinen Bruder. Freilich war Spinoza mit seiner Philosophie, der ,Ethica', an deren Ausarbeitung er in Voorburg kontinuierlich arbeitete, noch nicht so weit, daß er sie hätte veröffentlichen können. Im Jahr 1665 unterbrach er die Arbeit an ihr, und die Unterbrechung sollte fünf Jahre dauern.

Es war ein unruhiges Jahr in den Niederlanden. Die sich von London her ausbreitende Pest hatte das Land erreicht und verdüsterte die allgemeine Stimmung. Das Land befand sich im zweiten Seekrieg mit England und mußte auf der See, der alten Domäne, einige empfindliche Niederlagen einstecken. De Witts Politik war einer starken internen Opposition der Oranierfreunde ausgesetzt. Die reformierten Theologen sahen dunkle Mächte am Werk und setzten verstärkt auf die Verfolgung von Andersgläubigen. Das Auftreten eines falschen Messias aus Smyrna, des Sabbatai Zevi, schürte bei Spinozas alten Glaubensbrüdern einen Hang zu maßloser Irrationalität. Spinoza begann damit, seinen ,Tractatus Theologico-Politicus' auszuarbeiten, mit dem er in die geistige Situation seiner Zeit eingreifen wollte. Gegen ein falsches Selbstverständnis der Theologen und Politiker von ihren Aufgaben galt es, ein eindringliches Plädoyer für die „libertas philosophandi" zu verfassen. Er wollte zeigen, daß die Freiheit des Philosophierens nicht nur mit Frömmigkeit und innerem Frieden im Staat verträglich, sondern Bedingung für Frömmigkeit und Frieden selber sei, mit deren Beseitigung ebendeshalb Frömmigkeit und Frieden, die grundlegenden Elemente von Theologie und Politik, aufgehoben würden. Insofern kann diese Streitschrift auch als Verteidigung der liberalen Politik de Witts verstanden werden, zumindest als der Versuch, sie gegen die sich abzeichnenden Angriffe zu stützen. Der Traktat ist 1670 erschienen, anonym und mit fingiertem Drucker und Druckort (bei Heinrich Künrath in Hamburg, tatsächlich bei Jan Rieuwertsz in Amsterdam).

Die Jahre danach sind durch die heftige Polemik gegen den Traktat gekennzeichnet, dessen Verfasser bald bekannt wurde. Schon 1670 setzte sie ein, und Spinoza wurde ein berühmter, mehr aber berüchtigter Mann. Eine Verfolgung Spinozas in den Niederlanden blieb aber aus; das liberale Land zeigte sich von seiner besten Seite. Erst 1674, nach veränderter politischer Konstellation, wurde der Traktat dort zusammen mit anderen „gotteslästerlichen und seelenverderbenden" Büchern, zu denen Meyers philosophische Bibeldeutung und die holländische Übersetzung von Hobbes' ‚Leviathan' gehörten, verboten. Einer Übersetzung ins Holländische, die dem Traktat eine größere Verbreitung verschafft hätte, hatte sich Spinoza widersetzt. 1668 war einer seiner ersten Anhänger, Adriaan Koerbagh, aufgrund einer „spinozistischen" Schrift in Amsterdam verhaftet worden und nach dem Prozeß im Gefängnis gestorben, ein Ereignis, das Spinoza tief getroffen hat. Er war vorsichtig geworden („caute" war seine Devise), wollte aber auch nicht unnötig Unruhe in die Öffentlichkeit bringen. Er wußte von der Gefahr einer falschen Ausdeutung von Publiziertem und faßte den Vorsatz, nichts mehr zu veröffentlichen.

1670 zog Spinoza von Voorburg in das nahe Den Haag und wohnte in äußerst bescheidenen Verhältnissen zunächst bei einer Witwe, später bis zu seinem Tode im Haus eines Anstreichers in der Paviljoensgracht, das, 1928 renoviert, noch heute zu besichtigen ist. Er nahm die Ausarbeitung seiner ‚Ethica' wieder auf. Zunehmend begann er unter seiner Krankheit, der Lungentuberkulose, zu leiden. Wir kennen aus Bildern sein schmales Gesicht mit den Zügen leichter Melancholie, dem südlichen Teint und dem dunklen Haar, das, anders als bei den kosmopolitischen Universalgelehrten Huygens und Leibniz, von keiner Perücke bedeckt war. 1672 wurde Spinozas Stimmung zunehmend bedrückt. Jan de Witt war gestürzt und zusammen mit seinem Bruder Cornelis vom fanatisierten Volk liquidiert worden. Gedankenfreiheit, die auf die latente Vernünftigkeit der Menschen setzt, war offenbar doch nicht das, was die Menschen vom Staat erwarteten und was sie in ihren Aktionen bestimmte. Das Frankreich Ludwigs XIV. hatte den Niederlanden den Krieg erklärt und war in das Land eingefallen, hatte Utrecht erobert und stand vor den Toren Amsterdams, unterstützt von England und den Bischöfen von Köln und Münster. Niederlands geachteter Haudegen, der Admiral Michiel de Ruyter (1607–1674), konnte in einer entscheidenden Schlacht gegen die Engländer noch einmal sein Vaterland retten und dem neuen Statthalter, Wilhelm III. von Oranien, die Integrität des Landes bewahren. Spinoza besuchte im Mai 1673 das französische Heerlager in Utrecht, wobei unklar ist, ob er hierfür im Auftrag der Regierung als eine Art Vermittler auftreten sollte. Auf jeden Fall war er, der über seiner ‚Ethica‘ saß und vielleicht am 5. Teil zur Theorie der Ewigkeit des menschlichen Geistes arbeitete, immer noch im aktuellen Zeitgeschehen engagiert.

Im Februar 1673 hatte Spinoza einen Ruf auf eine ordentliche Philosophie-Professur an die Universität Heidelberg erhalten, der die Anerkennung für die Solidität seiner Schrift über Descartes und die scholastische Metaphysik war, der aber gewiß in Kenntnis der Autorschaft des ‚Tractatus Theologico-Politicus‘ ausgesprochen wurde. Der Ruf des Kurfürsten von der Pfalz an seine „berühmte Universität" war mit dem Hinweis verbunden, daß Spinoza nirgends einen Fürsten finden werde, „der hervorragenden Geistern … günstiger gesinnt wäre". Zugesichert wurde ihm: „Sie werden die vollste Freiheit haben zu philosophieren, in seinem Vertrauen, daß Sie diese nicht zur Störung der öffentlich anerkannten Religion mißbrauchen werden" (Ep. 47). Spinoza lehnte, wie er schreibt, nach langer Erwägung ab. Er würdigte in seinem Antwortschreiben (Ep. 48) ausdrücklich die eingeräumte Freiheit zu philosophieren, störte sich aber offensichtlich an ihrer Einschränkung bezüglich der öffentlich anerkannten Religion. Darüber hinaus äußerte er sich generell skeptisch zu einer möglichen Wirksamkeit in der Öffentlichkeit mit dem Argument, daß die Menschen in ihrer Affektivität zu falschen Aussagen tendierten und folglich einen öffentlichen Lehrer nur in den Strudel von Streitigkeiten reißen würden. So setzte er auf die Ruhe des Privaten und schlug das öffentliche Amt aus, das ihm ein einträgliches ´Auskommen beschert hätte. Vielleicht war es nur die Liebe zu Holland, die verborgen dahinterstand, vielleicht der Wunsch, die eigene Philosophie ungestört zu ihrer Endgestalt zu bringen, vielleicht aber doch auch die resignierende Einsicht in die Unmöglichkeit einer öffentlichen Wirksamkeit von Philosophie. Der 5. Teil der ‚Ethica‘, in dem ein Weg zum Glück beschrieben wird, der aufgrund seines intellektuellen Anspruchs fast allen Menschen faktisch verschlossen bleibt, nahm zu dieser Zeit seine abschließende Gestalt an.

1675 vollendete Spinoza die ‚Ethica‘, ohne sie angesichts seiner Erfahrungen mit der Öffentlichkeit publizieren zu wollen. Mißtrauisch lehnte er auch die Weitergabe des Manuskripts an ihm nicht hinreichend Bekannte ab. Leibniz, der, wißbegierig wie er war, davon gehört hatte, daß in Holland ein jüdischer Philosoph ein groß angelegtes System ausarbeitete, war für ihn eine solche undurchsichtige Gestalt. 1676 besuchte Leibniz, damals dreißigjährig, Spinoza in dessen Wohnung in Den Haag: der souverän auftretende weltmännische Gelehrte den kränkelnd hustenden Linsenschleifer in anspruchsloser, wenn auch von einer gehaltvollen Bibliothek dominierten Behausung. Die Gedanken, die Spinoza vorgetragen hat, haben auf Leibniz wohl solchen Eindruck gemacht, daß er die ‚Opera posthuma‘ sofort erwarb und den Text der ‚Ethica‘ mit kritischen Anmerkungen versah. Spinoza lernte ferner, vermittelt durch den alten Bekannten Oldenburg, den jungen Mathematiker und Naturwissenschaftler Ehrenfried Walter von Tschirnhaus (1651–1708) kennen, der scharfsinnige kritische Bemerkungen zu der Relation von Attribut und Modus und damit zu den Grundaussagen der ‚Ethica‘ machte. Im vorletzten uns erhaltenen Brief (Ep. 83), an der Schwelle des Todes, erwiderte ihm Spinoza, daß er darüber bisher noch nichts in gehöriger Ordnung habe abfassen können, dies aber ein andermal („wenn ich am Leben bleibe") mit ihm deutlicher erörtern wolle.

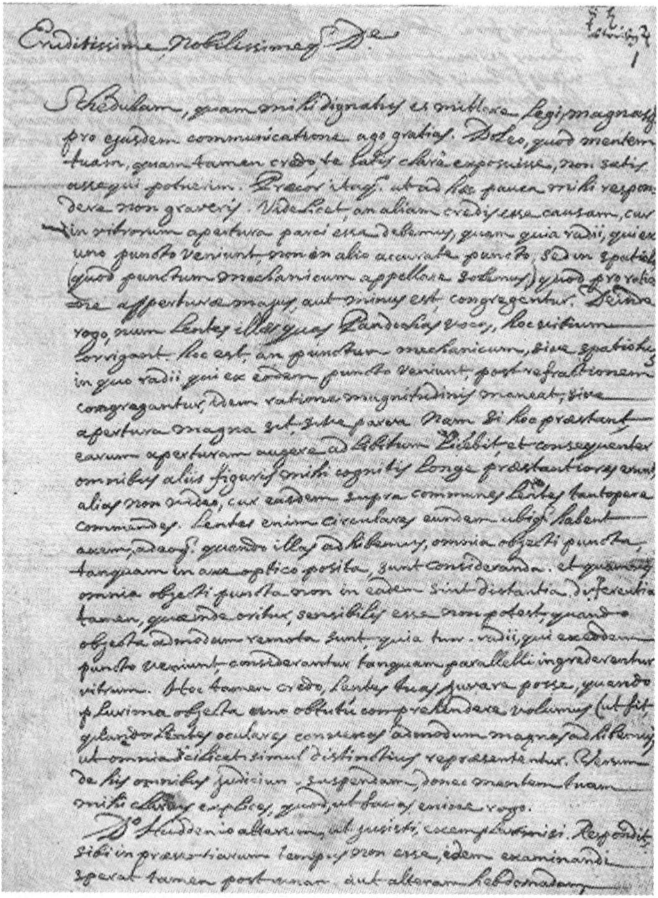

Eruditissime Nobilissimeque D^ne

Schedulam, quam mihi dignatus es mittere, legi, magnasque
pro ejusdem communicatione ago gratias. Doleo, quod mentem
tuam, quam tamen credo, te satis clare exposuisse, non satis
assequi potuerim. Precor itaque, ut ad haec pauca mihi respon-
dere non graveris. Videlicet, an aliam credis esse causam, cur
in vitrorum apertura parci esse debemus, quam quia radii, qui ex
uno puncto veniunt, non in alio accurate puncto, sed in spatiolo
(quod punctum mechanicum appellare solemus) quod pro ratione aperturae majus, aut minus est, congregantur. Deinde
rogo, num lentes illae, quas Pandochas vocas, hoc vitium
corrigant, hoc est, an punctum mechanicum, sive spatiolum
in quo radii, qui ex eodem puncto veniunt, post refractionem
congregantur, idem ratione magnitudinis maneat, sive
apertura magna sit, sive parva. Nam si hoc praestant,
earum aperturam augere ad libitum licebit, et consequenter
omnibus aliis figuris mihi cognitis longe praestantiores erunt;
alias non video, cur easdem supra communes lentes tantopere
commendas. Lentes enim circulares eundem ubique habent
axem, adeoque quando illas adhibemus, omnia objecti puncta,
tanquam in axe optico posita, sunt consideranda. Et quamvis
omnia objecti puncta non in eadem sint distantia, differentia
tamen, quae inde oritur, sensibilis esse non potest, quando
objecta admodum remota sunt, quia tum radii, qui ex eodem
puncto veniunt, considerantur tanquam paralleli ingrederentur
vitrum. Hoc tamen credo, lentes tuas juvare posse, quando
plurima objecta uno obtutu comprehendere volumus (ut fit,
quando lentes oculares convexas admodum magnas adhibemus)
ut omnia scilicet simul distinctius repraesententur. Verum
de his omnibus judicium suspendam, donec mentem tuam
mihi clarius explices, quod, ut facias, enixe rogo.
D^o Huddenio alterum, ut jussisti, exemplar misi. Respondit
sibi in praesentiarum tempus non esse, idem examinandi
sperat tamen post unam aut alteram hebdomadam

Abb. 4: Anfang eines Briefes Spinozas an den „hochangesehenen und hochgeehrten Herrn Gottfried Wilhelm Leibniz, Doktor beider Rechte und Mainzer Rat" vom 9. November 1671 aus Den Haag, Fragen der Optik betreffend. Original im Besitz der Niedersächsischen Landesbibliothek Hannover.

Die nach Abschluß der ‚Ethica' verbleibende Zeit nutzte Spinoza dazu, sich noch einmal der Theorie der Politik zuzuwenden. 1675 begann er mit der Ausarbeitung des ‚Tractatus Politicus', den zu vollenden der Tod ihn gehindert hat. Der Text bricht zu Beginn des Demokratie-Kapitels ab. Ein früher Parteigänger de Witts, Pieter de la Court (1618–1685; niederländisch Van den Hove), hatte mehrere Bücher geschrieben, in denen er den Wohlstand Hollands auf eine rigorose Handels- und Gewerbefreiheit zurückführte, der eine religiöse und politische Freiheit zu korrespondieren habe. Die ungehinderten individuellen Aktivitäten sollten dabei durch ein Geflecht der wechselseitigen Abhängigkeit aller die Gesellschaft tragenden Mitglieder zu einer die Stabilität des Gemeinwesens garantierenden Selbstbindung gelangen. Diesen Gedanken eines das politische System tragenden Gleichgewichts der an ihm beteiligten Kräfte entwickelte er zusammen mit seinem Bruder Johannes in der Schrift ‚Consideratie van Staat ofte Polytike Weegschaal' (Amsterdam 1661). Spinoza wertete die Fülle des dort zusammengetragenen Materials vergangener und gegenwärtiger politischer Systeme aus und suchte ihm über den in seiner Philosophie entwickelten Begriff von Macht (potentia) und der in ihr gründenden menschlichen Affektivität eine systematische Grundlage zu geben. Sein letztes Werk ist ein Beitrag zum gedeihlichen Zusammenleben der Menschen im öffentlichen Raum der Politik, das sich nicht auf den Gebrauch der eigenen Vernunft, dem Spinoza immer das Wort geredet hat, stützt, in seinen Grundlagen aber dem gemäß sein muß, was die Vernunft fordert.

Im Beisein seines Freundes Lodewijk Meyer ist Spinoza am 21. Februar 1677 in Den Haag im Alter von 44 Jahren gestorben. Dem frühen Biographen Colerus zufolge ist er unter großer Anteilnahme der Bevölkerung in der neuerbauten Kirche am Spui zu Grabe getragen worden. Seine wertvolle, wenn auch nicht sehr umfangreiche Bibliothek ist erhalten geblieben. Noch im Todesjahr erschienen bei Rieuwertsz, dessen Name verschwiegen wurde, die ‚Opera posthuma', herausgegeben von den Freunden, auf dem Titelblatt lediglich versehen mit den Initialen „B.D.S.“. Sie enthalten das Hauptwerk, die ‚Ethik‘, den ‚Politischen Traktat‘, die frühe unvollendete ‚Abhandlung über die Verbesserung des Verstandes‘, eine Reihe von Briefen (viele sind verloren gegangen) und schließlich, als Anhang und mit neuer Seitenzählung, die ‚Hebräische Grammatik‘, die, zurückgehend auf Vorarbeiten zum ‚Theologisch-Politischen Traktat‘, Spinoza wohl gegen Ende seines Lebens verfaßt hat. Schon in demselben Jahr 1677, möglicherweise sogar gleichzeitig, erschien bei demselben Verleger die niederländische Übersetzung der nachgelassenen Schriften (‚De Nagelate Schriften‘). Mit ihr hatte man zweifellos schon zu Lebzeiten Spinozas begonnen; sie stützt sich nicht durchgängig auf die Manuskripte, die in die lateinische Ausgabe eingegangen sind. So wurde schon im Todesjahr Spinozas vom Textbestand her der Grundstein gelegt für kontroverse Interpretationen seiner Philosophie, zu denen ihr vielschichtiger Inhalt bis heute Anlaß gibt.

II. Frühe Schriften

1. Kritik an Descartes

1661 antwortet Spinoza in seinem ersten uns erhaltenen Brief auf die Frage Oldenburgs, welche Mängel er in der Philosophie von Descartes und Bacon erblicke: „Der erste und größte Irrtum besteht darin, daß sie so weit von der Erkenntnis der ersten Ursache und des Ursprungs aller Dinge abgeirrt sind. Der zweite, daß sie die wahre Natur des menschlichen Geistes nicht erkannt haben. Der dritte, daß sie nie die wahre Ursache des Irrtums erfaßt haben." (Ep. 2) Sie haben, wenn dem so ist, nahezu alles falsch gemacht; denn sie haben sich in denjenigen Fragen der Philosophie geirrt, die für Spinoza zentral sind, der deshalb auch fortfährt: „Wie höchst unerläßlich eine wahre Erkenntnis in diesen drei Punkten ist, kann nur verkennen, wem jede Forschung und jede Schulung fremd sind." Es sind die zentralen Probleme, um die Spinozas Philosophie kreist: Die Theorie eines ersten Prinzips, das als Ursache aller Dinge verstanden wird, für das traditionell der Titel „Gott" steht (Ontologie); die Theorie des Menschen in dessen mentalen Funktionen, für den der Titel „Geist" steht (Erkenntnistheorie); und die Theorie dessen, wie der Mensch aufgrund seiner mentalen Fähigkeiten sich in der Welt vernünftig orientieren und darin zu einer sein Glück ausmachenden Lebensweise gelangen kann, die gemäß der ihm eigenen Endlichkeit der Gefahr des Irrtums ausgesetzt ist, den es für ein gelingendes Leben zu vermeiden gilt (Ethik).

Descartes' Philosophie ist in Spinozas Augen durch eine unangemessene Verhältnisbestimmung der drei Problemfelder zueinander gekennzeichnet. Descartes hatte in seinen ‚Meditationes de prima philosophia' (1641) den Ausgang vom menschlichen Geist genommen und in ihm ein Prinzip zweifelsfreier

Gewißheit gefunden, das in einem Akt selbstbezüglichen Denkens gründet. In ihm wird das Subjekt der Selbstgewißheit seines Denkens unbezüglich auf die Gegenstände, die es zu erkennen gilt, inne (1. Med.) und begreift sich selbst zugleich als ein denkendes Wesen, das von aller Körperlichkeit getrennt ist (2. Med.). Aus diesem Fürsichbestehen des Geistigen hatte Descartes auf dessen Substanzialität geschlossen, der ein anderes Seiendes, ebenfalls vom Charakter der Substanzialität, gegenübersteht, das Feld der Ausdehnung und damit der Körperlichkeit. Für die Verhältnisbestimmung dieser beiden Substanzen zueinander, insbesondere für die Frage, wie das denkende Subjekt aus der ihm eigentümlichen Sphäre bloßen Denkens zu der zu erkennenden körperlichen Welt herauskomme, mußte Descartes auf eine vom denkenden Subjekt verschiedene Instanz zurückgreifen, die, verstanden als Gott, gleichsam als dritte und übergeordnete Substanz einen Bezug der getrennten Glieder von Denken und Ausdehnung erst herstellt (3. Med.).

Descartes war so von einem unbezüglich auf Gott konzipierten denkenden Ich zu Gott gelangt als derjenigen Instanz, die das Ungenügen des Ich, den für es konstitutiven Weltbezug aus sich heraus verständlich zu machen, kompensiert. Für Spinoza ist dies ein grundsätzlich verfehltes Verfahren, weil es nicht erfaßt, was ein unbedingtes Prinzip ist. Im Ausgang von einem Endlichen bleibt das Unbedingte von der Bedingtheit des menschlichen Subjekts her bestimmt, das seinen defekten Ausgangspunkt nie los werden kann und folglich in das Unbedingte hineinträgt, das dann vom Bedingten her gedacht wird und damit nicht *als* Unbedingtes. Vom Bedingten her gedacht, wird es nicht aus sich heraus begriffen, sondern in einem Gehalt, der aus einer größtmöglichen Steigerung dessen resultiert, was in uns Menschen unvollkommen ist: Was der Mensch in einem bescheidenen Maße hat (Verstand oder auch Wille), kommt Gott, dem unbedingten Wesen, in höchster Vollkommenheit zu. Der Cartesianismus ist für Spinoza die Variante einer anthropomorphen Theorie Gottes.

Damit sind für Spinoza zwei Mißlichkeiten verbunden. Nicht nur ist der menschliche Geist falsch bestimmt, wenn er unabhängig von Gott bestimmt wird, sondern auch Gott, wenn er in der Steigerung von uns eigentümlichen Leistungen als ein Wesen verstanden wird, das sich unserer Rationalität entzieht. Dann läßt sich nicht mehr sagen, als daß Gott das Verhältnis der vermeintlichen Substanzen Denken und Ausdehnung in einer Weise geregelt habe, die nicht rational nachvollziehbar ist, für die vielmehr so etwas wie die Güte Gottes ins Spiel komme, der wir vertrauen dürfen, die wir aber nicht begreifen können (6. Med.). Dieser Mangel an Rationalität ist es, den Spinoza dem Rationalisten Descartes vorhält, das Zugeständnis von unerklärbaren Restbeständen, auf die der Mensch sich in seiner Erklärung der Verfaßtheit der Welt zurückziehen muß. Der Weg von der Bedingtheit des menschlichen Geistes zu der Unbedingtheit eines letzten Prinzips führe notwendigerweise zu einem dem menschlichen Geist transzendenten Prinzip, zu einem schöpferischen Urheber der Welt, der als Ursache und damit als Ursprung aller Dinge von einem Wesen dieser Welt nicht vollständig begriffen werden kann.

So ist es Spinozas Anspruch eines absoluten Rationalismus, der zu der eigentümlichen Gestalt seiner Philosophie führt und ihn die cartesische Position kritisieren läßt. Ein solcher Anspruch ist selbstverständlich am Menschen orientiert, von dem Spinoza zeigen will, daß er ein selbstbestimmtes Leben zu führen vermag, das allein der eigenen Vernunft unterworfen ist, die die Kraft hat, den Menschen von einem Geleitetwerden durch undurchschaute Sachverhalte zu befreien. Aber gerade für diese menschliche Angelegenheit bedarf es, so ist Spinozas frühe Einsicht, eines Prinzips, das nicht der Mensch kraft bestimmter subjektiver Fähigkeiten ist, sondern, in der Sprache der Tradition, Gott, von dem der Mensch abhängt, das aber, soll es Prinzip von Rationalität sein, dem Menschen und dessen Vernunft nicht transzendent sein darf. Die Ursächlichkeit, die dem ersten Prinzip zukommt, muß eine solche der Welt-Immanenz sein, weil allein so dieses Prinzip von einem endlichen Wesen dieser Welt rational begreifbar ist.

Mit der Theorie einer immanenten Kausalität Gottes, die Gott in den Dingen wirksam sein läßt, ist nicht nur ein gegenüber Descartes verändertes methodisches Vorgehen verbunden, daß nämlich die Analyse Gottes der des menschlichen Geistes voranzugehen habe, um die richtige Weise des Abhängens des einen von dem anderen in den Blick zu bekommen. Diese Theorie nimmt dem Menschen auch alle Möglichkeiten, dieser Abhängigkeit von sich aus zu entgehen, und erklärt die Freiheit des Willens für eine Chimäre. Sie anzunehmen resultiere allein daraus, daß der Mensch eine mangelnde Kenntnis der ihn determinierenden innerweltlichen Ursachen hat, deren durchgängige Geltung für Spinoza Folge der immanenten Kausalität Gottes ist. Descartes hatte aber eine solche Freiheit angenommen. Schon auf dem Weg zur Selbstgewißheit des Ich als eines denkenden Wesens hatte er sich auf sie gestützt, insofern er in der dem Menschen zukommenden Kraft der Urteilsenthaltung, in der das Subjekt sich von aller Nötigung durch Objekte befreit, auch ein Argument gegen die Nötigung durch einen allmächtigen betrügerischen Geist gesehen hatte (1. Med.). Des weiteren hatte er angesichts der eine wahre Erkenntnis ermöglichenden Kraft des auf das Kriterium der Klarheit und Deutlichkeit sich stützenden menschlichen Verstandes mit Hilfe dieser Freiheit die Möglichkeit des Irrtums erklärt, die er in der Disziplinlosigkeit eines den Verstand übersteigenden und zu vorschnellen Urteilen neigenden Willens gegründet sah (4. Med.). Es ist eine Freiheit des Willens, die den Menschen für sein irrendes und damit auch für sein richtiges Erkennen verantwortlich macht, die Descartes schließlich in den ‚Passions de l'Ame‘ (1649) auch für eine Theorie der Beherrschung der Affekte in Anspruch genommen hatte (Art. 41).

Für Spinoza ist eine solche Theorie die Konsequenz einer unzureichenden Bestimmung der Relation von Gott und menschlichem Geist. Mängel in einem der genannten drei Problemfelder hätten auch Mängel in den beiden anderen zur Folge, weil diese in ihrer Dreiheit einen in sich geschlossenen Zusammenhang bilden. Deshalb könne die dritte Frage, was denn dem Menschen zurechenbar ist, d.h. was er vermag, um zu seinem Glück zu gelangen, allein auf der Basis einer angemessenen Verhältnisbestimmung von Gott und menschlichem Geist erörtert werden. Erst so ließe sich zeigen, inwiefern dem Menschen ein ihm eigentümliches „Können" zugesprochen werden kann. Auf es greift auch Spinoza in seiner Ethik zurück, insofern er zeigt, daß der von Gott abhängige Mensch, der durch dessen immanente Kausalität determiniert ist, durch diesen Tatbestand nicht schon zu seinem Glück gelangt. Spinoza zufolge verfehlt er sein Glück, wenn er aufgrund mangelnden Wissens in Formen äußerer Abhängigkeit verbleibt, in denen er ein Leben führt, das Spinoza ein Leben der Knechtschaft nennt. Ihm entgehen zu können, dafür ist Gottes Wirksamkeit zwar eine notwendige, aber nicht hinreichende Bedingung. Damit der Mensch das ihm mögliche Glück realisiert, muß er etwas tun, das in seiner eigenen Macht liegt. Dann ist er selber die Ursache von irrendem und wahrem Erkennen. Doch gründet das von ihm Bewirkte nicht in dem menschlichen Geist allein, sondern in der Relation, in der dieser zu einem ihm vorgängigen Prinzip steht.

Oldenburg hatte im unmittelbaren Anschluß an die Frage, worin die Irrtümer von Descartes und Bacon bestünden, auch gefragt, „auf welche Weise sie Ihrer Meinung nach aus dem Weg geräumt werden und besser Begründetes an ihre Stelle gesetzt werden könne" (Ep. 1). Diese Frage beantwortet Spinoza nicht. Ein Grundelement seiner Philosophie ist die Einsicht, daß man nicht zuvor den Irrtum aufheben muß, um zur Wahrheit zu kommen, sondern daß der Irrtum allein durch die Wahrheit, also durch das besser Begründete aufgehoben wird. Und offensichtlich hat Spinoza zu diesem Zeitpunkt eine dahingehende Begründung noch nicht, mag er auch schon die Idee einer philosophischen Systematik vor Augen gehabt haben, in der die drei Problemfelder in einer sachangemessenen Abfolge verfugt sind. Seine spätere fünfteilige ‚Ethica', das philosophische Hauptwerk, wird diese interne Verfugung entwickeln: der 1. Teil die Ontologie, der 2. Teil die Erkenntnistheorie, und die Teile 3 bis 5 die Ethik im engeren Sinne, auf die, wie der Titel der Schrift signalisiert, die ganze Untersuchung hinausläuft.

2. ‚Kurze Abhandlung von Gott, dem Menschen und dessen Glück‘

Schon Spinozas Erstlingsschrift ‚Korte Verhandeling van God, de Mensch en deszelvs Welstand‘ hat mit den Begriffen Gott, Mensch und menschliches Glück die drei Felder in der genannten Abfolge im Blick. Man hat diese Schrift deshalb auch als die „Urethik" bezeichnet, als die erste Ausarbeitung des philosophischen Systems, die in verbesserter und gereifter Gestalt dann in die ‚Ethik‘ eingegangen sei. Im zweiten Teil der Schrift finden sich zahlreiche Randnotizen mit gedrängt formulierten Inhaltsangaben, des weiteren eine Abfolge von 97 arabischen Zahlen, die möglicherweise von Spinoza stammt und sich als eine Markierungshilfe für Stellen deuten ließe, die in das zu schreibende Hauptwerk zu integrieren sind. Spinoza hat dieses Werk dann aus den Augen verloren, wohl schon auf dem Weg seiner Verbesserung und erst recht nach der vollendeten Endgestalt, so daß es in den ‚Opera posthuma‘ keine Aufnahme gefunden hat. Für uns ist es von Interesse wegen seiner von Spinoza später beseitigten Defizite, die nicht nur in der Form der Darstellung liegen, sondern im wesentlichen inhaltlicher Art sind.

Die Darstellungsform ist, fern von der Strenge eines an der Geometrie orientierten Demonstrierens, unausgeglichen, voller Polemik gegen andersartige Theoreme und landläufige Auffassungen, voll von umständlichen Wiederholungen von schon Gesagtem, aus dem nichts gefolgert wird, das vielmehr der bloßen Bestätigung dient, teilweise von christologischem Vokabular durchsetzt, ergänzt durch einen Anhang, in dem einiges in geometrischer Weise demonstriert wird, und im ersten Teil aufgelockert durch zwei eingeschobene Dialoge als Mittel der Veranschaulichung gegensätzlicher Auffassungen. Das Werk hat entgegen der Dreigliederung im Titel nur zwei Teile;

der erste handelt von Gott, der zweite handelt vom Menschen und umfaßt sowohl die Erkenntnistheorie wie die Ethik.

Im ersten Teil sind die wesentlichen Theoriestücke der späteren ‚Ethik‘ schon entwickelt: die attributiv bestimmte Natur Gottes unter Einschluß des Attributs der Ausdehnung; die immanente Kausalität Gottes; der Monismus der einen Substanz und die damit verbundene Nicht-Substantialität des Menschen; die Notwendigkeit des göttlichen Wirkens und die damit verbundene ontologische Nichtigkeit der moralphilosophischen Kategorien von „gut" und „schlecht". Auch der zweite Teil enthält schon wesentliche Lehrstücke, die in die ‚Ethik‘ eingehen werden: die Dreiteilung der Erkenntnisarten; die Theorie des Wahren als Kriterium seiner selbst und des Falschen; der Ursprung der Leidenschaften im inadäquaten Erkennen und der Charakter der Vernunft, Affekte bloß zu beurteilen; die an Einsicht gebundene Unsterblichkeit der Seele; Freiheit als Freisein von äußerem Zwang. Doch der zweite Teil ist es, der im späteren Hauptwerk grundlegend umgearbeitet wird. Das Problem, das Spinoza beschäftigen wird, ist nicht die Theorie Gottes, die er in ihren Grundzügen offenbar schon sehr früh deutlich vor Augen hatte, sondern die des *Menschen* auf der Basis einer Theorie der grundlegenden Struktur Gottes.

In der ‚Kurzen Abhandlung‘ macht er es sich in diesem Punkt zu einfach. Der zentrale Begriff, unter den Spinoza die Theorie des menschlichen Glücks stellt, ist der einer Liebe, die als *Vereinigung* des Menschen mit einem Objekt verstanden wird, aus dessen Beschaffenheit sich die verschiedenen Formen von Liebe ergäben: „Die Liebe, die nichts anderes ist, als ein Ding zu genießen und mit ihm vereinigt zu werden, werden wir nach der Beschaffenheit ihres Objekts einteilen, welches der Mensch zu genießen und mit dem er sich zu vereinigen sucht" (KV II, 5). Relativ auf eine Dreiteilung des Objektbereichs, an der Spinoza immer festgehalten hat, in vergängliche Dinge (endliche Modi), ewige Dinge (unendliche Modi) und Gott (die eine Substanz) unterscheidet er drei Formen menschlichen Erkennens, in denen uns Objekte zugänglich werden (KV II, 2): die vergänglichen Modi über die Meinung (Waan; in der ‚Ethik' imaginatio), die ewigen Modi über die Überzeugung (Geloof; in der ‚Ethik' ratio), Gott über die klare Erkenntnis (klare Kennis; in der ‚Ethik' scientia intuitiva). Nicht anders als später in der ‚Ethik' bindet Spinoza das Glück des Menschen an ein Erkennen, das eine Beständigkeit des Glücks zu garantieren vermag, weil es selber in sich beständig ist. In Einklang mit der ‚Ethik' ist auch noch, daß diese Beständigkeit allein durch ein in sich beständiges *Objekt* unseres Wissens garantiert ist, das von sich aus unser Wissen stabilisiert und es nicht den Schwankungen der Meinung ausgesetzt sein läßt. Nicht in Einklang mit ihr ist aber die These, daß die höchste Form des Glücks dann realisiert sei, wenn der Mensch zu einer Vereinigung mit Gott gelangt ist kraft einer Erkenntnis, in der er ihn *unmittelbar* erfährt und darin als denjenigen liebt, dem er das verdankt, was er als erkennendes Wesen ist (KV II, 22).

Dieser von Spinoza später aufgegebene Begriff von Vereinigung suggeriert, daß in der Höchstform gelingenden menschlichen Lebens die Differenz zwischen der göttlichen Substanz in ihrer Unendlichkeit und dem endlichen Modus Mensch getilgt ist. Er würde eine Deutung des Spinozismus nahelegen, derzufolge das höchste Glück des Menschen darin bestünde, die eigene Endlichkeit und alle daran gebundenen Formen des Tätigseins abzustreifen und in der einen Substanz aufzugehen. In dem frühen Traktat scheint Spinoza in diesem Punkt von dem jüdischen Denker Leone Ebreo (um 1465 – um 1525) beeinflußt zu sein, der unter dem Einfluß der neuplatonischen Renaissance-Philosophie von Marsilio Ficino und Pico della Mirandola in seinen ‚Dialoghi d'Amore' (erschienen 1535) die Liebe zu einem universalen Prinzip erhoben hat, das den Dingen ihr Sein verleiht und die Seele in Form der geistigen Liebe zu Gott (amore intellettuale) das eigene Sein ineins mit Gott genießen läßt.

Für den reifen Spinoza gibt es hingegen nur eine Vereinigung von Gliedern *innerhalb* der Welt, also von Modi, vorzugsweise von Geist und Körper. Dies hat auch schon die frühe Abhandlung darlegt: Geist und Körper sind vereinigt, weil jedem Körper eine Idee korrespondiert, und jede Idee Idee eines Körpers ist und deshalb das eine ohne das andere nicht bestehen kann (KV II, Einl.; II, 20). Diese Wechselseitigkeit von Idee und Körper überträgt Spinoza in der frühen Abhandlung von einem innerweltlichen Seienden, dem endlichen Körper, auf die unbedingte göttliche Substanz, weil er deren Erkenntnis analog zu dem versteht, was die Wahrnehmung eines Körpers ist, nämlich bloßes Abbild dessen, was sich im Objekt ereignet. Das läßt Spinoza eine Eigenaktivität der erkennenden Seele ausschließen und den Verstand als „ein bloßes oder reines Leiden" (KV II, 15) konzipieren, in dem sich etwas gemäß der Beschaffenheit seines jeweiligen Objekts ereignet. Die aus der Übermächtigkeit Gottes resultierende Passivität läßt den Menschen zu einem „Diener, ja Sklaven Gottes" (KV II, 18) werden, und die Erkenntnis Gottes, beschrieben als „unmittelbare Manifestation des Objekts selbst" (KV II, 22), erscheint als eine Intuition, die in ihrer Unmittelbarkeit aller Formen von Diskursivität und damit Rationalität zu entbehren scheint und in die Nähe einer nur noch in ästhetischen Kategorien („schmecken", „genießen") zu beschreibenden mystischen Schau gerät.

Was in dem frühen Traktat fehlt, ist eine Analyse der Bedingungen, unter denen der Mensch in seiner *Endlichkeit* zu einer Erkenntnis Gottes gelangen kann, und damit eine Analyse dessen, was der menschliche Verstand ist. Das wird in der ‚Ethik' geschehen, in der Spinoza eine Theorie des menschlichen Geistes (mens humana) in einem Raum entfaltet, der nach der Exposition der Ontologie (1. Teil) nicht weniger als vier Teile seines Hauptwerks einnehmen wird. Die imaginatio, die den Menschen am klaren und deutlichen Erkennen hindert, bedarf einer weit umfangreicheren Erörterung (2. Teil), ebenso die in der imaginatio verwurzelte Affektenlehre (3. Teil), weil angesichts der Affekte erst nachzuweisen ist, inwiefern der Mensch sein Verhalten und damit seine Lebensführung durch eine deutliche Erkenntnis überhaupt zu bestimmen vermag. Hierfür wird des weiteren eine ausgiebige Erörterung des Status der zwischen der imaginatio und der scientia intuitiva stehenden ratio in deren Funktion einer Erfassung allgemeiner Weltzusammenhänge erforderlich sein (4. Teil). Und erst dann wird eine Theorie der scientia intuitiva gegeben werden können, in der der menschliche Geist nicht mit Gott sich vereinigt, sondern in der er sich selbst aus Gott als seiner Ursache in einer Weise erkennt, daß dieses Erkennen sein Leben im Ganzen bestimmt, von dem also zu zeigen ist, daß ihm eine Macht zukommt, andere Motivationsformen tatsächlich zu unterdrücken (5. Teil). Angesichts eines solchen Problemfeldes ist die ‚Kurze Abhandlung‘ tatsächlich zu kurz. Denn die menschliche Seele ist viel zu schnell bei Gott, weil nicht erörtert wird, wie Gott, der der Sache nach jedes Seiende bestimmt, von der Seele unter den spezifischen Bedingungen ihrer Endlichkeit erkannt werden kann. Für diese Erörterung wäre die menschliche Seele in der ihr eigentümlichen Perspektive zu thematisieren, und hierfür scheint es zwingend, daß die Untersuchung mit einer Analyse des menschlichen Verstandes beginnt.

3. ‚Abhandlung über die Verbesserung des Verstandes‘

Das geschieht in Spinozas zweiter Abhandlung, in dem ‚Tractatus de intellectus emendatione‘. Es sieht so aus, als ob Spinoza damit in eine Position zurückfalle, die mit seiner anticartesianischen Ontologie unverträglich ist. In der Tat ist, rein äußerlich gesehen, eine Nähe dieser Schrift zu Descartes’ ‚Discours de la méthode‘ (1637) unverkennbar. Nicht nur versteht Spinoza sie als einen Traktat über die Methode (TIE 30 ff.), sondern er beginnt auch mit einem cartesianisch anmutenden Ausgangspunkt. Er beginnt mit einem „Ich“, mit dem, was die Erfahrung ihn, Spinoza, gelehrt hat, mit dem, was er selber gesehen hat, und mit dem, was er schließlich beschlossen hat, nämlich zu untersuchen, ob es eine Möglichkeit gibt, von der Nichtigkeit bislang erstrebter Güter loszukommen und zu einem wahren Gut zu gelangen, das durch Beständigkeit gekennzeichnet ist (TIE 1). Ein Mangel ist es, der die Überlegungen des Autors in Gang bringt, ein Mangel der bisherigen Lebensführung und eine Unsicherheit hinsichtlich des Zieles, an dem es sich auszurichten gilt, um zu einem gelingenden Leben zu gelangen. Es ist ein erlebter Mangel, der den Autor in den Abgrund einer existentiellen Verzweiflung stürzt (TIE 7), in dem er als Zeichen der Hoffnung schließlich erfährt, daß das *bloße Nachdenken* über die eigene Lebensführung sich schon als ein Heilmittel gegen die Orientierung an falschen Zielen erweist (TIE 11). Diese Erfahrung läßt ihn an die Stelle aller bisherigen Ziele ein einziges Ziel setzen: ein Leben zu realisieren, das allein der Einsicht verpflichtet ist. Es zu erreichen werden in erster Linie diejenigen Mittel als tauglich befunden, die dazu dienen, den Verstand zu „heilen" und zu „reinigen" (TIE 16). Ihnen gegenüber sind alle anderswo erlernbaren Fertigkeiten (von der Pädagogik über die Medizin und Mechanik bis hin zur Politik), die zweifellos einer vernünftigen Lebensbewältigung dienen, von untergeordneter Bedeutung (TIE 15) und alle Lebensregeln praktischer Klugheit bloß provisorische Annahmen (TIE 17).

Diese enge Verbindung zwischen Ethik und Erkennen bleibt das zentrale Thema der ganzen Philosophie Spinozas. Mit dem Ausgang vom menschlichen Subjekt in dessen Orientierungslosigkeit und der damit verbundenen Suche nach einem zu erreichenden Ziel, für die ein spezifisch menschliches Vermögen, der Verstand, zu verbessern ist, scheint sie aber der frühen Einsicht Spinozas zuwiderzulaufen, daß das gelingende Leben eines endlichen Wesens nicht in einer Unbedingtheit verankert werden kann, die als ein zu Erreichendes diesem Wesen transzendent wäre. Schon die ‚Kurze Abhandlung' ist der Einsicht gefolgt, daß der Mensch einer solchen Unbedingtheit nur inne werden kann, wenn er durch sie immer schon bestimmt ist, und daß deshalb von ihr der Ausgang der philosophischen Untersuchung zu nehmen ist. Gleichwohl folgt aus einer so zu verstehenden Unbedingtheit nicht auch schon, daß der Mensch tatsächlich ein gelingendes Leben führt. Mit ihr sind auch Formen mißlingenden Lebens verträglich, in denen der Mensch äußeren Eindrücken erliegt, was die ‚Kurze Abhandlung' in der skizzenhaften Exposition des affektiven Lebens, in dem sich der Mensch vergänglichen Gütern hingibt, in den Blick gebracht hat.

Wenn dem so ist, dann muß der Mensch offenbar etwas gegen das Eingenommensein durch seine Leidenschaften unternehmen. Er muß, um zu seinem Glück zu gelangen, wie es die ‚Ethik‘ am Ende formuliert (V, 42s), allererst einen zu ihm führenden Weg durchlaufen. Daß der Mensch diesen Weg kraft seines Verstandes gehen kann, wird Spinoza in seinem Hauptwerk zeigen, und genau dies will er auch in seiner Verbesserungs-Schrift zeigen. Hierfür blendet er in ihr viel von dem aus, was er dort entfalten wird, um am Ende die Macht des Verstandes tatsächlich zu erweisen: die Theorie Gottes in dessen attributiver Gliederung; die Theorie des Geistes als eines von Gott abhängenden endlichen Modus; die Theorie der den Menschen bestimmenden Affekte. Das ist viel von dem, was genuin spinozanisch ist. Aber Spinoza läßt es hier außer acht, weil er nur eine *bestimmte* Absicht verfolgt, nämlich zu zeigen – gleichsam im Kontrast zu der ‚Kurzen Abhandlung‘ –, daß der Mensch wahre Ideen von anderen Ideen allein kraft seines Verstandes zu unterscheiden vermag und sich deshalb der Gefahr des Irrtums aus *eigener* Kraft entziehen kann.

Allerdings stützt sich Spinoza auch für diesen Aspekt auf bestimmte ontologische Voraussetzungen, insbesondere auf den ontologischen Status von Idee (TIE 33 ff.): daß das Wahrsein einer Idee im Sinne der Übereinstimmung mit ihrem Gegenstand durch das höchstvollkommene Wesen Gott verbürgt sei und daß eine Idee aus sich allein begreifbar sei, weil sie von ihrem Gegenstand essentiell verschieden ist. Warum das so ist, begründet Spinoza nicht, weil ihn in diesem Zusammenhang nur die Frage interessiert, wie wir Menschen die Gewißheit von Sachverhalten erlangen können. Spinozas frappierende Antwort lautet: Hierfür genüge es, zu untersuchen, wie wir wahre Ideen *haben* könnten (TIE 35). Daß Ideen überhaupt wahr sind, liege nicht an uns; daß wir sie „haben", d.h. daß sie etwas *für uns* sind und wir um sie als wahre auch wissen, das liege hingegen an uns, nämlich an unserem Verstand. Um sie haben zu können, müsse uns eine wahre Idee schon gegeben sein („idea vera data", TIE 38), nämlich die Idee Gottes, die wir dann haben, wenn wir auf sie reflektieren („cognitio reflexiva", TIE 38). In dieser Reflexion als dem Sichbewußtmachen der uns gegebenen Idee Gottes gründe alles methodische Vorgehen, das zum Ziel hat, den menschlichen Verstand zu verbessern. Die beschriebene Reflexion versteht Spinoza als einen Vorgang, in dem der menschliche Verstand sich so entfaltet, daß der Akt zunehmenden Begreifens eines in ihm schon Angelegten zugleich eine zunehmende Selbstverbesserung des Verstandes darstellt. Eine Methode, die als ein solcher Prozeß verstanden wird, sei deshalb durch sich selbst gerechtfertigt und bedürfe keiner weiteren Methode, die jenen Prozeß als richtig erst noch rechtfertigen müßte (TIE 30–32).

Hier zeigt sich nun eine eigentümliche Spannung, die auch für die spätere Philosophie Spinozas charakteristisch ist. Die Methodologie als Beschreibung eines Sichentfaltens des menschlichen Geistes setzt voraus, daß sich der Mensch mit seinem Verstand an der ihm gegebenen wahren Idee Gottes auch orientiert. Faktisch ist das jedoch keineswegs der Fall, weil er in den meisten Formen seines Wahrnehmens kein Bewußtsein von Gott hat (TIE 19). Im Hinblick auf diese Tatsache ist die Methodenlehre *nicht* die Beschreibung des Ablaufs eines sich selbst genügenden Prozesses, sondern eine Lehre der Mittel, mit deren Hilfe der Mensch gegen seine lebensweltlich bedingten Wahrnehmungsweisen jenen Prozeß als einen Weg zur wahren Erkenntnis durchlaufen kann. Diese Mittel sind relativ auf das, was den Menschen am Erkennen der Wahrheit hindert, und solange der Mensch solchen Hindernissen ausgesetzt ist, erscheint die Idee Gottes als eine ihn leitende Norm (TIE 37). In der Perspektive des irrtumsanfälligen Menschen ist sie somit das noch ausstehende Wahre, der Sache nach aber der Ursprung aller Wahrheit, der den Menschen immer schon bestimmt. *Wenn* der Mensch diesen Ursprung erkannt hat, bedürfte die darin erfaßte Wahrheit in der Tat keines von diesem Erkennen noch verschiedenen Kriteriums (TIE 36). *Damit* er ihn erkennen kann, bedarf es aber einer Hinführung, die sich nicht schon auf dem Boden der Wahrheit bewegt.

Warum Spinoza in dieser Abhandlung nicht von Gott, der allem schon zu Grunde liegt, ausgeht, sondern die Perspektive des irrenden Menschen einnimmt, begründet er gegen einen dahingehenden Einwand wie folgt: „Wenn jemand, durch irgendein Geschick bestimmt, so vorgegangen wäre, die Natur zu erforschen, nämlich so, daß er nach der Norm der gegebenen wahren Idee in gehöriger Ordnung andere Ideen erlangt, dann hätte er niemals an der Wahrheit des von ihm Erlangten gezweifelt, weil nämlich die Wahrheit, wie wir gezeigt haben, sich selbst offenbart; und alles wäre ihm auch von selbst zugeflossen. Weil dies aber niemals oder wenigstens selten der Fall ist, bin ich gezwungen gewesen, den Sachverhalt so vorzubringen, daß wir das, was wir nicht durch ein gütiges Geschick ausrichten können, doch wenigstens nach vorbedachtem Plan erlangen" (TIE 44). Das Ernstnehmen der mit unserer Endlichkeit verbundenen erkenntnistheoretischen Mängel ist es, das Spinoza zu diesem methodischen Vorgehen zwingt.

Die an einem vorbedachten Plan orientierte Methodenlehre hat Spinoza in nur zwei von vier angekündigten (TIE 49) Punkten entfaltet. Der erste Punkt ist der Nachweis, daß der Verstand befähigt ist, wahre Ideen von anderen Ideen, nämlich fingierten, falschen und zweifelhaften, zu unterscheiden (TIE 52–80). Spinoza begründet dies so, daß die Wahrheit einer Idee weder von anderen Ideen, zu denen diese Idee in Relation steht, noch von dem Gegenstand, dessen Idee sie ist, abhinge, sondern von einer der einzelnen Idee selber zukommenden Form, die unser Verstand erkennen könne und als *erkannte* von ihm allein abhinge (TIE 71). Für Ideen, die nicht wahr sind, genüge es zu zeigen, daß sie nicht im Verstand gründen, ohne daß eine Theorie ihres wahren Ursprungs gegeben werden müsse. Deshalb glaubt Spinoza auf eine Erörterung dessen, was die Einbildungskraft (imaginatio) ist, und auch dessen, was der menschliche Körper ist, verzichten zu können (TIE 81–90). Der zweite Punkt ist der Nachweis, daß der Verstand, der wahre Ideen von anderen zu unterscheiden vermag, ebendamit auch *Sachverhalte* der Welt adäquat erkennen kann. Dies entwickelt Spinoza über eine Theorie der „genetischen" Definition (TIE 91–98), die er, Überlegungen von Hobbes (De corpore I, 5) aufnehmend, an einem geometrischen Gebilde erläutert: Den Kreis erkennen wir in dem, was er ist (in traditioneller Terminologie: in seiner „Essenz"), wenn wir ihn aus seiner erzeugenden *Ursache* erkennen, die unsere Konstruktion und damit eine Handlung unseres Verstandes ist, aus der sich dann auch alle Eigenschaften eines so konstruierten Gebildes erkennen lassen (TIE 95).

Offen bleibt dabei, wie sich die genetische Definition auf real existierende Dinge der Natur anwenden läßt. Spinoza sieht, daß hierfür die Ontologie des höchsten Wesens zu einer Theorie der Modi auszubauen ist, die ihm hier aber offenbar noch nicht zur Verfügung steht und in dem bloßen Hinweis auf eine Funktion, die den „festen und ewigen Dingen" zukomme, dunkel bleibt (TIE 99–102). Offen bleiben aber auch die Konsequenzen für die Theorie des Verstandes selber, dessen Verfaßtheit zu erkennen ja das Ziel der Abhandlung ist. Solange seine Ursache nicht bekannt ist, läßt er sich der Definitionstheorie zufolge nur aus seinen Eigenschaften, die sich aus der Abgrenzung von der imaginatio ergaben, erkennen (TIE 107–108), also nicht in dem, was er der Essenz nach ist. Wenn sich im Prozeß seiner zunehmenden Verbesserung zeigt, daß diese Ursache die göttliche Substanz ist, dann kann offensichtlich unbezüglich auf sie eine angemessene Theorie des menschlichen Verstandes gar nicht gegeben werden. Das bedeutet aber zugleich, daß eine ohne Bezug auf die göttliche Substanz konzipierte Theorie des Verstandes zu einer Theorie Gottes auch nicht *hinführen* kann. Diese methodologischen Überlegungen sind es wohl, die Spinoza zu der Einsicht gebracht haben, daß sich das in der Verbesserungs-Schrift verfolgte Programm in dieser Form nicht durchführen läßt, und daß eine Theorie darüber, wie das Glück des Menschen in einer Leistung seines Verstandes verankert ist, eines anderen methodischen Vorgehens bedarf.

Für die Durchführung dieses Programms hat Spinoza mit der ‚Ethik‘ ein neues Werk geschrieben, dessen Aufbau aus sachlichen Gründen anders organisiert ist. In ihm hat er auch den Gedanken einer Methodenlehre preisgegeben, in der sich der Verstand seines eigenen Könnens in einem Verfahren versichert, das sich *unabhängig* von der Wirklichkeitsstruktur, durch die der Mensch in seinem Verstandesgebrauch tatsächlich bestimmt ist, beschreiben ließe. Der Aufbau der ‚Ethik‘, die mit Gott beginnt und den menschlichen Geist als einen Modus faßt, der aus der Natur Gottes mit Notwendigkeit folgt, könnte die Intention der Verbesserungs-Schrift als verfehlt erscheinen lassen: daß es auf ein spezifisches Können des Menschen, nämlich den Gebrauch des eigenen Verstandes, ankomme, damit er zu seinem Glück gelangt. Doch setzt die Theorie der menschlichen Freiheit im letzten Teil der ‚Ethik‘ ebenfalls ganz auf die Macht unseres Verstandes, wie dessen Überschrift deutlich macht („de potentia intellectus seu de libertate humana“); und Spinoza hat in seinem Hauptwerk explizit an dem festgehalten, was die frühe Abhandlung noch vorsichtig formulierte (TIE 108): Daß verworrene Ideen sich uns oft wider Willen bilden, klare und deutliche hingegen aus der Notwendigkeit unserer Natur folgen, weil sie von der Macht unseres Verstandes allein abhängen.

Jahre später, 1666, zu einer Zeit also, als Spinoza einen Großteil seiner ‚Ethik‘ schon ausgearbeitet hatte, wiederholt er in Antwort (Ep. 37) auf die Frage, „ob es eine solche Methode gibt oder geben kann, mittels derer wir ungehindert und ohne Verdruß im Denken der vorzüglichsten Dinge fortfahren können, oder ob der Geist gerade so wie unser Körper den Zufällen unterworfen ist und unsere Gedanken [deshalb] mehr durch das gute Glück als durch Kunst geleitet werden“, den Grundgedanken der Methodenlehre der frühen Abhandlung. Der menschliche Geist sei nicht wie der Körper bloß den Zufällen unterworfen, weil in uns (in nobis) klare und deutliche Begriffe sind, die, von uns gebildet, keine uns fremde Ursache haben. Diese Begriffe hingen von unserer Natur allein ab, nämlich von der unbedingten Macht (absoluta potentia) unseres Verstandes (intellectus), der bestimmten Gesetzen unterliegt, die – anders als die Gesetze, nach denen sich die äußeren Dinge der Welt ereignen –, uns nicht fremd sind. Unter Methode sei deshalb nichts anderes zu verstehen als die Erkenntnis des reinen („purus") Verstandes, der rein ist, weil er in seinen Akten nicht durch einen den Zufällen unterworfenen Körper bestimmt ist, der gleichwohl zu seiner Reinheit erst zu bringen ist, insofern wir körperliche Wesen sind und nur als solche erkennen.

Wenn die ‚Ethik' deutlich macht, daß Aufklärung über die Verfaßtheit des menschlichen Verstandes nur über eine Theorie der unbedingten Substanz erlangt werden könne, so macht sie zugleich deutlich, daß aus dieser Theorie allein noch nicht folgt, daß der Verstand tatsächlich eine das Leben des Menschen im Ganzen bestimmende Kraft habe. Das ist der Grund, weshalb Spinoza dort ausführlich darlegt, was den Menschen daran *hindert,* sich durch seinen Verstand allein bestimmen zu lassen. Geht die frühe Abhandlung von dem Tatbestand einer solchen Behinderung im alltäglichen Leben aus, so läßt das reife Werk, das davon nicht ausgeht, sich gleichwohl viel stärker auf ihn ein, nämlich über eine ausführliche Erörterung der menschlichen Affektivität, die die Schrift über den Verstand noch glaubte außer acht lassen zu können. Insofern beschreibt auch die ‚Ethik' einen *Weg,* den der Mensch durchlaufen muß, um zu seinem Glück zu gelangen, und deshalb kann die ‚Abhandlung über die Verbesserung des Verstandes' als eine Einführung in die ‚Ethik' gelesen werden, nämlich als Einführung in die *Intention,* die Spinoza mit seinem Hauptwerk bei verändertem methodologischen Aufbau verfolgt. Diese Einführung mag dem Leser gerade deshalb willkommen sein, weil der Aufbau des Hauptwerks jene Intention eher zu verdecken droht.

III. Das philosophische System

1. Allgemeine Voraussetzungen

a) Geometrische Methode

Spinozas Hauptwerk, die ‚Ethik‘, sagt im Titel, wie es komponiert ist: „ordine geometrico demonstrata". Spinoza bedient sich hier eines in seiner Zeit weit verbreiteten Beweisverfahrens. Von großem Einfluß war hierfür die Euklid-Ausgabe des Mathematikers Clavius ‚Euclidis Elementorum Libri XV‘ (1574). Das Haupt der neuen Oxforder Mathematiker-Schule, Henry Savile, hatte in seinen ‚Praelectiones tres decim in Principium Elementorum Euclidis‘ (1621) die Euklidische Geometrie in verschiedenen Punkten zu verbessern gesucht. In kritischer Auseinandersetzung mit dessen Schülern Ward und Wallis (‚Six lessons to the professors of mathematicks‘, 1656; ‚Examinatio et emendatio mathematicae hodiernae‘, 1660) hatte dann Hobbes die Tauglichkeit der geometrischen Methode für die Darlegung philosophischer Sachverhalte in deren genetischem Verfahren (demonstratio per generationem) gesehen, das es erlaubt, einen Gegenstand aus seiner ihn erzeugenden Ursache zu erkennen. Spinoza hat diese Einsicht schon früh in seiner ‚Abhandlung über die Verbesserung des Verstandes‘ für die Theorie der das Wesen einer Sache erfassenden Definition fruchtbar gemacht, die er, wie schon Hobbes, an der Erkenntnis des Kreises aus der Weise seiner Konstruktion erläutert. Noch am Ende seines Lebens ist für ihn die Definition des Kreises das Paradigma dafür, was jegliche Definition eines Dinges zu leisten habe: sie habe dessen bewirkende Ursache (causa efficiens) zum Ausdruck zu bringen, aus der sich dann alle Eigenschaften dieses Dinges herleiten lassen (Brief an Tschirnhaus 1675; Ep. 60).

Neu ist bei Spinoza nicht der Rückgriff auf die geometrische Methode, sondern deren Universalisierung. Hobbes hatte sie auf die Bereiche eingeschränkt, deren Gegenstände sich tatsächlich von uns erzeugen lassen, und ihre Domäne deshalb in der Mathematik gesehen, deren Gebilde wir erzeugen, und in der Politik, deren das menschliche Zusammenleben regulierenden Gesetze von uns erlassen werden. Die Natur hingegen sei mit ihr nur soweit erforschbar, als sie mathematisierbar ist, also nicht im Ganzen ihrer Phänomene, und für die Erkenntnis Gottes tauge sie überhaupt nicht. In der frühen Schrift über den Verstand war – unter dem Eindruck von Hobbes – auch für Spinoza die am mos geometricus orientierte Definition nur für ein erschaffenes Ding gültig (TIE 92; 96), nicht aber für etwas, das keine Ursache hat (TIE 97), also nicht für Gott. In jenem Brief an Tschirnhaus bezieht er jedoch die am Kreis erläuterte genetische Definition ausdrücklich auch auf Gott, dessen Definition, soll sie richtig sein, ebenfalls die bewirkende Ursache zum Ausdruck zu bringen habe.

Dies ist möglich, weil für Spinoza Gott, der evidentermaßen keine ihn von außen bewirkende Ursache hat, seiner *wesentlichen* Bestimmung nach bewirkende Ursache ist und darüber hinaus nicht noch etwas anderes. Bewirkende Ursache (causa efficiens) von etwas ist für Spinoza gleichbedeutend mit Macht (potentia). Lehrsatz 34 des 1. Teils der ‚Ethik‘ formuliert den Kern der Theorie Gottes: Die wirkliche Essenz Gottes ist dessen Macht („Dei potentia est ipsa ipsius essentia"). Wenn Gott nichts als hervorbringende Kausalität ist, dann erfüllt er sich in dieser Kausalität und folglich in dem, was er hervorbringt, d.h. in den Dingen. Deshalb ist Gott Ursache seiner selbst (causa sui) und Ursache aller Dinge (causa omnium rerum) *zugleich* (I, 34d). Anders gewendet: Er ist nur etwas, das sich selbst bewirkt, sofern er zugleich alle Dinge bewirkt (I, 25s). Er ist folglich kein schöpferischer Gott, der den Dingen transzendent wäre und die Möglichkeit hätte, noch mehr und anderes zu erschaffen, als er tatsächlich hervorgebracht hat. Seine potentia ist nicht Potentialität, sondern erfüllte Wirklichkeit. Wenn die Dinge nichts als eine notwendige Folge der als Macht (potentia) bestimmten Natur (essentia) Gottes sind, dann verbleiben sie in Gott. Gottes Wirksamkeit ist insofern eine „immanente Kausalität", durch die sich Gott in den Dingen vollständig manifestiert.

Dieser ontologische Zusammenhang erlaubt uns das prinzipielle Begreifen aller Dinge der Natur nach der geometrischen Methode, sofern wir Dinge, die wir nicht hervorbringen, doch aus deren wahrer Ursache begreifen können. Und er erlaubt uns das prinzipielle Begreifen dieser Ursache; wir können sie, weil sie *in* uns zugänglichen Dingen ist, aus ihren Wirkungen erkennen. Spinozas Ontologie ist eine Theorie der universellen Intelligibilität alles Seienden, in der Sein und Begreifbarkeit zusammenfallen. Schon die Definitionen der Basisbegriffe dieser Ontologie bringen dies zum Ausdruck: „Unter Substanz verstehe ich das, was in sich ist und durch sich begriffen wird" (I, def. 3) – „Unter Modus verstehe ich [. . .] das, was in einem anderen ist, durch das es auch begriffen wird" (I, def. 5). Fallen Sein und Begreifbarkeit zusammen, dann kann dasjenige, was aus der Natur Gottes folgt, auch von uns aus ihr gefolgert werden. Das lateinische „sequitur" hat in der Tat für Spinoza eine Bedeutung in beiderlei Hinsicht; es drückt das sachliche „Folgen" ebenso aus wie unser begriffliches „Folgern".

Dann ist die geometrische Methode keine bloß äußerliche Einkleidung eines Sachverhalts, der sich auch anders darstellen ließe, sondern die der Sache allein angemessene Form der Darstellung. Schon Spinozas Schrift über Descartes hat dies im Titel hervorgehoben. Indem Spinoza dessen „Principia philosophiae" in ihren beiden referierten Teilen unter ein „More Geometrico demonstrata" bringt, signalisiert er ein gegenüber Descartes verändertes Verständnis von Philosophie. Im Anhang seiner Erwiderungen auf die zweiten Einwände zu seinen ‚Meditationes de prima philosophia' hatte Descartes, dazu aufgefordert, das Ganze seiner Darlegungen zum Abschluß nach der Methode der Geometer darzustellen, seine Beweise der Existenz Gottes und der Unterschiedenheit der Seele vom Körper in geometrischer Ordnung („more geometrico dispositae") dargelegt. Doch beweise, so hebt Descartes hervor, diese

Darstellungsart selber nichts; deshalb sei sie schwächer als das in den ‚Meditationen' praktizierte Verfahren, und man könne ihr lediglich eine pädagogische Bedeutung im Hinblick auf den Leser zusprechen. Das „analytische" Verfahren der ‚Meditationen', auf Prinzipien in Form meditierenden Überlegens hinzuführen, verlange vom Leser für jeden einzelnen Schritt äußerste Aufmerksamkeit, ohne die die Darlegungen leicht an Überzeugungskraft einbüßen könnten. Demgegenüber habe das „synthetische" Verfahren der geometrischen Methode, aus vorangestellten Sätzen Folgerungen zu ziehen, den Vorteil, durch den Verweis auf Vordersätze auch beim widerstrebenden Leser Zustimmung zu erreichen.

Ist die geometrische Methode für Descartes eine bloße Ordnung der Beweisgründe für den Mitvollzug von Gedankenschritten und deshalb ohne Beweiskraft, so ist sie für Spinoza die Entfaltung eines sachlichen Zusammenhanges, der zwischen dem obersten Prinzip und dem, was aus ihm folgt, tatsächlich besteht. Folglich wird bei ihm aus dem cartesischen „geordnet" (disposita) ein „bewiesen" (demonstrata). Die wichtigste Veränderung, die er in seiner Schrift über Descartes an der cartesischen Prinzipientheorie vornimmt, kann deshalb als eine Konsequenz seiner Methode „more geometrico" verstanden werden. Das meditierende Ich, von dem Descartes behauptet hatte, daß es im Akt des Meditierens zu einem ersten Prinzip gelange, nämlich zur Existenz des seiner selbst gewissen Ich, versteht Spinoza als etwas, dem ein anderes vorausgehen müsse. Zwar habe Descartes Recht mit seiner Behauptung, daß die Aussage „Ich bin" nicht aufgrund irgendeiner körperlichen Beschaffenheit des Ich ein Erstes (primum) sein könne (PPC I, prop. 3), sondern allein deshalb, weil wir denken und folglich jene Aussage durch unser Erkennen ausgewiesen werde (PPC I, prop. 4). Doch müsse, so behauptet Spinoza gegen Descartes, ein solches Erkennen, ausgeübt von einem Individuum, das *Sein* dieses Individuums, also das „Ich bin" (ego sum), schon *voraussetzen*. Dieses Sein müsse durch sich selbst bekannt (per se notum) sein (PPC I, prop. 2) und insofern unabhängig von unserem Denken bestehen. Um diese Reihenfolge als sachangemessen zu beweisen, müßte Spinoza allerdings zeigen, in welchem Sinne eine Bekanntheit des „Ich bin" vorausgesetzt werden dürfe und keine bloße Behauptung ist. Das kann aber im Rahmen der cartesischen Philosophie nicht geschehen, weil ein dahingehender Nachweis sich auf eine Demonstration stützen müßte, die von einen unbedingten Prinzip ausgeht, das nicht das denkende Ich ist. Der veränderte Ausgangspunkt muß gegen Descartes zu der These führen, daß nur derjenige die Gewißheit von seinem „Ich bin" habe, der zugleich die Gewißheit von der Ursache dieses „Ich bin" hat, ohne die er nicht sein und folglich auch nicht denken könnte.

b) Rationalismus

Doch muß man gerade in diesem Zusammenhang sehen, daß der geometrischen Methode Grenzen gesetzt sind. Ihre strikte Anwendung auf ein denkendes Ich würde die Behauptung implizieren, daß sich das denkende Ich aus dem unbedingten göttlichen Prinzip *herleiten* lasse. Descartes hätte dagegen eingewandt, daß unter einer solchen Voraussetzung überhaupt nicht von einem Ich gesprochen werden könnte, das in seinem Denken durch das spezifische Merkmal einer zeitlichen Abfolge seiner einzelnen Gedanken ausgezeichnet ist. In seiner Erwiderung auf die „Zweiten Einwände" gegen die ‚Meditationen' hatte er geschrieben, daß das geometrische Verfahren, mag es auch der Aufmerksamkeit des Lesers förderlich sein, einen wißbegierigen Leser doch nicht befriedigen könne. Weil es nicht die Weise unseres *Auffindens* der ersten Prinzipien lehre, bleibe es nämlich unserem Verlangen nach Wissen äußerlich. Wissen könne als menschliche Angelegenheit seine Befriedigung nur aus sich selbst erlangen und folglich, so meinte Descartes, nur in einem subjektiven Akt, in dem ein sicheres Fundament eigens gefunden wird.

Eine solche Überlegung ist Spinoza nicht fremd. Am Ende seiner ‚Ethik' schreibt er: „Denn obwohl ich im 1. Teil im allgemeinen (generaliter) gezeigt habe, daß alles (und folglich auch der menschliche Geist) nach Essenz und Existenz von

Gott abhängt, so affiziert jener Beweis, obwohl er regelrecht (legitima) ist und nicht den geringsten Zweifel zuläßt, unseren Geist dennoch nicht so, wie wenn ebendies aus der Essenz eines Einzeldinges, das wir von Gott abhängig nennen, selbst geschlossen wird" (V, 36s). Spinoza hat dies aus dem menschlichen Geist geschlossen, der ein Einzelding ist; und er hat sich dabei auf das dem Geist wesentlich zukommende Merkmal adäquaten Erkennens gestützt. Spinoza will zum Ausdruck bringen: Kraft eines solchen Erkennens *ist* der Mensch nicht nur, wie jegliches Seiende, von Gott abhängig, sondern er *weiß* sich auch als von ihm abhängig. Und weil dies ein Wissen ist, in dem er sich zugleich selber weiß, ist er durch es in besonderer Weise *selbst betroffen*.

In einem solchen Beweis, der aus einem wesentlichen Merkmal des Menschen erfolgt, sich also auf eine spezifisch menschliche Fähigkeit stützt, greift Spinoza auf ein Element zurück, von dem nicht zu sehen ist, daß es aus einer unbezüglich auf den Menschen konzipierten Natur Gottes folgen könnte. Auf das Merkmal menschlichen Erkennens könnte aus der als hervorbringende Macht verstandenen Natur Gottes nur geschlossen werden, wenn sie einen internen Bezug auf es und damit auf eine menschliche Angelegenheit enthielte. Mit der geometrischen Darstellungsform will Spinoza aber zum Ausdruck bringen, daß ein Hinblick auf den Menschen der Natur Gottes fremd ist. Gerade deshalb ist sie ja in Spinozas Augen so überaus tauglich. Sie stellt einen Weltzusammenhang dar, dessen Elemente, die Spinoza Modi nennt, bloße Folgen der Natur eines unbedingten göttlichen Prinzips sind, das sich keine Zwecke setzt und deshalb keine Hinblicke kennt. Aber es ist deutlich, daß diese Natur Gottes in Spinozas Augen eine Funktion hat, die nur unter einer bestimmten Voraussetzung sinnvoll ist, daß es nämlich bei uns Menschen eine Orientierung an Zwecken gibt.

Wenn Spinoza immer wieder und mit Nachdruck betont, daß von der Zwecklosigkeit der immanenten Kausalität Gottes auf das Illusionäre aller Zweckorientierung der von Gott abhängenden Modi zu schließen sei, so ist doch nicht zu übersehen, daß er mit seiner Darstellungsform, die diese Zwecklosigkeit zum Ausdruck bringt, *selber einen Zweck* verfolgt. Die Mathematik, „in der es nicht um Zwecke geht, sondern nur um die Essenzen und Eigenschaften von Figuren", so heißt es im Anhang zum 1. Teil der ‚Ethik‘, könne die Menschen von ihren Vorurteilen, zu denen ganz wesentlich die Annahme teleologischer Zusammenhänge gehört, befreien, weil sie ihnen eine andere Norm der Wahrheit („aliam veritatis normam") zeige. Demzufolge beschreibt die Mathematik nicht nur das, was ist, sondern vermag auch den Menschen zu befreien und somit zu verändern. Sie könne, indem sie Menschen über die Falschheit der eigenen Annahmen aufklärt, den Bewußtseinszustand derer, die Illusionen verhaftet sind, verändern. Die geometrische Methode steht im Dienst eines Rationalismus, der beansprucht, in der Erkenntnis von Weltzusammenhängen zugleich eine eminent praktische Bedeutung für die menschliche Weltorientierung zu haben. Die mit dem Erkennen verbundene Praxis hat aber einen Mangel zur Voraussetzung, der nicht aus der Natur Gottes folgt und sich deshalb auch nicht aus ihr folgern läßt. Er gründet in einer spezifischen Verfassung des Menschen, an deren Wirklichkeit Spinoza nicht zweifelt, obschon sie sich aus der Natur Gottes nicht herleiten läßt.

Haben falsche Annahmen bloßen Schein zum Gegenstand, so führt die den Schein korrigierende Philosophie doch kein Scheingefecht, sondern bezieht sich auf etwas Wirkliches, das empirische Faktum nämlich, daß es menschliche Vorurteile gibt und daß diese weit verbreitet sind. Wenn in ihnen auch nicht die Wahrheit erkannt wird, sondern bloß illusionärer Schein, so sind sie selber doch kein Schein. Der frühe Gedanke der ‚Abhandlung über die Verbesserung des Verstandes‘, daß es mangelhaftes Wissen gibt und daß der Mensch sich aus ihm durch streng rationales Wissen befreien kann, bleibt in der ‚Ethik‘ erhalten. Daß jene Form rationalen Erkennens, in der der menschliche Geist um seine Abhängigkeit von Gott weiß, eine den Menschen bestimmende Kraft ist, wird deshalb auch erst nach langwierigen Überlegungen dargetan, in denen Spinoza die Gründe entwickelt, die dem entgegenstehen, daß diese Form der Erkenntnis im Menschen zur Geltung gelangt. Wenn sie im Menschen wirksam wird, dann liegt das an ihm selber, nämlich an einem ihm eigentümlichen Können, und nur deshalb, so wird Spinoza zeigen, ist sie überhaupt wirksam. Es ist unbegreiflich, sagt Leibniz, daß jemand durch die Gedanken eines anderen denkt (Discours de métaphysique, § 29). Das wußte auch Spinoza. Daß der Mensch als Modus in Gott ist, sagt nicht viel darüber, was ihm wesentlich und was ihm eigentümlich ist. Wird das Denken als ein wesentliches Merkmal des Menschen ausgegeben, wie es Spinoza tut, dann wird man es nicht als eine Modifikation der Gedanken Gottes beschreiben können. Dächte der Mensch nur mit dessen Gedanken, würde er selber gerade nicht denken.

Wenn Spinoza mit seiner alle Ziele negierenden Darstellungsart das aufklärerische Ziel einer Befreiung des Menschen aus einer durch unzureichendes Wissen verursachten Fremdbestimmung verfolgt, dann hat er unterstellt, daß Menschen generell Ziele verfolgen. Freilich sind dies sehr unterschiedliche Ziele, von denen dasjenige, das Spinoza verfolgt, in seinen Augen das der Natur des Menschen angemessene ist, nämlich zu einer Erkenntnis zu gelangen, durch die der Mensch sein Leben im Ganzen zu bestimmen vermag. Insofern sucht Spinoza die dem Menschen mögliche Rationalität gegen dessen Verstrickung in illusionäre teleologische Weltdeutungen zur Geltung zu bringen. Im Dienst dieses Ziels steht die im 1. Teil der ‚Ethik‘ entwickelte Verfaßtheit der Natur Gottes. Sie ist eine unerläßliche Bedingung dafür, daß der Mensch an dieses Ziel gelangen kann, von dem, wenn es realisiert ist, zugleich ersichtlich wird, daß es kein dem Menschen fremdes Ziel ist. Die dem Menschen zugetraute Rationalität ist es, die Spinoza dem grundlegenden Prinzip seiner Philosophie, der göttlichen Substanz, diejenigen Bestimmungen abzusprechen nötigt, die man traditionell Gott zugesprochen hat, Verstand und Wille.

Würde Gott kraft vorheriger Überlegung zwischen Verschiedenem wählen können, behielte er gegenüber dem von ihm tatsächlich Geschaffenen einen Rest an Potentialität zurück, das dann, weil Gott in ihm nicht aufginge, auch anders sein könnte. Konzepte des Möglichen und folglich Zufälligen gefährden in Spinozas Augen die Rationalität menschlichen Wissens. Gegen solche Konzepte sucht er aus der als Kausalität verstandenen notwendigen Natur Gottes die Notwendigkeit der Ordnung der Dinge zu erweisen (I, 33). Gegen seine Gegner, die am Begriff des Möglichen hängen, verteidigt er die eigene Position mit dem Hinweis, daß diejenigen, die seine Beweiskette begriffen hätten, jene andere Auffassung verwerfen würden, weil sie ein großes Hindernis der Wissenschaft („magnum scientiae obstaculum") sei (I, 33s). Warum sollte aber, so ließe sich einwenden, das angemessene Konzept Gottes dasjenige sein, das im Dienst der Wissenschaft steht? Denn offenbar wird dies nur derjenige behaupten können, der an Wissenschaft schon interessiert ist; und dieses Interesse läßt sich mit Sicherheit nicht aus dem Begriff Gottes gewinnen, weil unser Bedürfnis, Wissenschaft zu treiben und über sie zu einer vernünftigen Weltorientierung zu gelangen, nicht eine Folge der Natur Gottes ist.

Und sicher war sich Spinoza darüber im klaren, daß er mit seiner Theorie ein bestimmtes Interesse verfolgte, das als solches nicht aus dem Gegenstand der Theorie, Gott, hergeleitet werden kann. Deshalb steht der Hinweis auf das auszuräumende Hindernis der Wissenschaft nicht zufällig in einer Anmerkung und somit *außerhalb* des Beweisganges more geometrico, so wie auch der oben erwähnte Hinweis darauf, durch welches Beweisverfahren ein Individuum selbst betroffen ist, sich in einer Anmerkung findet. Denn was sich aus der Natur Gottes more geometrico herleiten läßt, kann nicht etwas sein, das einen Bezug auf den Menschen und dessen Selbstverständnis enthielte. Im 1. Teil der ‚Ethik‘ finden sich deshalb nur in den die Lehrsätze begleitenden *Anmerkungen* Bezüge auf den Menschen, in der Regel auf andersartige Theorien oder auch nur weit verbreitete Meinungen, die unserem unzureichenden Wissen entspringen. Was im Verweis auf das menschliche Wissen in den Blick gebracht wird, kann nicht Inhalt von Lehrsätzen sein, die bloß von der Natur Gottes handeln.

Den stärksten Bezug auf den Menschen enthält der Anhang zum 1. Teil, in dem Spinoza, stärker noch als in den Anmerkungen, eigens darauf reflektiert, was er mit seinen Darlegungen beabsichtigt. Anmerkungen und Anhang sind nicht nur uns Interpreten eine willkommene Hilfe für das Verständnis der von Spinoza verfolgten Strategie, die aus dem einführungslosen und kargen Beginnen mit Gott nicht so recht ersichtlich wird. Sie können als integrale Elemente des im 1. Teil entwickkelten Sachverhalts verstanden werden, obgleich sich das, was ihr Inhalt ist, aus der Natur Gottes nicht herleiten läßt und sich folglich der Strenge des mos geometricus nicht fügt. Denn im Hinblick darauf haben die Lehrsätze über die Natur Gottes eine eminente Bedeutung: In ihnen werden Strukturen dargelegt, die dem Menschen, von dessen Irrtümern und Illusionen die Anmerkungen sprechen, das adäquate Erkennen von Weltzusammenhängen ermöglichen.

c) Der Aufbau der ‚Ethik‘

Aus den Überlegungen zum Verhältnis von Ontologie und menschlichem Wissen läßt sich folgern, daß Spinozas in der ‚Ethik‘ exponierte Philosophie nicht als ein deduktives System verstanden werden sollte, das Sachverhalte aus einem obersten Prinzip zu deduzieren sucht. Der 1. Teil entwickelt lediglich Strukturmerkmale der Natur Gottes und bleibt darin inhaltlich unbestimmt. Verfehlt ist freilich die Interpretation, die Hegel (Geschichte der Philosophie, Werke, ed. Glockner, XIX, 373) und vor ihm Christian Wolff (Theologia Naturalis Pars II, § 696) gegeben haben, daß ebendies der Kern des Spinozismus sei, inhaltliche Unterscheidungen innerhalb der Welt für bloßen Schein zu erklären, der auf unser mangelndes Erkenntnisvermögen zurückzuführen sei. Wäre bei Spinoza in Wirklichkeit alles eins, dann wäre der Spinozismus in der Tat Akosmismus. Wenn aber das grundlegende Prinzip der einen Substanz als ermöglichender Grund menschlichen Wissens verstanden wird, dann ist dieses zugleich als ermöglichender Grund einer Welt real unterschiedener Glieder aufgefaßt.

Denn Spinoza läßt keinen Zweifel daran, daß menschliches Wissen das Wissen eines *Individuums* ist, das sich von anderen Individuen real unterscheidet und nur als solches überhaupt etwas wissen kann. Ein solches Individuum nennt Spinoza einen endlichen Modus; und daß es endliche Modi gibt, ist eine selbstverständliche *Voraussetzung* des Systems, die für Spinoza so evident ist, daß sie nicht einmal in Form eines Axioms formuliert wird. Man darf mit dem mos geometricus, der das Zusammenfallen von Sein und Begreifbarkeit ausdrückt, nicht zu viel verbinden. Wirklich existierende Modi sind in der Natur der Substanz nicht so enthalten wie in der Natur des Dreiecks das im Rationalismus viel zitierte Prädikat der 180 Grad seiner Winkelsumme. Modi sind nicht Eigenschaften Gottes, sondern real existierende Dinge, die sich in ihrer spezifischen Bestimmtheit nicht aus der Natur Gottes herleiten lassen, mögen sie in dem, was sie sind, auch allein aus ihr begreifbar sein.

Die beiden ersten Definitionen, „Ursache seiner selbst" (causa sui, I, def. 1) und „endliches Ding" (res finita, I, def. 2), markieren die Pole, innerhalb derer das System sich bewegen wird. Und die beiden letzten Definitionen, „Freiheit" (res libera, I, def. 7) und „Ewigkeit" (aeternitas, I, def. 8), markieren eine fundamentale Differenz zwischen unendlicher Substanz und endlichem Modus, indem Freiheit und Ewigkeit in den Gegensatz zu etwas gebracht werden: zum Gezwungenwerden durch Äußeres und zur Dauer in der Zeit, die Merkmale eines endlichen Dinges sind. Es ist wichtig zu sehen, daß die Definitionen lediglich Merkmale definieren, von denen in Lehrsätzen erst zu beweisen ist, daß sie Eigenschaften von Seiendem sind. Sie signalisieren die Hinsicht der Untersuchung, enthalten aber selber, anders als häufig unterstellt wird, keine Vorentscheidung über das, was die Untersuchung wird zeigen können. Dies gilt auch für die Definitionen der drei Basisbegriffe der spinozanischen Ontologie: „Substanz" (substantia, I, def. 3), „Attribut" (attributum, I, def. 4) und „Modus" (I, def. 5). Es ist deshalb abwegig, zu behaupten, aus der bloßen Definition von Substanz folge all das, was dann in Form von Lehrsätzen entwickelt wird. Die Definition macht keine Aussagen über ein Ding, das Substanz wäre, sondern formuliert *Kriterien,* die ein Ding erfüllen muß, damit sich von ihm sagen läßt, daß es eine Substanz ist. Dasselbe gilt für die Definitionen von Attribut und Modus. Abweichend davon definiert lediglich die 6. Definition ein Seiendes, nämlich Gott, von dem aber auch noch in Form von Beweisen zu zeigen ist, daß er existiert und daß er die in der Definition formulierten Kriterien erfüllt, nämlich aus unendlich vielen Attributen zu bestehen, von denen jedes, unbeschadet der behaupteten Vielheit, das ausdrückt, was für den einen Gott konstitutiv ist.

Gott ist im 1. Teil der ‚Ethik' unter dem Gesichtspunkt thematisch, den der 1. Lehrsatz einführt, daß nämlich die Substanz der Natur nach vor (prior) ihren Modi ist, ihnen also logisch vorausgeht, aber so, daß von „ihren" Modi gesprochen werden kann und deshalb an ihr selber ein Bezug auf die Modi aufzuzeigen ist. Dieses methodische Verfahren bringt es mit sich, daß die gesamte Analyse der Natur Gottes bloß *formaler* Art ist. Sie deckt im Begriff Gottes in sich unterschiedene Elemente auf und macht darin deutlich, daß er ein Prinzip ist, das nicht einfach, sondern von einer in sich komplexen Struktur ist und das deshalb eine Erklärungskraft in bezug auf eine in sich komplexe Welt zu haben vermag. Doch werden diese Elemente, von denen eine Vielheit ausgesagt wird, nicht inhaltlich bestimmt. Die Struktur-Elemente der göttlichen Substanz sind ihre Attribute und ihre Modi in der zwiefachen Gestalt von unendlichen und endlichen Modi. Eine Theorie, die nur von Gott handelt, wie diejenige des 1. Teils der ‚Ethik', kann nur von Attributen im allgemeinen und von Modi im allgemeinen sprechen. Inhalte, die es erlauben, Attribute und Modi voneinander zu unterscheiden, werden über nicht beweisbare Axiome eingeführt, und das geschieht im 2. Teil der ‚Ethik', der vom menschlichen Geist handelt. Sind die Axiome des 1. Teils weitgehend formal, bloße Relationen zwischen Gliedern wie „in sich sein" und „in einem anderen sein" (I, ax. 1), Ursache und Wirkung (I, ax. 3) oder Gemeinsamkeit und Zusammenhang (I, ax. 5) formulierend, so sind die Axiome des 2. Teils material, indem sie sich auf einen *empirischen*

Tatbestand stützen. Es ist vor allem der Tatbestand, daß wir denken (II, ax. 2) und daß wir einen Körper haben, den wir empfinden (II, ax. 4). Erst diese inhaltlichen Bestimmungen führen zu einer inhaltlichen Bestimmung der Attribute und der Modi, über die die These einer Vielheit dieser Elemente Plausibilität erhält.

Daraus ist ersichtlich, daß Spinozas Metaphysik der unbedingten Substanz eine *funktionale* Metaphysik ist, die ihren Ausweis darin hat, einen phänomenalen Zusammenhang zu erklären. Sie ist nicht die Theorie einer unbedingten Substanz, die sich für sich betrachten ließe und aus deren Betrachtung das in den weiteren Teilen der ,Ethik' Entwickelte analytisch folgte. Vielmehr entwickeln die späteren Teile im Rückgriff auf empirische Sachverhalte erst Gesichtspunkte, im Hinblick auf die die Theorie der Substanz in der Weise gerechtfertigt wird, daß sie diese Sachverhalte zu erklären vermag. Deshalb kann die Lektüre der ,Ethik' mit dem 1. Teil nicht an ihrem Ende sein, wie insbesondere die Philosophen des deutschen Idealismus, interessiert am spekulativen Gehalt der dort entwickelten Theorie, meinten. Die weiteren Teile sind integrale Bestandteile des von der Theorie der einen Substanz ausgehenden Systems. Sie sind nicht nur von Interesse, weil sie Einsichten in phänomenale Zusammenhänge vermitteln, die eine Überzeugungskraft auch unabhängig von der Theorie der Substanz haben könnten: etwa in die lebensweltliche Basis der menschlichen Gegenstandswahrnehmung (2. Teil), in das Gefüge des menschlichen affektiven Lebens (3. Teil) oder in die Verdrängungspraxis von Affekten durch eine menschliche Vernunft, die hierfür selber die Gestalt eines Affekts annimmt (4. Teil). Sie sind auch von Interesse für die spekulative Theorie der Substanz als eines Erklärungsprinzips von nur empirisch zugänglichen Phänomenen.

Was das für Phänomene sind, die erklärungsbedürftig sind, folgt aus dem *Interesse* des Autors. Bei Spinoza ist es von Beginn an, dokumentiert schon in den frühen Schriften, das Interesse an einer vernünftigen Weltorientierung als der Bedingung für ein gelingendes Leben, das man traditionell ein solches der Glückseligkeit (beatitudo) genannt hat, mit deren Erörterung die ‚Ethik‘ ausklingt (V, 42). Insofern ist es der Mensch, im Hinblick auf den die Theorie der göttlichen Substanz konzipiert wird, mag auch von Gott her der Mensch kein herausragendes Geschöpf neben allen anderen endlichen Modi sein. Denn Gott hat von sich aus keinen Bezug zum Menschen, weil er, ohne Verstand und deshalb blind, im Reich der Modi gar keine Unterscheidungen trifft. Der Mensch hat aber, und das ist bedeutsam auch für die Theorie Gottes, unter allem Seienden den Vorzug, daß er die grundlegende These der Abhängigkeit eines endlichen Modus von der göttlichen Substanz *an sich selber* als einem einzelnen Ding erweisen kann. Für einen solchen Beweis, der der Theorie Gottes nicht äußerlich ist, weil er einen wesentlichen Anspruch der Theorie beweist, ist der Ausgang vom Menschen zu nehmen.

In der Tat verfährt Spinoza im 2. Teil der ‚Ethik‘ so. Dort thematisiert er mit dem menschlichen Geist (mens humana) das wirkliche Sein (actuale esse, II, 11) eines Einzeldinges (res singularis), dessen Wirklichkeit an die zeitliche Dauer und die damit verbundene Vergänglichkeit geknüpft ist. Aus einem Einzelding dieser Beschaffenheit läßt sich dessen Abhängigkeit von der göttlichen Substanz unter der Voraussetzung aufzeigen, daß dieses in der Lage ist, sich in eine Beziehung zu der Substanz zu bringen, in der diese von sich aus nicht steht. Und unter allen Dingen der Welt ist dazu allein der menschliche Geist in der Lage, weil er der *Erkenntnis* fähig ist. Wenn sich zeigen läßt, daß er unter den für ihn spezifischen Bedingungen sich selbst nur dann adäquat erkennt, wenn er sich aus der Substanz erkennt, dann ist an ihm, also von unten und nicht von oben, erwiesen, daß er als ein endlicher Modus von ihr abhängig ist, daß also die Theorie eines unbedingten Prinzips für eine Theorie des bedingten Wesens Mensch unabdingbar ist.

Spinoza will aber nicht nur zeigen, daß die göttliche Substanz die Bedingung ist, die dem Menschen ein zuhöchst rationales Erkennen ermöglicht. Er will auch zeigen, daß der Mensch in dieser Form des Erkennens die ihm angemessene Bestimmung hat, weil er sich mit ihrer Hilfe im Ganzen seiner Existenz verstehen kann. Und damit will Spinoza zeigen, daß die Theorie der Substanz eine eminent praktische Bedeutung hat. Wenn er deshalb im Vorspann zum 2. Teil der ‚Ethik‘ ankündigt, daß er im Bereich der Modi von dem unendlich vielen, das aus der Natur Gottes folgt, nicht alles untersuchen werde, sondern nur den menschlichen Geist und dessen höchstes Glück, dann ist das gewiß keine arbeitsökonomisch bedingte beliebige Beschränkung eines Autors, der nicht alles untersuchen kann. Erst in der Thematisierung des menschlichen Geistes und nicht schon in der Analyse der Struktur der göttlichen Substanz erschließt sich die Ontologie in ihrer Bedeutung für Erkenntnistheorie und Ethik. Insofern ist die Theorie des menschlichen Geistes und damit die Erkenntnistheorie als ein Moment der Ontologie zu verstehen, über das diese konkretisiert wird, und die in dieser Konkretion die Basis einer Theorie menschlicher Praxis bildet. Darin stellen Ontologie, Erkenntnistheorie und Ethik ein Gefüge dar, in dem sie sich einander wechselseitig bedingen und in dem die später entwickelten Teile der ‚Ethik‘ – in ihrem konkreten Hinblick auf den Menschen – nicht bloß eine aus der Natur Gottes folgende Gesetzlichkeit allgemeiner Strukturen auf konkrete Fälle applizieren.

2. Ontologie

a) Substanz

Der 1. Teil der ‚Ethik‘, der mit dem Titel „Von Gott" überschrieben ist, enthält das, was die Schulphilosophie seit dem 17. Jahrhundert „Ontologie" nennt, nämlich die Lehre allgemeiner Strukturen des Seienden. Spinoza gliedert den traditionellen Terminus „Gott" in ein Gefüge dreier Begriffe, die Begriffe von „Substanz", „Attribut" und „Modus", mit deren Hilfe er die Strukturen von Seiendem beschreibt. Die elementarste, das gesamte System tragende Bestimmung ist die, daß es nur eine einzige Substanz gibt, die Gott ist (I, 14) und daß mit dieser Einzigkeit eine Substanz-interne unendliche Vielfalt von Attributen und Modi verknüpft ist.

Für Spinoza ist allein dasjenige eine Substanz, „was in sich (in se) ist und durch sich (per se) begriffen wird, dessen Begriff also nicht des Begriffs eines anderen Dinges bedarf, von dem her er gebildet werden muß" (I, def. 3). Das neben dem „In-sich-Sein" genannte Kriterium einer „Begreifbarkeit durch sich selbst" erlaubt weder die Annahme eines cartesischen Substanzendualismus noch die eines aristotelischen Substanzenpluralismus. Substanz ist nicht schon dasjenige, was ein In-sich-Sein hat, weil es, im Unterschied zu einem Akzidenz, nicht nur an einem anderen ist, von dem es als dessen Prädikat ausgesagt wird. Eine Substanz kann in Spinozas Verständnis überhaupt nicht in einer äußeren Relation zu einem anderen Seienden stehen, da sie in einer solche Relation auch nur aus dieser und damit aus etwas, was sie selber *nicht* ist, begriffen werden könnte. Das bedeutet, daß es neben der einen Substanz nicht nur nicht weitere Substanzen geben kann, sondern überhaupt nichts, das außerhalb von ihr wäre.

Auch dasjenige, was man traditionell ein Akzidenz genannt hat, kann deshalb nicht eine der Substanz äußerliche Bestimmung sein, die ihr zufällig zukommt. Akzidenzien werden zu „Zuständlichkeiten" (affectiones) der Substanz, die Spinoza „modi" nennt. Sie sind nicht nur, wie traditionell angenommen wurde, an einem anderen, sondern „in einem anderen" (I, def. 5). Dieses Konzept hat einen universellen Determinismus zur Folge: Modi sind genauso notwendig wie die Substanz, weil deren Relation zu ihr eine interne Relation der Substanz selber ist. Daraus ergibt sich des weiteren, daß ein begrenzter Modus, der in Relation zu anderen begrenzten Modi steht, nicht aus dieser Relation angemessen begriffen werden kann, sondern allein aus der Substanz, in der er ist. Damit schafft Spinoza die Voraussetzung für eine einheitliche Theorie der Welt, in der alle Glieder der Welt, verstanden als Modi, einen internen Bezug zu einem einzigen Prinzip haben, in dem sie ihre Notwendigkeit haben und von dem her sie deshalb als notwendige begreifbar sind.

Das Wesen Gottes bestimmt Spinoza als hervorbringende Macht (potentia, I, 34), so daß das interne Verhältnis der Substanz zu den Modi als ein solches der Kausalität und damit als eine Ursache-Wirkung-Relation zu verstehen ist. Dieses Konzept ermöglicht es Spinoza, mit der Einzigkeit der Substanz eine Vielheit in sich unterschiedener endlicher Modi zu verbinden. Es ist naheliegend, endliche Modi als Teile innerhalb der Gesamtheit eines in sich zusammenhängenden universellen Gefüges aufzufassen; doch können sie nicht in der Substanz, die unteilbar ist (I, 13), als *deren* Teile enthalten sein, sondern nur als Teile *eines Produktes* dieser Substanz. Das In-sein der Modi in Gott (I, 15) ist für Spinoza deshalb nur eine Eigenschaft (proprium) der Substanz, so wie dies auch andere Bestimmungen Gottes sind, z.B. seine Unendlichkeit (I, 8), sein notwendiges Existieren auf der Basis von causa sui (I, 11) und seine Einzigkeit (I, 14). Es ist zwar notwendigerweise mit der Natur der Substanz verbunden, macht aber nicht deren Essenz aus, weil sich aus ihm nicht die Natur der Substanz in deren internem Bezug zu den Modi erklären läßt. Erst der Begriff der Kausalität (I, 16) erlaubt es, aus der Natur Gottes über das Merkmal eines Daß der Inhärenz von Dingen hinaus das Wie dieser Inhärenz zu beschreiben. Modi sind allein deshalb in Gott, weil er sie hervorgebracht hat, sie also Wirkungen einer Aktivität sind, die seine Natur ausmacht.

Das In-sein von allem in Gott ist erst die Folge einer Kausalität, die, mit der Natur Gottes identifiziert, in ihren Produkten, den Modi, verbleibt. Spinoza nennt sie deshalb eine immanente Kausalität („causa immanens", I, 18). Dieser mit der Natur Gottes identifizierte Begriff von Kausalität hat weitere Eigentümlichkeiten des Spinozismus zur Folge. Weil Gott allein kraft seiner Natur produktiv ist, d.h. nichts als produktiv ist, ist er als „bewirkende Ursache aller Dinge" (I, 16c1) durch nichts ihm Äußeres gezwungen (I, 17), also durch keinen Hinblick auf etwas von ihm Verschiedenes. Bloß nach den Gesetzen seiner Natur handelnd, ist er „Ursache durch sich, nicht durch Zufall" (I, 16c2). Er ist folglich kein persönlicher Gott, der ein zu erreichendes Ziel haben könnte, etwa das Wohlergehen der Menschen. Nicht als Potentialität, sondern als sich erfüllende Macht konzipiert, ist seine Natur von dem Akt des Hervorbringens der Dinge nicht verschieden und folglich keine den Dingen transzendente Ursache. Ein als Hervorbringen konzipiertes unbedingtes Prinzip, das sich in dem Hervorgebrachten erfüllt und ihm gegenüber nichts für sich zurückbehält, ist deshalb auch kein schöpferischer Verstand, der etwas kraft vorheriger Überlegung ausführte.

Indem Spinoza die Dinge von einem unbedingten Prinzip verursacht sein läßt, dessen Natur nichts als Verursachen ist, schafft er die Voraussetzung für eine Theorie einheitlicher Strukturen der Welt, die von einem endlichen Wesen dieser Welt in adäquater Weise erkannt werden können. Erkenntnis von etwas ist für Spinoza die Erkenntnis aus seiner Ursache (vgl. I, ax.4); sie ist dem Menschen unbeschadet seiner Begrenztheit im Prinzip uneingeschränkt möglich, weil die unbedingte Ursache von allem eine den Modi immanente Ursache ist und deshalb aus diesen, d.h. aus einem Begrenzten erkannt werden kann. Für die Welt, die das Gesamt der Modi ist, bedeutet dieses Konzept, daß auch ihr, ebenso wie der Substanz, der Begriff des bloß Möglichen oder Zufälligen fremd ist. Eine Welt, die anders verfaßt wäre, als es die wirkliche ist, müßte auch eine Ursache haben, die von derjenigen der wirklichen Welt verschieden wäre, was die Einzigkeit Gottes, der wesentlich Ursache ist, aufhöbe (I, 33d). Für Spinoza gibt es deshalb keine möglichen Welten im Verstand Gottes, sondern nur die eine wirkliche Welt. Das ist eine Folge des Monismus der Substanz, der impliziert, daß durch die Weise, in der die Modi sind, die Substanz selber bestimmt ist. Die Substanz, die kein Bestehen für sich unabhängig von den Modi hat, ist deshalb Ursache ihrer selbst (causa sui), als die sie selbstgenügsam ist, nur, sofern sie *zugleich* Ursache aller Dinge (causa omnium rerum) ist (I, 25s).

Gleichwohl: Auch wenn die Substanz ihre Wirklichkeit nur zusammen mit ihren Modi hat, die sie mit Notwendigkeit produziert, so enthält dieses Zusammen doch eine grundlegende Differenz der beiden Glieder, insofern das eine Ursache, das andere Wirkung ist. Die göttliche Substanz produziert in ihrer Aktivität nicht sich selbst, sondern Dinge, die, woran Spinoza überhaupt keinen Zweifel läßt, in ihrer *realen Vielheit* eine Wirklichkeit darstellen. Pierre Bayles Unterstellung, daß, wenn die Deutschen die Türken totgeschlagen haben, im Spinozismus der jeweils modifizierte Gott sich selbst totgeschlagen habe (Dictionnaire, 2. Aufl. 1702, Bd. III, Artikel ‚Spinoza‘), ist eine böswillige Karikatur. Explizite These der Ontologie Spinozas ist vielmehr, daß es besondere Dinge gibt (I, 25c), die als Modi die Natur Gottes auf gewisse und bestimmte Weise (certo et determinato modo) ausdrücken. In dieser Bestimmtheit unterscheidet sich ein singulärer Modus in realer Weise nicht nur von anderen singulären Modi, sondern auch von der Substanz. Die von Spinoza nur am Rande gebrauchte (IV, praef.; IV, 4d), aber populär gewordene Wendung „Deus sive Natura" darf nicht als eine These der Identität von Gott und Welt verstanden werden, die suggerierte, daß Unterschiede in der Welt, die nicht aus der ewigen Natur Gottes resultieren, bloß scheinhafte Annahmen eines defekten menschlichen Verstandes seien. Spinoza hat die Differenz der Glieder terminologisch auch durch das Begriffspaar „Natura naturans" und „Natura naturata" zum Ausdruck gebracht (I, 29s), in dem das „naturans" für das Ursache-sein der Substanz steht und das „naturata" für die Wirkung dieser Substanz, die als Wirkung eine Vielheit von Modi („omnes modi") enthält.

Wenn Spinoza behauptet, daß eine solche Vielheit nur in Gott sei und nur über den Begriff einer Kausalität verständlich gemacht werden könne, in der die Dinge in Gott verbleiben, dann behauptet er noch nicht, daß das Viele sich aus der Natur Gottes herleiten ließe. Seine Behauptung enthält aber die folgenreiche These, daß, sofern es eine Vielheit von real unterschiedenem Singulären gibt, die göttliche Substanz kraft ihrer Natur, die sich in den Dingen erfüllt, auch *in* jedem einzelnen ist. Daraus folgt, daß das für die Substanz konstitutive Moment der Aktivität auch jedem Bewirkten der Natura naturata zukommt. In der Tat bringt Spinoza seine Ontologie der Substanz mit dieser These zum Abschluß: „Es existiert nichts, aus dessen Natur nicht irgendeine Wirkung folgte" (I, 36). Wenn ein einzelnes Ding ein Produkt der *immanenten* Kausalität Gottes ist, dann muß in es eingehen, was für die göttliche Substanz konstitutiv ist: auch als Bewirktes muß es Ursache von Wirkungen sein. Die Substanzontologie läuft darauf hinaus, zu zeigen, daß dies die Natur oder, wie man traditionell gesagt hat, das wesentliche Sein (essentia) eines einzelnen Dinges ausmache. Als von Gott hervorgebracht, ist es selber essentiell Ursache, also ein Seiendes, das *von sich aus tätig ist* und nicht nur von anderen Modi bewirkt ist. Ein einzelner Modus, der notwendigerweise in Relation zu anderen Modi steht, hat insofern weder sein Sein aus dieser Relation, noch kann er aus ihr angemessen begriffen werden. Selber nicht Substanz, ist er, weil in ihm etwas Substanzielles ist, nicht nur unselbständiges Glied des Weltganzen. Auch er ist, nicht anders als die Substanz, wesentlich Tätigkeit (agere), wenn er auch, anders als diese, in den anderen Modi ein Außerhalb hat, durch das er eingeschränkt und insofern auch bestimmt ist.

b) Attribute

Das für die Substanzontologie zentrale Problem des Verhältnisses des Einen zu dem Vielen, das Spinoza als ein internes Verhältnis der Substanz zu entwickeln sucht, erhält durch die Theorie der unendlich vielen Attribute einen besonderen Aspekt. Unter Attribut versteht Spinoza dasjenige, „was der Verstand an der Substanz als das wahrnimmt, was deren Essenz konstituiert" (I, def. 4). Wenn Spinoza das Attribut als konstitutiv für die Substanz in deren Essenz, d. h. in deren hervorbringender Macht, definiert, dann läßt sich mit ihm unbeschadet des Verweises auf unseren Verstand keine bloß subjektive Bedeutung verbinden, so als ob das Attribut lediglich eine Erscheinungsform der Substanz für uns wäre. Mit dem Hinweis auf den Verstand und damit auf das Erkennen will Spinoza vielmehr hervorheben, daß das Attribut es ist, über das uns die Substanz in ihrer Natur präsent und damit erkennbar sei. Die besondere Pointe der Theorie Spinozas ist dabei, daß wir für die Erkenntnis der Substanz nur ein einziges ihrer Attribute zu erkennen brauchen, weil sie sich in jedem von ihnen ungeteilt und folglich unverkürzt manifestiert. Deshalb betont Spinoza, daß jedes Attribut selber von substanziellem Charakter ist (I, 10), so daß die Substanz nicht eine den Attributen vorangehende Einheit ist, sondern eine Einheit in ihnen. Attribute werden, anders als die Modi, nicht von der Substanz hervorgebracht; sie sind nicht deren Produkte, sondern die *Weisen,* in denen sie produktiv ist. Warum ist sie aber in unendlich vielen Weisen ("infinitis modis", I, 16) produktiv, so daß ihr unendlich viele Attribute zukommen?

Das traditionell anmutende, auf die Seinsfülle abhebende Argument "Je mehr Realität oder Sein ein jedes Ding hat, desto mehr Attribute kommen ihm zu" (I, 9) scheint auf Spinozas Begriff von Substanz nicht recht anwendbar zu sein, sofern die Substanz ihre Realität im Akt ihrer Produktivität hat und damit in den unendlich vielen *Modi* ("infinita", I, 16), die sie hervorbringt. Wäre die Welt der Modi in ihrem Seinsgehalt von einer einheitlichen Beschaffenheit, könnte auch ein einziges Attribut sie in der unendlichen Vielheit ihrer Glieder verursachen. Doch ist Spinoza davon überzeugt, daß die Welt nicht von einer solchen Verfassung ist, weil sie aus essentiell verschiedenen Gliedern bestehe, nämlich aus Geistigem und Körperlichem, von denen das eine nicht auf das andere zurückgeführt werden könne. In dieser Überzeugung folgt er Descartes, aber auch vom Phänomenbestand her spricht einiges für diese Annahme. Trifft sie zu und sind bestimmte Dinge der Welt essentiell verschieden, dann kann deren Sein als Verursachtsein auch nur aus einer Ursache verständlich gemacht werden, die entsprechend dieser Verschiedenheit in sich gegliedert ist. In der Tat gewinnt Spinoza den den Unterschied begründenden *Inhalt* der uns bekannten Attribute aus dem phänomenalen Tatbestand unseres Denkens und unserer Körperlichkeit, den er im 2. Teil der ,Ethik', in dem von uns Menschen die Rede ist, axiomatisch einführt. Insofern sind für Spinoza Geist und Körper nicht deshalb essentiell verschieden, weil sie aus essentiell verschiedenen Attributen resultieren.

Spinozas Überlegung geht vielmehr dahin, daß sie, *weil* sie essentiell verschieden *sind,* in ihrem Sein nicht begriffen werden könnten, wenn die sie hervorbringende Ursache nicht ihrerseits über Attribute essentiell gegliedert wäre.

Freilich kann sich die unendliche Substanz nicht in diesen beiden Attributen, die relativ auf eine uns bekannte Verfaßtheit sind, erschöpfen, weil sie dann anthropomorph gedacht wäre. Deshalb betont Spinoza, daß ihr unendlich viele Attribute zukämen. Doch ist dies für uns, d.h. für eine vernünftige menschliche Weltorientierung, bedeutungslos, weil die adäquate Erkenntnis der Substanz unabhängig davon ist, wieviel ihrer unendlich vielen Attribute von uns erkannt werden. Die Substanz läßt sich in dem, was sie ist, aus einem *einzigen* Attribut erkennen, weil Spinozas Bestimmung zufolge jedes in sich enthält, was konstitutiv für sie ist. Daß Gott, den Spinoza als die durch unendlich viele Attribute konstituierte Substanz definiert (I, def. 6), über ein einziges seiner Attribute erkennbar ist, das ist unsere Chance. Wir können ihn über dasjenige erkennen, was Ursache des Denkens ist, und folglich, so meint Spinoza, könnten wir ihn durch bloßes Denken erkennen. Aus der Ursache von Geistigem könnte allerdings nicht die davon verschiedene materielle Welt der Körper verständlich gemacht werden. Deren Ursache kann Gott nur sein, wenn ihm das vom Attribut des Denkens (cogitatio) *verschiedene* Attribut der Ausdehnung (extensio) zukommt. Das wurde als eine Provokation empfunden. Doch Gott, dem obersten Prinzip von allem, das Attribut der Ausdehnung zuzusprechen, impliziert keineswegs einen Materialismus. So übermäßig provozierend hätte diese These für die traditionelle Theologie gar nicht zu sein brauchen, hätten deren Vertreter beachtet, daß Gott von den Dingen verschieden ist und daher als Ursache von Ausgedehntem selber gerade nicht ausgedehnt ist. Provozierender ist schon, daß das Gott zukommende Attribut Denken (cogitatio), diese vertraut klingende Bestimmung, als Ursache von Gedanken oder Ideen kein Akt des Denkens ist, daß Gott also nicht denkt und keinen Verstand hat.

Wie die Vielheit der Attribute funktional auf die Welt der

Modi ist, so ist es auch ihre Einheit. Die Attribute haben ihre Einheit nicht in einer ihnen vorausliegenden Entität, sondern in der Selbigkeit eines produktiven Aktes, der in essentiell verschiedenen Weisen, d. h. unter verschiedenen Attributen, essentiell Verschiedenes hervorbringt, das kraft ein und desselben Aktes doch ein und dieselbe Ursache hat. Diese auf die Wirkung abzielende Funktionalität der Attribute hat bedeutsame Konsequenzen für die Verfaßtheit der von der göttlichen Substanz produzierten Welt der Modi. Geist und Körper verlieren den (cartesischen) Charakter der Substanzialität und werden zu Modi, die von einer Substanz verursacht werden, die gemäß der cartesischen Unterscheidung von Geist und Körper in ihrer Essenz, d. h. als hervorbringende Macht, in sich gegliedert ist. Weil sie als gegliederte produktiv ist, haben die essentiell verschiedenen Glieder Geist und Körper einen *ursprünglichen* Bezug aufeinander, der nicht erst im Ausgang von einem Glied zustandegebracht werden muß. Darin ist gelegen, daß jede Idee Idee eines Körpers ist und daß jedem Körper eine Idee korrespondiert. Die cartesische Frage, wie der Geist in seinem Denken zu materiellen Gegenständen gelangen könne, ist deshalb für Spinoza eine sinnlose Frage, da er immer schon bei ihnen ist. Des weiteren ist darin gelegen, daß jede Idee auch wahr ist, sofern Wahrheit in der Übereinstimmung von Idee und Gegenstand besteht und diese Übereinstimmung durch die attributive Gliederung Gottes verbürgt ist. Weil der Begriff der Wahrheit an einen ontologischen Sachverhalt gebunden ist, der, unabhängig von der Weise unseres Erkennens, allem unserem Erkennen schon zu Grunde liegt, führt Spinoza dieses Verständnis von Wahrheit schon im Zusammenhang der Ontologie axiomatisch ein (I, ax. 6).

Die auf die attributiv bestimmte Natur der göttlichen Substanz sich stützende These vom Wahrsein aller Ideen bringt in vorzüglichem Maße das Grundkonzept von Spinozas Ontologie zum Ausdruck, demzufolge alles Seiende prinzipiell intelligibel ist. Wenn Gottes Macht des Hervorbringens ursprünglich so gegliedert ist, daß aus ihr mit allen Dingen zugleich deren Ideen folgen, dann fällt das Ansichsein der Dinge (in scholastischer Terminologie: esse formale) prinzipiell mit deren Vergegenständlichung (in jener Terminologie: esse objectivum) zusammen. Das ist nicht der Fall, weil Gott die Dinge erkannt hätte, bevor er sie schafft, und sie deshalb seinem Erkennen gemäß wären (II, 6), sondern weil er sie, wenn er sie hervorbringt, notwendigerweise zugleich auch unter dem Attribut des Denkens hervorbringt. Als Produkte der Substanz reichen Ideen insofern weder weiter als wirkliche Dinge, noch bleiben sie hinter ihnen zurück. Unter unterschiedlichen Attributen hervorgebracht, unterliegen Ideen und Dinge in ihrer Verschiedenheit doch derselben Form hervorbringender Kausalität und damit dem, was sich aus dieser Form hinsichtlich ihres Bewirktseins folgern läßt. Sie stehen zueinander in einem Verhältnis der Korrespondenz oder, wenn man Leibniz' Ausdruck gebrauchen will, der Parallelität. Spinozas diesbezügliche Formulierung lautet: „Die Ordnung und Verknüpfung der Ideen ist dieselbe wie die Ordnung und Verknüpfung der Dinge" (II, 7).

Zugleich ist darin gelegen, daß die Sphäre der Ideen, nicht anders als die der Körper, ein in sich geschlossenes Feld ist, das auf das jeweils andere nicht einwirkt. Das, was im Feld der Modi Gegenstand von Ideen ist, ist nicht deren Ursache (II, 5). Als Ideen von Körpern sind Ideen nicht von Körpern verursacht, so wenig wie umgekehrt Ideen Ursache von Bewegungsvorgängen des Körpers sein können (III, 2). Eine bestimmte Idee kann nur von einer anderen bestimmten Idee verursacht werden und ein bestimmter Körper nur von einem anderen bestimmten Körper, während Ursache von Ideen und Körpern in deren Essenz ein je unterschiedliches Attribut der göttlichen Substanz ist. Insofern sind mentale und körperliche Ereignisse einerseits essentiell verschieden, andererseits aber, so betont Spinoza in einer Anmerkung, als Produkte der Weisen ein und derselben Tätigkeit bloß unterschiedliche *Aspekte ein und desselben Dinges* (II, 7s). Einerseits sind Ideen und Körper Modi und folglich Dinge, weil ein Attribut Modi produziert (vgl. II, 6 und 11d) und nicht Aspekte. Andererseits ist kein Ding bloß Idee oder bloß Körper, sondern immer beides zugleich. Insofern ein Ding den Momenten Idee und Körper nicht vorgeordnet ist, kann von diesen Momenten tatsächlich als von Aspekten eines Dinges gesprochen werden.

Nicht geklärt ist mit einer solchen Aspekt-Theorie allerdings die Frage, worin ein Ding in den uns bekannten Aspekten des Geistigen und des Körperlichen seine sich in den konkreten Veränderungen von Geist und Körper durchhaltende Identität hat. Für deren Beantwortung wird Spinoza auf dasjenige Merkmal zurückgreifen, das ein jedes Ding von der göttlichen Substanz her hat. Es ist das Merkmal, Macht zu sein, über das Gott in der Differenz seiner Attribute ein einheitliches Wesen ist. Es ist jene Bestimmung, die Spinoza im letzten Lehrsatz des Ontologie-Teils jedem Seienden zuspricht: als modifizierte Macht Gottes tätig zu sein (I, 36). Um sie des näheren zu erörtern, bedarf es der Theorie eines Einzeldinges, in Spinozas Terminologie: eines endlichen Modus, die mehr enthalten muß, als aus der Attributenlehre gefolgert werden kann. Diese verdeutlicht lediglich, daß es im Feld der Modi essentiell Verschiedenes gibt und damit eine Vielheit unterschiedlicher Elemente, die sich vielleicht als unterschiedliche Aspekte ein und desselben Dinges erweisen lassen. Sie kann aber nicht verständlich machen, daß es überhaupt eine Vielheit endlicher Dinge gibt, denen diese Aspekte in je unterschiedlicher Weise zukommen.

c) Unendliche Modi

Nun ist klar, daß sich endliche und insofern vergängliche Modi nicht *unmittelbar* aus den Attributen der ewigen Substanz folgern lassen. Was sich aus ihnen folgern läßt, sind unendliche Modi, die aus ihnen „unmittelbar" folgen und deshalb, wie diese, nicht nur unendlich, sondern auch ewig sind (I, 21). Ein unmittelbarer unendlicher Modus (modus infinitus immediatus) läßt sich als die Totalität dessen verstehen, was aus einem jeweiligen Attribut der Substanz folgt. Darin enthielte er einen Bezug auf Teile, die dann als endliche Modi anzusehen wären. Doch führt von den unendlichen Modi kein deduktiver Schritt zu den endlichen. Im Hinblick auf sie, deren Faktizität für Spinoza außer Frage steht, modifiziert sich der unmittelbare unendliche Modus nur zu einem weiteren *unendlichen* Modus, den Spinoza im Unterschied zu dem ersten einen vermittelten (mediatus) unendlichen Modus nennt (I, 22). Er ist gemäß seiner Unendlichkeit ebenfalls ewig und insofern etwas, das tatsächlich als eine Folge der göttlichen Substanz angesehen werden kann. Er kann als das Weltganze verstanden werden, das bei aller internen Veränderung seiner Teile, also der endlichen Modi, eine sichgleichbleibende Gestalt behält; und insofern enthält er keinen Bezug auf endliche Modi in deren *Verschiedenheit*. Deshalb schließt Spinoza mit diesen beiden Formen das Gefüge der unendlichen Modi ab, das keine weitere Modifikationen und damit Spezifikationen zulasse (I, 23), insbesondere nicht, daß unendliche Modi sich zu endlichen modifizierten.

Das Lehrstück der unendlichen Modi ist in der ‚Ethik‘ in äußerst komprimierter Form vorgetragen, die keine inhaltliche Füllung erfährt und deshalb besonders dunkel bleibt. In einem Brief an Schuller (Ep. 64) hat Spinoza die beiden Formen von unendlichem Modus inhaltlich bestimmt. Der *unmittelbare* unendliche Modus ist unter dem Attribut Denken der unbedingt unendliche Verstand (intellectus absolute infinitus), an dem alle Formen von endlichem Verstand teilhaben, und damit dasjenige, was allen Ideen gemeinsam ist. Unter dem Attribut Ausdehnung ist es das Begriffspaar Bewegung und Ruhe (motus et quies), an dem alle endlichen Körper teilhaben, und damit dasjenige, was allen Körpern gemeinsam ist. Der *vermittelte* unendliche Modus ist demgegenüber nur ein einziger, der sich trotz des attributiven Unterschiedes inhaltlich nicht spezifizieren läßt. Als gleichbleibende Gestalt des ganzen Universums (facies totius universi) ist er eine bloße Struktur, die in ihrer Formalität unter allen Attributen dieselbe ist. Er ist bar allen Inhalts, weil er von allen innerweltlichen Veränderungen, die sich aus der inhaltlichen Beschaffenheit der endlichen Modi ergeben, absieht. Genau deshalb ist die Abfolge der unendlichen Modi mit der bei aller Veränderung gleichbleibenden

Gestalt abgeschlossen. Was sich aus der unendlichen und ewigen Natur Gottes herleiten läßt, erfüllt sich angesichts der Vielfalt der Welt in einer ewigen sich gleichbleibenden Gestalt, aus der sich für die Welt keine internen Unterschiede nach materialen Hinsichten ergeben. Wäre das alles, was die Theorie der Substanz in bezug auf die Welt hergibt, wäre sie in der Tat Akosmismus.

Aber es ist nicht alles, wenn man sich klarmacht, daß die unendlichen Modi im wesentlichen eine funktionale Bedeutung im Hinblick auf endliche Modi haben. Zunächst ergibt sich aus ihnen für die endlichen Modi eine bedeutsame negative Konsequenz. Weil unendliche Modi nicht endliche Modi hervorbringen, also kein Kausalbezug zwischen ihnen besteht, hat ein endlicher Modus sein Sein, das er aus seiner Ursache hat, auch nicht aus einem unendlichen Modus, so daß er von ihm her auch nicht begriffen werden kann. Daraus folgt, daß ein endlicher Modus zwar Teil einer Totalität, der Welt im Ganzen, ist, daß er aber seine wesentliche Bestimmung nicht aus dieser Totalität hat. Das bedeutet für den Menschen, daß er sich, will er sich selbst begreifen, auch nicht als ein solcher Teil begreifen muß. Er wird damit in seinem Aussein auf eine der eigenen Rationalität sich verdankenden vernünftigen Weltorientierung davon entlastet, das Ganze der Weltzusammenhänge, in denen er selber steht, adäquat erkennen zu müssen. Hätte er sein Sein aus der Welt im Ganzen, dann würde er nicht nur nie sich selbst adäquat begreifen können, sondern er wäre auch nie etwas an sich selbst, sondern, ganz so wie viele Spinoza-Interpreten seit Leibniz (Brief an Bourguet vom Dez. 1714) wollen, ein flüchtiger Modus angesichts eines sich stets Gleichbleibenden, das als dieses allein das Wahre wäre. Die Unterscheidung zwischen Natura naturans und Natura naturata erlaubt es aber, einen endlichen Modus in seinem Sein von einem Prinzip her zu verstehen, das nicht die Welt im Ganzen ist, sondern das die *Ursache* dieser Welt ist und ineins damit auch die Ursache eines einzelnen Gliedes in ihr.

Allerdings kann Gott, der aufgrund seiner Unendlichkeit einen endlichen Modus nicht unmittelbar hervorbringt, dessen Ursache nur *vermittelt* über andere endliche Modi sein (I, 28). Deshalb steht jeder endliche Modus notwendigerweise in Relation zu anderen endlichen Modi, so daß der Mensch, der ein solcher Modus ist, sich in seinem Sein nicht losgelöst von innerweltlichen Relationen wird begreifen können. Es tun zu wollen, führt in Spinozas Augen zu einem fundamentalen Mißverständnis menschlicher Subjektivität: sich „wie ein Staat im Staat" (III, praef.) zu verstehen, d.h. in einer Selbstmächtigkeit, die unberührt wäre von äußeren Determinanten. Deshalb bedarf unsere auf dem Boden der Endlichkeit stehende vernünftige Weltorientierung einer adäquaten Erkenntnis der das individuelle Sein übergreifenden Zusammenhänge der Welt. Und hierfür haben die unendlichen Modi in ihrer unmittelbaren Gestalt eine wichtige *positive* Funktion, die sich sowohl auf der Ebene der Gegenstände unserer Erkenntnis wie auf der Ebene des erkennenden Subjekts zeigt. Sie besteht darin, ein Allgemeines darzustellen, unter dem die dem Menschen sich darbietenden Einzelheiten der Welt stehen und von dem her sie sich unter dem Aspekt des Allgemeinen erkennen lassen. Weil dieses Allgemeine, aus Gott unmittelbar folgend, ein Ewiges ist, nennt Spinoza eine an ihm sich orientierende Erkenntnis eine Erkenntnis „sub specie aeternitatis" (II, 44c2). Diese Erkenntnis ist notwendigerweise adäquat; denn sie richtet sich auf etwas, das, aus der Natur Gottes mit Notwendigkeit folgend, den Dingen tatsächlich gemeinsam ist. Sie richtet sich auf die Dinge, wie sie an sich sind (II, 44d).

Im Rückgriff auf die unendlichen Modi gelangt Spinoza zu der These, daß die unendliche Kette der einander bestimmenden endlichen Modi, deren Totalität unsere endliche Erkenntnis nie adäquat erkennen könnte, einer den Gliedern dieser Kette gemeinsamen Struktur unterliege, die sich adäquat erkennen läßt. So kann im Feld der Ausdehnung ein Körper zwar nicht in seiner Besonderheit, die sich aus seiner spezifischen Relation zu anderen Körpern ergibt, adäquat erkannt werden, aber doch nach einer allen Körpern gemeinsamen Gesetzlichkeit von Bewegung und Ruhe. Als Artikulation eines unendlichen Modus sei dies eine wahre Gesetzmäßigkeit, die den Dingen tatsächlich gemeinsam ist. Denn sie ist nicht ein durch Abstraktion aus Erfahrungen gewonnenes Allgemeines, das, von uns willkürlich gebildet, nur subjektive Bedeutung hätte. Gestützt auf den Parallelismus der Attribute, folgert Spinoza daraus, daß den unendlichen Modi der körperlichen Welt Begriffe korrespondieren, die allen Menschen gemeinsam seien. Diese gemeinsamen Begriffe („notiones communes") sind der Beliebigkeit bloß subjektiven Bildens entzogen und stellen so etwas wie ein kategoriales Gerüst unseres Erkennens dar. Begriffe dieser Art unterscheiden sich von bloßen Allgemeinbegriffen („notiones universales"), die von uns willkürlich gebildet werden und als bloße Gedankendinge (entia rationis) jeglicher ontologischer Dignität entbehren. Allgemeinbegriffe sind für Spinoza, der sich hier in die Tradition des Nominalismus einfügt, nicht nur Gattungsbegriffe wie Mensch oder Hund, sondern auch die tradierten „transzendentalen" Begriffe wie Ding oder Etwas (vgl. II, 40s1).

Darüber hinaus sei das Feld des Denkens nicht nur durch gemeinsame Begriffe bestimmt, die die Gemeinsamkeiten der körperlichen Welt abbilden, sondern auch durch ein wahrhaft Gemeinsames der Gedanken selber, das sich aus dem Attribut „Denken" herleitet. Ein solches Gemeinsames ist der unendliche Verstand, an dem der menschliche Verstand als dessen Teil partizipiert (vgl. II, 11). Aus diesem Teilsein sucht Spinoza nicht nur unser inadäquates Erkennen verständlich zu machen als ein bloß partielles und darin getrübtes Erkennen (ebd.). Aus ihm macht er auch unser adäquates Erkennen verständlich (II, 43s). Denn wenn der endliche menschliche Geist im Erkennen Teil dessen ist, was aus der unendlichen Substanz unmittelbar folgt, bezieht er sich, wie beschränkt er auch sein mag, auf die Dinge, wie sie an sich sind, und nicht nur, wie sie ihm gemäß seiner Beschaffenheit erscheinen. Das ist nur möglich, wenn der unendliche Verstand zur Welt der Modi gehört und nicht der göttlichen Substanz zukommt, wie Spinoza in einem Brief hervorhebt (Ep. 9). Den unendlichen Verstand bezeichnet Spinoza auch als die Idee Gottes (idea Dei; II, 4), die unmittelbar aus dem göttlichen Attribut Denken folgt (II, 3). Diese Idee hat Gott und ineins damit alles, was aus ihm folgt, zum *Gegenstand;* nicht aber ist Gott ein Subjekt, das eine Idee hat. Daraus hat Spinoza gefolgert, daß das Erkennen als ein Element der hervorgebrachten Welt auch in seiner einen unendlichen Verstand auszeichnenden unbedingten Form dem menschlichen Verstand als einem Glied dieser Welt nicht prinzipiell verschlossen sei. Die Unbedingtheit eines unendlichen Verstandes sei vielmehr in allem unserem Erkennen immer schon wirksam, nicht anders als alle Körper durch eine Gesetzlichkeit im Verhältnis von Bewegung und Ruhe immer schon bestimmt sind. Auf diese Überlegung stützt sich Spinozas These, daß in Gott, der mit dem unendlichen Verstand zugleich alles, was überhaupt ist, hervorbringt, alle Ideen auch wahr sind (II, 32d). Dann ist die für eine vernünftige menschliche Weltorientierung verbleibende Frage allein die, wie der Mensch der so verbürgten Wahrheit, die unabhängig von seinem Erkennen besteht, auch inne werden könne. Dabei ist sicher, daß er ihrer nur als endlicher Verstand inne werden kann. Denn niemand könne, wie Leibniz später sagen wird, mit den Gedanken eines anderen denken.

d) Endliche Modi

Für den Menschen in dessen Endlichkeit besteht nun eine grundlegende Diskrepanz zwischen dem, was an sich ist, und dem, was für ihn ist. Der Sache nach sind alle Ideen wahr, weil sie in göttlicher Perspektive mit ihren Gegenständen immer schon übereinstimmen; für den Menschen sind sie es jedoch nicht, in dessen Perspektive sie auch falsch sein können (II, 35). Die wahre Erkenntnis wird in der Perspektive des Menschen somit zu etwas, das er erst *erlangen* muß; die Untersuchung der Bedingungen, unter denen ihm dies gelingt, steht im Mittelpunkt der ‚Ethik' und darf als das zentrale Anliegen dieses Werkes und nicht etwa als ein Scheinproblem angesehen werden. Dies setzt nicht nur voraus, daß endliche Modi etwas erlangen können, das ihnen nicht immer schon zukommt, sondern auch, daß sie in dieser Form des Sichveränderns, die in der Zeit erfolgt, ihre spezifische Wirklichkeit haben. Diese mit der Zeitlichkeit und darin Vergänglichkeit verbundene Wirklichkeit kann Spinoza aus der ewigen Substanz, aus der nur Ewiges folgt, natürlich nicht herleiten. Deshalb schließt er nach der Erörterung der unendlichen Modi, die aus Gottes ewiger Natur folgen, auch nicht aus diesen auf endliche Modi. Er setzt vielmehr, den Deduktionsgang unterbrechend, mit einer neuen Überlegung ein. Er geht davon aus, daß es besondere Dinge gibt (I, 24), und zeigt dann, daß sie von Gott abhängen und deshalb Modi sind, weil sie ohne Gott weder sein noch begriffen werden könnten: „Die besonderen Dinge (res particulares) sind nichts als Zuständlichkeiten (affectiones) der Attribute Gottes, d. h. Modi" (I, 25c).

Endlichen Dingen komme nicht nur ein reales Existieren zu, sondern auch eine Wesensbestimmung („essentia", I, 25), die deren Positivität („quid positivum", I, 26d) ausmacht. Es ist die Wirksamkeit und damit Aktivität eines jeden Dinges, die als je verendlichte Macht Gottes die Essenz eines einzelnen Dinges ausmacht. Weil eine dergestalt modifizierte Macht nicht unmittelbar aus der Natur der unendlichen Substanz folgt, kann ein durch sie charakterisierter endlicher Modus, so setzt Spinozas nächste Überlegung ein, ein Produkt der Substanz nur über die Vermittlung eines anderen endlichen Modus sein, für den seinerseits das gleiche gilt, so daß sich hier eine zusammenhängende Kette endlicher Modi ergibt (I, 28). In ihr hat ein endliches Ding seine jeweilige *Bestimmtheit,* die als ein Verursachtsein nicht durch Gott, sondern durch andere endliche Dinge zu verstehen ist. Somit unterliegt ein endlicher Modus, anders als der nur von Gott verursachte unendliche Modus, einer *doppelten* Form von Kausalität. Über andere endliche Modi ist er äußeren Ereignissen ausgesetzt, die ursächlich auf ihn einwirken, darin aber nicht seine Essenz ausmachen. Um diesen für das System der ‚Ethik' grundlegenden Tatbestand zu verdeutlichen, hat Spinoza einen Modus, bevor er ihn in einen innerweltlichen Kausalzusammenhang bringt, in dem er die

Wirkung anderer Modi ist, zunächst als eine Ursache, die etwas bewirkt, bestimmt. Und dieses Ursache-Sein hat ein endlicher Modus nicht aus der Wirksamkeit anderer endlicher Modi, sondern aus der Kausalität Gottes, als dessen Modifikation er eine ewige Essenz ist.

Daß ein endliches Ding essentiell Macht (potentia) ist, heißt freilich nicht, daß es selbstmächtig, also causa sui wäre. Seine Macht artikuliert sich in Äußerungen, die, in die Zeit fallend, nicht aus ihr allein folgen, sondern mitverursacht sind durch die Äußerungen anderer Dinge, zu denen ein Ding in Beziehung steht. Doch muß diese *innerweltliche* Kausalität von der *immanenten* Kausalität, in der die göttliche Substanz in ihren Produkten ist, unterschieden werden. Gott ist die Ursache des Weltganzen in dessen ewigen Strukturen (unendliche Modi) und die Ursache endlicher Modi, sofern ihnen eine Essenz zukommt. Ursache endlicher Modi ist er allerdings nur so, daß er unendlich viele endliche Modi produziert, die ihrerseits in einer innerweltlichen Kausal-Relation zueinander stehen, in der die Besonderheit eines singulären Modus allein beschreibbar ist. Ein endlicher Modus steht deshalb notwendigerweise in einem Verhältnis zu jeweils anderen endlichen Modi, von deren Wirksamkeit er selber abhängig ist. Wird innerhalb dieser Relation ein Ding auch nicht in seiner Essenz durch andere Dinge bewirkt, sondern bloß in der zeitlichen Abfolge seiner Ereignisse, so ist gemäß dem Begriff einer immanenten Kausalität Gottes die Macht (potentia) eines Dinges, die dessen Essenz ausmacht, doch kein Vermögen, das sich von den Formen seiner Verwirklichung *trennen* ließe. So wie Gott nur in der Realisierung seiner potentia ist, also nur ineins mit seinen Produkten, so ist auch ein endlicher Modus nur in seinen Äußerungen, also in seinen Wirkungen, d. h. in zeitlichen Ereignissen, die ihre Ursache nicht in ihm allein haben. Insofern ist er nicht zufälliger-, sondern notwendigerweise durch andere endliche Modi bestimmt.

Gleichwohl enthält diese Form von Notwendigkeit nicht, daß ein Modus in seinen Ereignissen durch äußere Ursachen so determiniert sei, daß er ihm zukommende Ereignisse nicht von sich aus gestalten könnte. Spinozas vielzitierte, einen strengen Determinismus zum Ausdruck bringende These, die sich am Ende der Erörterung endlicher Modi findet, daß es in der Natur der Dinge nichts Zufälliges gebe, vielmehr alles kraft der Notwendigkeit der göttlichen Natur bestimmt sei, auf gewisse Weise zu existieren und zu wirken (I, 29), nimmt im Beweis des Lehrsatzes nicht auf den vorangehenden Lehrsatz Bezug, der die innerweltliche Kausalität zwischen Modi beschreibt. Die These hat die den einzelnen Dingen zukommende Natur im Blick, also deren Essenz, von der es heißt, daß sie auch in ihrer jeweiligen Bestimmtheit und damit in ihren tatsächlichen Ereignissen durch die Notwendigkeit Gottes bestimmt sei. Es ist nicht ersichtlich, wie Spinoza behaupten könnte, daß aus der Notwendigkeit der ewigen Natur Gottes, aus der nichts Zeitliches folgen kann, ein Determinismus zeitlicher Ereignisse folgte. Behaupten kann er jedoch systemkonform, daß im Felde solcher Ereignisse ein Ding insoweit determiniert ist, als es nichts gegen die *eigene Natur* kann und insofern auch nichts gegen die ihm eigentümliche Gestalt, die sich über die zeitlichen Äußerungen in der Interaktion mit anderen Modi jeweils herausbildet.

Darin ist nicht gelegen, daß ein Ding in der Weise von außen determiniert sei, daß es für die Ausbildung dieser Gestalt nicht selber etwas von sich aus tun könnte. Im Gegenteil, der Essentialismus des Einzeldings, den Spinoza vehement vertritt, ermöglicht es einem Modus, obwohl er in einem ihn umgreifenden Gefüge steht, deren Ereignisabläufe ihn bestimmen, Ereignisse sich selber zuzuschreiben. Er kann dies, nicht weil er eine von den Ereignissen unabhängige Substanz wäre, sondern weil er als Modus der göttlichen Substanz ursprünglich Handeln (agere) ist, das Wirkungen hervorbringt. Wirkungen würden dann aus der eigenen Natur allein erfolgen, wenn diese Natur ein Handeln wäre, das durch kein Leiden eingeschränkt ist. Wie das möglich ist, kann im Rahmen der Ontologie des 1. Teils der ‚Ethik‘ allerdings nicht gezeigt werden. Als Theorie der grundlegenden Elemente der Natur Gottes (Substanz, Attribut, Modus) bleibt sie formal und erörtert nicht konkrete

Formen von Äußerlichkeit, die das Handeln des Modus Mensch einschränken. Die Erörterung des konkreten Agierens des Menschen auf der Basis jener grundlegenden Strukturelemente und damit die Darlegung dessen, was der Mensch von sich aus, also kraft seiner eigenen Natur, vermag, beginnt erst im 3. Teil mit der Erörterung der Ethik im engeren Sinne.

Dort stellt Spinoza der Beschreibung des affektiven menschlichen Lebens eine Theorie der wirklichen Essenz (actualis essentia) eines einzelnen Dinges voran. Den Schlußlehrsatz der Ontologie aufnehmend, bestimmt er sie unter den Bedingungen der das Agieren eines Dinges mitbestimmenden Äußerlichkeit als „Streben (conatus), mit dem jedes Ding in seinem Sein (in suo esse) zu beharren strebt" (III, 7). In der Relation zu ihm Äußeren ist jedes Ding seiner Essenz nach ein durch Rückbezüglichkeit gekennzeichnetes Streben, in dem es gegen ein es bedrohendes Äußeres sich selbst zur Geltung zu bringen, also das eigene Sein zu bewahren sucht. *Wieweit dies gelingen kann,* wird Spinoza in bezug auf den Menschen in einer Abfolge von Lehrsätzen beweisen; *daß* ein Ding darauf aus ist, ist ihm aber nicht beweisbedürftig. Bezeichnenderweise gehen der Erörterung des conatus eines Dinges zwei Lehrsätze voraus, die sich auf die Evidenz des Selbstverständlichen stützen („per se patet"): daß nämlich ein Ding nur durch eine äußere Ursache vernichtet werden kann (III, 4), daß es aber nicht aufgrund entgegengesetzter interner Merkmale selbstdestruktiv sein kann (III, 5). Analog zu dem Vorgehen in der Ontologie stützt sich Spinoza hier auf die nicht weiter begründungsbedürftige Annahme der Positivität eines Dinges, das etwas an sich selbst ist und *deshalb* in der ihm äußeren Relation zu anderen Dingen gleicher Art den Bezug auf das eigene Sein zu wahren sucht.

Daß dieser ontologisch verbürgte Selbstbezug der Gefahr einer Vernichtung durch Äußeres ausgesetzt ist, folgt nicht aus der Substanz, aus der nur solches folgt, das sich stets selbst erhält. Es folgt auch nicht aus dem bloßen Tatbestand des Beschränktseins einer endlichen Macht, die sich immer einer Übermacht des Äußeren gegenübersieht. Es folgt vielmehr aus der *spezifischen* Relation, in der ein Ding zu anderen Dingen steht. Sie ist für Spinoza wesentlich durch die je spezifische Perspektive bestimmt, die ein Ding jeweils einnimmt. Diese Perspektive ist es, die ein Ding in seinem Wahrnehmen nicht mit dem übereinkommen läßt, was gemäß der Ontologie der Sache nach der Fall ist. Spinoza hat daraus geschlossen, daß für ein endliches Ding die Möglichkeit, aus der eigenen Natur heraus zu handeln, davon abhängig ist, daß es seine Perspektive in grundsätzlicher Weise zu verändern vermag und zu einer veränderten *Betrachtung* der Dinge gelangt. Deshalb ist für Spinoza alles Handeln, in dem ein Ding sich tatsächlich selbst erhält und darin sein eigenes Sein genießt, an eine bestimmte Weise des *Erkennens* gebunden. Und deshalb wird im 2. Teil der ,Ethik' unter dem Titel „menschlicher Geist" (mens humana) noch vor der conatus-Theorie der Mensch in seiner Fähigkeit des Erkennens erörtert.

3. Erkenntnistheorie

a) Geist und Körper

Spinoza beginnt seine Erkenntnistheorie nicht mit einer Analyse des erkennenden Subjekts, sondern mit der Ontologie der Substanz unter deren Attribut „Denken" (cogitatio), das eine Weise darstellt, in der Gott produktiv ist (II, 1). Unter diesem Attribut produziert Gott Ideen (II, 5), während er unter dem anderen Attribut der „Ausdehnung" (extensio) zugleich Körper produziert, so daß Ideen und Körper einander korrelieren. Gemäß dieser ontologischen Voraussetzung faßt Spinoza den menschlichen Geist, der in der cartesischen Tradition Subjekt des Erkennens ist, als etwas, das nichts weiter *ist* als eine Idee. Seine Singularität und damit konkrete Bestimmtheit (actuale esse) bestehe darin, die Idee eines wirklich existierenden Dinges zu sein (II, 11), nämlich des eigenen Körpers (II, 13). Der Körper und nicht etwas anderes ist es, weil – die einzige Begründung, die Spinoza gibt – Menschen die Affektionen ihres

Körpers faktisch wahrnehmen. Es ist ein empirischer Tatbestand (II, ax.4), den Spinoza im Beweis des 13. Lehrsatzes durch den weiteren empirischen Tatbestand (II, ax.5) ergänzt, daß Menschen andere Dinge als Körper nicht empfinden. Zwar muß es gemäß der Ontologie anders verfaßte Dinge geben, die Gegenstand von Ideen sind; sie sind aber nicht konstitutiv für das konkrete menschliche Sein, dessen Wirklichkeit nicht über die Ontologie beschreibbar ist, sondern allein durch Merkmale, die sich aus der tatsächlichen Verfaßtheit des Menschen ergeben.

Daraus zieht Spinoza zwei Konsequenzen (II, 13c): 1. daß der Mensch aus Geist und Körper besteht, und 2. daß der menschliche Körper, wie wir ihn empfinden, existiert. Die erste Folgerung ist eine Konkretisierung des Parallelismus der Attribute zu den Aspekten des Geistigen und Körperlichen, die im Menschen ungetrennt verbunden sind, weil der menschliche Geist seine Wirklichkeit nur als Idee seines Körpers hat, als die er ihn repräsentiert. Dies schließt ein, daß der Mensch überhaupt nur erkennen kann, sofern er einen Körper hat, nicht aber unabhängig von ihm, also, gegen Descartes gerichtet, nicht als reiner Geist. Der Existenz des Körpers müssen wir uns nicht erst denkend versichern, weil sie die Voraussetzung dafür ist, daß wir überhaupt denken können. Der Mensch hätte als erkennendes Subjekt keine Wirklichkeit, wenn sein Körper als unmittelbarer Gegenstand seines Erkennens nicht selber wirklich existierte. Deshalb muß der Geist als Idee seines Körpers dasjenige, was sich im Körper ereignet, auch wahrnehmen (percipere); denn durch dieses Wahrnehmen, wie bewußt es auch sein mag, ist er selber konstituiert (II, 12).

Mit dieser aus dem attributiven Parallelismus der Substanz sich ergebenden Bindung des menschlichen Geistes an den Körper verbindet Spinoza weitergehende Überlegungen, die aus dem Parallelismus allein nicht folgen. Er beschreibt nämlich die Dominanz des einen Bereichs über den anderen aus einer spezifischen Verfaßtheit von menschlichem Geist und menschlichem Körper und sucht daraus zwei unterschiedliche

Formen des Erkennens, inadäquates und adäquates, verständlich zu machen.

Dabei legt Spinoza den Akzent zunächst in das Feld des Körperlichen, um erklären zu können, wie sich mentale Subjekte voneinander *unterscheiden;* ihren Unterschied erklärt er nicht aus der Struktur von Idee, sondern aus der des Körpers. Weil es gemäß der ontologischen Korrespondenz von Geist und Körper von jedem Körper eine Idee gibt, seien, wie Spinoza sich ausdrückt, alle singulären Dinge und nicht nur der Mensch „beseelt" (animatus; II, 13s). Ihr Unterschied bestehe darin, dies in verschiedenen Graden zu sein; und Spinoza behauptet, daß die je unterschiedliche Verfaßtheit des Körpers es ist, die einen Geist in dessen Charakter, Idee zu sein, je unterschiedlich bestimmt sein läßt: je komplexer ein Körper ist, desto mehr vermag dessen Geist wahrzunehmen. Ein intern vielfältig organisierter Körper, der im Unterschied zu einem simpel strukturierten in vielfachen Beziehungen zu anderen Körpern steht, deren Eindrücke er aufnimmt, läßt gemäß dieser Vielheit den wahrnehmenden Geist auch entsprechend viel wahrnehmen. Das führt zu der Behauptung, daß es die Organisation des Körpers sei, die das Sein des Geistes ausmacht (ebd.).

Deshalb schiebt Spinoza vor der Erörterung des menschlichen Erkennens in die Theorie des menschlichen Geistes eine Physik des Körpers ein (nach II, 13). Außerhalb des Deduktionsganges exponiert und weitgehend cartesianisch, entwickelt sie eine Theorie mechanistischer Körperaffektionen, über die mit Hilfe einer Reihe nicht beweisbarer Postulate die Komplexität des menschlichen Körpers vorstellig gemacht wird: daß dieser aus sehr vielen Elementen zusammengesetzt sei (post. 1), daß er deshalb auf äußerst vielfache Weise von äußeren Körpern affiziert werde (post. 3), deren er für die eigene Erhaltung bedürfe (post. 4), daß er aber auch selber äußere Körper auf höchst vielfache Weise bewegen könne (post. 6). Aus dieser Komplexität schließt Spinoza auf die Fähigkeit des menschlichen Geistes, sehr viel wahrzunehmen (II, 14), also auf die Komplexität auch des menschlichen Geistes: daß die

Idee, die den Geist konstituiert, nicht einfach sei, sondern sich aus sehr vielen Ideen zusammensetze (II, 15).

So macht Spinoza aus der Bindung des Geistes an den Körper das Was des Wahrnehmens verständlich. Doch kann daraus nicht auch auf dessen *Wie* im Sinne von Deutlichkeit und Undeutlichkeit geschlossen werden. Zwar behauptet Spinoza, daß, je mehr die Handlungen eines Körpers von ihm allein (ab ipso solo) abhängen, auch dessen Geist umso fähiger sei, etwas deutlich (distincte) einzusehen (II, 13s). In Wahrheit zeigt er jedoch, daß aus der Verfaßtheit des menschlichen Körpers nur unser *verworrenes* Erkennen verständlich gemacht werden kann, nicht aber unser deutliches. Aus der Physik des Körpers folgt nämlich, daß kein Körper befähigt ist, Handlungen von sich allein abhängen zu lassen. Auch der menschliche Körper, unterworfen wie alle anderen Körper der Gesetzlichkeit von Bewegung und Ruhe, steht in Relation zu vielen anderen Körpern, deren Bewegungen ihn von außen bestimmen, so daß er, wieviel er auch von Äußerem in sich integrieren kann, nur Teil eines größeren Ganzen ist. Innerhalb eines solchen Ganzen sucht Spinoza die Selbigkeit eines singulären Körpers über eine die Form des Körpers ausmachende gleichbleibende Regel von Bewegung und Ruhe seiner Teile zu bestimmen. Diese Form sei hinsichtlich der Teilkörper intern geschlossen, nach außen hin aber für eine Verbindung mit anderen Körpern zu einem komplexeren Körper offen, dessen Form gegenüber internen Veränderungen wiederum konstant sei, mag er auch durch weitere Verbindungen mit äußeren Körpern stets komplexer werden bis hin zu der körperlichen Natur im Ganzen, die als facies totius universi ihre gleichbleibende Form tatsächlich behält, was immer intern an Wechsel und Veränderung sich ereignen mag (lemma 7).

Leibniz wird gegen die cartesianische (und damit auch spinozanische) Physik einwenden, daß auf der Basis einer Theorie von Bewegungsgröße Körper nicht wirklich voneinander unterscheidbar seien und insofern auch nicht von Ereignissen gesprochen werden könne, die einem einzelnen Körper selber zukommen. Um eine konsistente Theorie der Selbigkeit eines

Körpers zu geben, hat Leibniz über den Begriff einer sich entfaltenden Kraft (vis) auch Körpern ein sie intern organisierendes *geistiges* Prinzip zugesprochen (Disc. de métaphysique, § 18). Spinoza tut dies nicht und wertet für die Physik den in seinem Begriff von Substanz angelegten Dynamismus nicht aus. Das als Macht bestimmte Attribut der Ausdehnung, das in jedem Körper wirksam ist, ist weder ein in ihm angelegtes Ziel, auf das hin er sich entfaltete, noch hat es die Kraft, ihn intern zu bestimmen. Das ist nicht der Fall, weil, so ist Spinozas Überlegung, ein Körper nicht denkt und deshalb das Attribut nichts *für ihn* ist. Ihm blind folgend, ist ein Körper in dem, was er tut, allein durch das Gefüge, in dem er zu anderen Körpern steht, bestimmt, also so, daß er aus sich allein heraus gar nichts tun kann. Die vom Attribut herkommende Grundbestimmung des Handelns (agere) artikuliert sich bei ihm allein in der Form eines Leidens (pati), eines von außen Bestimmtseins. Spinoza definiert deshalb den Körper nicht über ihn auszeichnende *interne* Merkmale, sondern vom Attribut der Ausdehnung her, das er als Modus in bestimmter Weise ausdrückt (II, def. 1).

Die Idee, die dem Körper korreliert, definiert Spinoza aber nicht vom Attribut Denken her, obschon auch sie dieses Attribut, nicht anders als der Körper sein Attribut, in bestimmter Weise ausdrückt. Er definiert sie vom Geist her als einen Begriff (conceptus), den dieser bildet, weil er denkt (II, def. 3), was, so sagt Spinoza in der Erläuterung ausdrücklich, eine *Handlung* des Geistes zum Ausdruck bringe. Insofern sind entgegen der ursprünglichen Bestimmung des menschlichen Geistes, nichts als eine Idee zu *sein,* Geist und Idee nicht identisch, so daß der menschliche Geist auch nicht nur als ein Komplex von Ideen verstanden werden kann, der die Komplexität seines Körpers abbildet. So verstanden wäre er in der Tat ein bloß leidendes Subjekt. Es erlitte zwar nicht Einwirkungen durch den Körper, wäre aber durch andere Ideen bestimmt, die gemäß dem äußeren Verweisungszusammenhang, in dem jeder Körper steht, auch dem Geist äußerlich sind, also nicht von ihm selbst gebildet werden. Weil es sich aber nicht so verhält, besteht der Struktur nach zwischen Geist und Körper ein essentieller Unterschied, dessentwegen Spinoza wohl beide Glieder als unaufhebbar verschieden einschätzt. Der Körper ist für Spinoza nicht mehr als eine gesetzmäßige Regelhaftigkeit von Bewegung und Ruhe seiner Teile. Der Geist ist jedoch nicht nur eine dazu analoge regelhafte Anordnung von Ideen, aus denen als seinen Teilen er sich gemäß einer solchen Regel zusammensetzte. Er verhält sich auch zu ihnen, weil er sie bilden kann; in dieser Tätigkeit *ist* er nicht nur Idee bzw. Ideenkomplex, sondern eine Instanz, die Ideen *hat*. Unter dieser Voraussetzung ist der menschliche Geist nicht nur die abbildende Repräsentation von Körpern, sondern ein Subjekt, das um Körper *weiß*, die insofern *seine* Gegenstände sind. Der Geist hat sie *als* etwas, und das ist es, was Spinoza Erkenntnis (cognitio) nennt.

b) Inadäquate Erkenntnis

Allerdings ist das „Haben" von etwas (das lateinische habere) terminologisch nicht eindeutig. So erläutert Spinoza den Tatbestand der Empfindung unseres Körpers auch durch die Formulierung, daß wir Ideen von den Affektionen des Körpers haben (II, 13d), was lediglich bedeutet, daß der menschliche Geist sich aus solchen Ideen zusammensetzt. Und wenn Spinoza in der ‚Abhandlung über die Verbesserung des Verstandes' zu Beginn des Ontologie-Abschnittes mit Selbstverständlichkeit sagt, daß wir eine wahre Idee haben (TIE 33), dann meint er damit lediglich, daß uns, sofern wir nur vorstellen, eine Idee gegeben ist, die als Produkt der göttlichen Kausalität wahr ist. So verstanden ist eine Idee in ihrem Ursprung unabhängig von unserer Aktivität. Genau dies bringt die Bestimmung des menschlichen Geistes, eine Idee bloß zu *sein,* mit der Spinoza seine Erkenntnistheorie eröffnet, zum Ausdruck. Wenn er gleichwohl dem Geist ein Bilden von Ideen zuspricht und diesen Akt in die Definition von Idee eingehen läßt, dann betrachtet er die Idee unter dem Aspekt, daß sie auch etwas *für* den menschlichen Geist ist, der sie begreifen kann. Und allein dies ist unter Aktivität des Geistes zu verstehen: nicht daß er

Ideen hervorbringt, sondern, daß er sie, die unabhängig von ihm sind, begreift. Weil dieses Begreifen ein von ihm ausgehender Akt ist, weiß er in diesem Akt Ideen als *seine* Ideen, worin er sie in einem strengen Sinne „hat".

Ein solches Haben ist keine bloße Folge der Ontologie. Legt die Ontologie die Basis für eine Korrespondenz von Wissen und Sein, so folgt daraus doch nicht, daß diese Korrespondenz auch für den erkennenden Menschen in dessen Perspektive besteht. Bezogen auf die ontologische Basis scheint gerade das Gegenteil der Fall zu sein. Denn der Sache nach stimmt eine einzelne Idee mit ihrem Gegenstand überein, insofern sie in einem Geflecht mit unendlich vielen anderen Ideen steht, dem ein Geflecht unendlich vieler singulärer Körper korrespondiert. Wenn der Mensch aber Sachverhalte nur über die Ideen seines Körpers wahrnimmt, dann nimmt er dieses Geflecht auch nur über Körper-Affektionen wahr, die er gemäß der Verfaßtheit des eigenen Körpers hat. Deshalb sagt Spinoza, daß die Ideen, aus denen sich der menschliche Geist unter dieser Voraussetzung zusammensetzt, lediglich *anzeigen* (indicare), wie der menschliche Körper von äußeren Körpern affiziert wird. Sie beschreiben bloß den Zustand des eigenen Körpers, drücken aber nicht aus, was äußere Körper tatsächlich sind (II, 16c2).

So ist es sein Körper, der den Menschen anthropozentrisch wahrnehmen läßt und ihn in jene Vorurteile verstrickt, die Spinoza im Anhang des 1. Teils der ‚Ethik' als die Hemmnisse beschrieben hat, die den Menschen an der Erkenntnis der Dinge aus ihren wahren Ursachen hindern. Dem Erkennen dessen, was äußere Körper an sich sind, steht die Konstitution des eigenen Körpers entgegen, die sich zufällig herausbildet, je nachdem, welche Affektionen der Körper eines Menschen im Verlauf seines Lebens erleidet. Der menschliche Körper, so zeigt Spinoza des näheren, ist so geartet, daß er nicht nur mannigfachen Affektionen durch äußere Körper ausgesetzt ist, sondern daß diese je nach der Häufigkeit ihres Auftretens auch bestimmte Spuren in ihm hinterlassen. Das führt zu spezifischen Verfestigungen – aus denen Spinoza unter anderem die

Erinnerung erklärt (II, 18s) –, so daß neuartige Affektionen, die einen veränderten Sachverhalt anzeigen, nicht mehr in der Lage sind, Vorstellungsbilder zu verdrängen, die aufgrund häufig erlebter Affektionen schon gespeichert sind. Korrespondiert dieser Form von Verknüpfung körperlicher Affektionen eine Verknüpfung der Ideen im menschlichen Geist, dann stellt der Mensch einen Zusammenhang der körperlichen Welt gemäß der Zufälligkeit seiner eigenen Lebenswelt vor. Spinozas Analyse dieser Weise des Wahrnehmens ist eine glänzende Vorwegnahme einer Theorie der Impressionen, die durch gewohnheitsmäßige Assoziation von häufig Auftretendem den Anschein von Objektivität erlangen, wie sie später David Hume vorgelegt hat. „Und so wird jedem bei einem Gedanken ein je anderer einfallen, je nachdem die Gewohnheit eines jeden die Vorstellungsbilder der Dinge in seinem Körper geordnet hat" (II, 18s): der Soldat werde beim Anblick von Pferdespuren im Sand vom Gedanken des Pferdes zu dem des Reiters und dann zu dem des Krieges fortschreiten, der Bauer hingegen vom Gedanken des Pferdes zu dem des Pfluges und dann zu dem des Ackers.

Spinoza nennt eine Erkenntnis auf dieser Basis verworren oder inadäquat und ordnet sie der *imaginatio* zu, weil sie über die Affektionen des Körpers nur Bilder (imagines) der den Körper affizierenden Dinge enthält, die nicht das wiedergeben, was diese Dinge selber sind (II, 17s). Die imagines selber sind für Spinoza körperliche Ereignisse, die sich „inmitten des Gehirns herausbilden" (II, 48s) und „lediglich aus körperlichen Bewegungen bestehen, die den Begriff des Denkens keineswegs in sich schließen" (II, 49s). Als körperliche Ereignisse sind sie verschieden von Ideen und gehören insofern nicht zum menschlichen Geist. Zum menschlichen Geist und nicht zum Körper gehört aber die imaginatio, über die er Ideen dieser Bilder hat. Denn auch die imaginatio ist eine Form von Erkenntnis, in der der Mensch etwas als etwas wahrnimmt und in der er ein Bewußtsein von Gegenständlichkeit hat – Spinoza wird dies insbesondere bei der Darlegung ihrer Funktion in der Herausbildung des menschlichen affektiven Lebens hervorheben. Allerdings vermeidet es Spinoza, beim imaginativen Erkennen von einem „Haben" von Ideen zu sprechen, das er einem adäquaten Erkennen vorbehält. Erst diese Form des Erkennens ist es auch, von der her das imaginative Erkennen als ein irrendes Erkennen bezeichnet werden kann. Irrtum komme nicht der imaginatio als solcher zu (II, 17s), sondern werde ihr erst von einer Reflexion zugesprochen, in der sie als eine perspektivisch verzerrte Erkenntnis erkannt wird, die die Wahrheit verfehle, weil sie im Haushalt ihrer Ideen solcher Ideen entbehrt, die die Dinge wiedergeben, wie sie an sich sind.

Was Spinoza in der Beschreibung des Verfahrens der imaginatio in erster Linie hervorzuheben sucht, ist, daß deren Ideen in einer Abhängigkeit vom Körper verbleiben. Die Ideen der imaginatio verknüpfen sich zu einer Abfolge, die der Abfolge von Ereignissen im menschlichen Körper korrespondiert, so daß der auf diese Ideen sich stützende Geist, nicht anders als der Körper, von außen bestimmt ist. Seine Aktivität ist dann darauf beschränkt, sich dem Äußeren so anzupassen, daß dessen Eindrücke in einer Weise gefiltert werden, die ihn auf die Vielfalt der Eindrücke nicht ständig je anders reagieren läßt und ihm darin eine geordnete Weltorientierung ermöglicht. In dieser vermeintlichen Selbstorganisation bleibt der Geist aber von Äußerem abhängig, weil das, was er tut, nicht aus ihm selber folgt. Spinoza betont mit Nachdruck, daß sich bei der Erkenntnis von Körpern an diesem Defekt nichts ändern lasse. Denn wenn der menschliche Geist seinen Körper ausschließlich über die Ideen der körperlichen Affektionen erkennt (II, 19), dann ist die Erkenntnis des menschlichen Körpers nicht hin und wieder, sondern grundsätzlich inadäquat (II, 27). Dann ist es aber auch die Erkenntnis der äußeren Körper (II, 25), weil der Mensch diese nur über die Affektionen des eigenen Körpers zu erkennen vermag (II, 26).

Aber auch hinsichtlich der Selbsterkenntnis sieht es nicht besser aus; auch sie ist unter der Voraussetzung der abbildenden Repräsentation von Körperlichem notwendigerweise inadäquat (II, 29). Der menschliche Geist, der nicht nur Körper, sondern auch sich selber vergegenständlichen kann (II, 20) und insofern nicht nur die Affektionen seines Körpers, sondern auch die Ideen dieser Affektionen wahrnimmt (II, 22), bleibe in dieser Reflexivität an seinen Körper gebunden. In der Idee einer Idee vergegenständliche der Geist lediglich dasjenige, was sich in ihm ereignet gemäß den Vorgängen im Körper, die er abbildet, so daß die reflektierende Idee denselben Status von Undeutlichkeit hat wie die reflektierte. Der Parallelismus von Idee und Körper unter der Dominanz des Körpers ist in der Reflexion zu einem „intracogitativen Parallelismus" (M. Gueroult, Spinoza II, 1974, S. 67ff.) transformiert (II, 21), in dem der Wahrnehmende um seine inadäquaten Wahrnehmungen weiß, ohne durch dieses Wissen etwas an deren Inadäquatheit zu ändern.

Weil der Mensch aus Geist und Körper besteht und nur im Zusammen beider Elemente erkennt, seine Ideen also notwendigerweise Ideen seines Körpers sind, scheint das inadäquate Erkennen für ihn konstitutiv zu sein. Der Mensch scheint damit der Chance beraubt zu sein, in einer Weise zu erkennen, die Descartes klar und deutlich genannt hat, weil sie sich dem Verstand allein verdankt. Nun sagt Spinoza gegen Ende seiner Darlegungen zur inadäquaten Erkenntnis der imaginatio, die Ideen der Affektionen des menschlichen Körpers seien nicht klar und deutlich, „sofern sie sich auf den menschlichen Geist allein beziehen" (II, 28), also lediglich auf ihn in seiner jeweiligen Bestimmtheit. Doch meint Spinoza damit nicht, daß es die Endlichkeit sei, die den Menschen inadäquat erkennen läßt, und daß die adäquate Erkenntnis darin bestünde, die Totalität der Bezüge, in denen der menschliche Körper der Sache nach steht, zu erfassen. Denn dann könnte dem Menschen eine adäquate Erkenntnis überhaupt nicht möglich sein, weil er aufgrund seiner Endlichkeit eine Totalitätserkenntnis gar nicht haben kann, die einem unendlichen Verstand vorbehalten ist. Dieser erkennt, aus der Natur Gottes unmittelbar folgend, in der Tat die Totalität dessen, was ist (II, 3), während der menschliche Verstand als Teil des unendlichen Verstandes (II, 11c) nur eine Partialerkenntnis hat. Doch ist Partialerkenntnis für Spinoza nicht schon inadäquate Erkenntnis. Nicht sie als solche läßt den Menschen inadäquat erkennen, sondern der Tatbestand, daß er in ihr von außen bestimmt ist, was zwar eine natürliche Konsequenz der eigenen Endlichkeit ist, aber nicht notwendig mit ihr verbunden ist.

Dies aufnehmend, schließt Spinoza seine Darlegungen zur imaginatio mit der Anmerkung: „Ich sage ausdrücklich, daß der Geist [...] keine adäquate Erkenntnis, sondern nur eine verworrene hat [...] sooft er von außen, nämlich durch die zufällige Begegnung mit den Dingen bestimmt wird, dieses oder jenes zu betrachten; anders ist es, wenn er von innen, nämlich durch die Betrachtung von mehreren Dinge zugleich, dazu bestimmt wird, deren Übereinstimmungen, Unterschiede und Gegensätze zu begreifen" (II, 29s). Ausdrücklich mit dem Gegensatzpaar „von außen" – „von innen" operierend, verdeutlicht Spinoza, daß der Mensch trotz eines ihn von außen bestimmenden Affektionszusammenhanges, der ihn perspektivisch verzerrt erkennen läßt, von innen bestimmt ist, wenn er die Dinge nicht in einem zeitlichen Nacheinander betrachtet, in dem sie ihn gemäß seiner zufälligen Ausstattung affizieren, sondern in einem logischen „Zugleich" (simul). Diese veränderte Betrachtungsweise ist auf ein den Dingen *Gemeinsames* gerichtet, deren Merkmal es ist, im Teil nicht anders als im Ganzen zu sein („aeque in parte ac in toto", II, 38). Dieses Gemeinsame zu erkennen, ist mit der menschlichen Partialerkenntnis ohne weiteres verträglich, insofern es in einem Teil allein erkannt werden kann.

c) Adäquate Erkenntnis

Die Erkenntnis eines solchen Gemeinsamen ordnet Spinoza der Erkenntnisform der *ratio* zu (II, 40s2), die adäquat ist, weil sie unter dem Aspekt des Gemeinsamen die Dinge nicht erkennt, wie sie sich uns gemäß der zufälligen Beschaffenheit unseres Körpers darbieten, sondern wie sie an sich selbst sind („ut in se sunt") und das heißt in ihrem Status, *notwendig* zu sein (II, 44). Sie erkennt also die Dinge *als* Modi und damit als

Dinge, die aus der Natur Gottes folgen, wenn auch nicht in deren Singularität, so doch in einer wahren Allgemeinheit. Zur Erläuterung der ratio in der Abhebung von der imaginatio stützt sich Spinoza zunächst auf seine Ontologie der unendlichen Modi, die das den Dingen wahrhaft Gemeinsame seien. Im Felde der Körper ist es eine an Bewegung und Ruhe geknüpfte Form von Gesetzmäßigkeit, der alle Körper unterliegen (II, 38c), also eine bestehende Struktur der Körperwelt, die der Mensch erkennen kann, ohne daß er sie kraft seines Verstandes erst erzeugen müßte. Gemäß dem Parallelismus der Attribute korrespondiere den strukturellen Gesetzmäßigkeiten der Körperwelt im Feld des Geistes etwas, das gleichermaßen schon gegeben ist und nicht erst von uns erzeugt wird, nämlich „einige Ideen oder Begriffe (notiones), die allen Menschen gemeinsam sind" (ebd.). Sie sind es, die dem Menschen eine Erkenntnis garantieren, die im Unterschied zur imaginativen Erkenntnis nicht in der Privatheit subjektiven Affiziertseins und daraus gefolgerten Allgemeinheiten verbleibt.

Eine nähere Analyse dieser gemeinsamen Begriffe gibt Spinoza nicht. Wieviele es gibt und wie geartet sie im einzelnen sind, müßte sich aus einer Theorie physikalischer Gesetzmäßigkeiten ergeben – und daran war Spinoza nicht interessiert. Rationale Erkenntnis hat für ihn ihren Wert nicht primär als Bedingung der Ermöglichung von Wissenschaft. Sie hat in erster Linie eine ethische Bedeutung, und die kann aus den gemeinsamen Begriffen nicht verständlich gemacht werden. Sofern Allgemeinbegriffe gegeben sind, müssen sie nämlich allem Erkennen, also auch dem inadäquaten, schon zu Grunde liegen, so wie die Gesetzlichkeiten von Bewegung und Ruhe allen Körpern in deren Veränderungen schon zu Grunde liegen. Insofern folgt aus dem bloßen Tatbestand ihres Gegebenseins noch nichts über die Weise, in der der Mensch erkennt. Das, was Dingen gemeinsam ist, muß vielmehr eigens *erkannt* werden, damit von einem Erkennen, das adäquat ist, gesprochen werden kann. Da nach Spinozas Grundaxiom ein Sachverhalt dann wahrhaft erkannt ist, wenn er aus seiner wahren Ursache erkannt ist, ist das Gemeinsame der körperlichen Welt erst dann erkannt, wenn es als etwas erkannt ist, das aus der Natur Gottes mit Notwendigkeit folgt. Erst wenn Sachverhalte in dieser Weise erkannt werden, hat der Mensch deren Ideen in einer Weise, die nicht die Ordnung und Verkettung der Affektionen des menschlichen Körpers wiedergibt, die vielmehr, wie Spinoza gegen das Verfahren der imaginatio betont, einer dem Verstand eigenen Ordnung unterliege (II, 18s). Dann sind es nicht die Gegenstände oder die Strukturen von Seiendem, von denen her der Unterschied zwischen imaginatio und ratio beschreibbar ist, sondern die je unterschiedliche *Leistung* des Erkennenden, die sich in diesen Erkenntnisarten manifestiert. Das rationale Erkennen ist kein im Geist auftretendes Ereignis, sondern eine Leistung des Verstandes, in der der menschliche Geist Ideen aus ihrer wahren Ursache herleitet, worin er sie zugleich als wahre hat.

Als adäquat bezeichnet Spinoza deshalb diejenige Idee, die auch in der Perspektive des Menschen wahr ist, der darum weiß, was die Ursache ihrer Wahrheit ist. Auch die inadäquate Idee ist als Idee wahr (II, 32), aber gerade nicht für den Menschen, und ebendeshalb ist sie inadäquat. Als Ausdruck dessen, was sich in der körperlichen Welt faktisch ereignet, hat sie zwar eine ihr eigene Positivität; im Hinblick auf die Erkenntnis hat sie aber einen Mangel („cognitionis privatio"; II, 35). „Geister, nicht Körper irren und täuschen sich" (II, 35d), weil sie Aussagen über etwas machen und sich irren, wenn sie Ideen, mit denen sie Aussagen über Dinge machen, nicht auf ihre Ursache zurückführen, aus der sich erkennen ließe, was Dinge wahrhaft sind. Weil Ursache von Ideen nicht die von ihnen vorgestellten Körper sind, lassen sich Ideen, obschon sie Körper vorstellen, in anderer Weise *betrachten*, nämlich nicht in dem Bezug zu ihren Gegenständen. Genau das ist das Verfahren rationalen Erkennens. In ihm wird eine Idee, die immer Idee eines Körpers ist, nicht in *diesem* Status betrachtet, sondern allein darin, was es macht, daß sie eine wahre Idee ist.

Und genau dies geht in Spinozas Definition von adäquater Idee ein: Sie ist „eine Idee, die, sofern sie in sich ohne Beziehung zu ihrem Objekt betrachtet, alle Eigenschaften oder inneren Merkmale einer wahren Idee hat" (II, def. 4). Sie wird also nicht über das äußere Merkmal einer Übereinstimmung mit dem Gegenstand charakterisiert. Die Definition formuliert das Kriterium, das eine Idee daraufhin zu überprüfen erlaubt, ob sie in unserer Perspektive wahr ist. Dafür ist die Übereinstimmung, das äußere Merkmal einer wahren Idee, untauglich, weil, um sie überprüfen zu können, ein Wissen um den Gegenstand schon vorausgesetzt sein müßte, kraft dessen wir urteilen könnten, ob eine Idee mit ihrem Gegenstand übereinstimmt oder nicht. Das Kriterium der Wahrheit muß deshalb Idee-immanent sein und in einem Wissen gründen, in dem der Mensch das Wahrsein erfaßt, ohne es an einem von der Idee verschiedenen Gegenstand noch eigens überprüfen zu müssen.

Daraus zieht Spinoza die merkwürdig anmutende Konsequenz, daß für das Wissen um die Übereinstimmung von Idee und Gegenstand nicht mehr erforderlich sei, als daß der Mensch eine Idee, die mit ihrem Gegenstand immer schon übereinstimmt, tatsächlich hat (II, 43s). Dieses Haben ist nicht die Unmittelbarkeit einer Intuition, sondern das Inne-sein einer Idee aufgrund ihrer Herleitung in einem Akt, den der Geist selbst ausübt. Ebendeshalb schließe das Haben einer Idee deren *Gewißheit* ein, weil der Mensch eine Idee erst dann im strengen Sinne hat, wenn er sie aus ihrer wahren Ursache, der göttlichen Substanz unter dem Attribut Denken, hergeleitet hat. Das erlaubt es Spinoza zu sagen, daß die subjektive Gewißheit einer Idee zugleich die Gewißheit des Sachverhalts einschließe, dessen Idee sie ist.

Zugleich ist das Begreifen einer Idee mehr, als das Begreifen dessen, was in ihr als Idee gelegen ist, nämlich mit ihrem Gegenstand übereinzustimmen. Es enthält ein Kriterium, das es dem Menschen erlaubt, zwischen wahrer und falscher Idee zu unterscheiden. Spinoza hat dies in die Formel gekleidet, daß die Wahrheit Maßstab ihrer selbst und des Falschen sei ("norma sui et falsi", ebd.). Wenn der Mensch eine Idee, die kraft ihres ontologischen Status wahr ist, weiß, dann wisse er in diesem Wissen zugleich, worin die Falschheit von Ideen besteht. Diejenige Idee ist falsch, die der Mensch nicht gebildet, sondern hingenommen hat als eine Ereigniskette, die im Geist auftritt gemäß einer Abfolge körperlicher Ereignisse, über die der Geist keine Gewalt hat. Das Bewußtsein von Wahrheit und Falschheit stützt sich also nicht auf das Wissen um die Übereinstimmung einer Idee mit ihrem Gegenstand, sondern auf ein Wissen darum, was eine Idee ist. Und dieses Wissen erlangt der Mensch nur so, daß er selber Ideen bildet. Derjenige, der Ideen bildet, indem er sie aus ihrer wahren Ursache herleitet, weiß darin zugleich um den Unterschied zwischen Idee und Körper, daß nämlich eine Idee im Unterschied zu einem körperlichen Vorgang „nicht etwas Stummes ist wie ein Gemälde auf der Tafel" (ebd.). Er weiß, daß sie als Modus des Attributs Denken (modus cogitationis) zugleich eine Form des Denkens (modus cogitandi) ist und darin ein wirkliches Begreifen (ipsum intelligere), das der Geist selbst ausübt.

Daraus gewinnt Spinoza die für die Ethik bedeutsame Folgerung, daß in der Perspektive des Geistes die wahre Idee gegenüber der falschen etwas an sich selbst voraus habe und nicht nur aufgrund eines ihr äußerlichen Bezuges auf einen Gegenstand. Sie enthalte ein Mehr an Realität (ebd.), weil sie in anderer Weise die göttliche Substanz ausdrückt, nämlich in Form einer Aktivität, die im Bilden von Ideen vom menschlichen Geist, der Idee ist, selber ausgeht. Anders als ein Körper, der nur in der Perspektive eines ihm äußeren Verstandes die Substanz ausdrückt, kann der Geist sie in der eigenen Perspektive ausdrücken. Der Mensch kann sich von dem her, was ihn immer schon bestimmt, auch selber verstehen und darin ein Leben führen, das dem *eigenen* Wissen verpflichtet ist. Deshalb hebt Spinoza einen anthropologischen Gesichtspunkt hervor, der mit dem Erkennen verbunden sei: Derjenige, der adäquat erkennt und darin wahre Ideen hat, hat gegenüber demjenigen, der inadäquat erkennt und deshalb nur falsche Ideen hat, einen Vorzug, nicht als Erkennender, sondern als Mensch (ebd.).

Die ethische Perspektive ist es, die Spinoza dazu bringt, den Menschen, der gleichermaßen aus Geist und Körper besteht, in erster Linie unter dem Aspekt des Geistes zu betrachten. Der

Hinblick auf die Ethik ist es auch, der es erforderlich macht, die genannten Erkenntnisformen in einen *Bezug* zueinander zu bringen. Denn in den Genuß des genannten Vorzugs zu kommen, setzt voraus, daß der Mensch das ihm mögliche adäquate Erkennen gegen das inadäquate, das ihn auch und zunächst bestimmt, tatsächlich zur Geltung zu bringen vermag.

d) Rationale und intuitive Erkenntnis

Wie das möglich ist, zeigt nicht der der Erkenntnistheorie gewidmete 2. Teil der ‚Ethik‘. Er beschränkt sich darauf, eine bloße *Typologie* von Erkenntnisarten zu geben, die er dreifach gliedert: in imaginatio, die inadäquat ist, und in ratio und scientia intuitiva, die adäquat sind (tabellarische Zusammenfassung in II, 40s2). Auf der Basis der Ontologie werden diese Formen unter Berücksichtigung spezifischer Merkmale des Menschen entwickelt, deren wichtigstes eine spezifische Verfaßtheit des menschlichen Körpers ist, an die der Mensch gebunden ist und ohne die er überhaupt nicht erkennt. Aus ihr erklärt Spinoza die Erkenntnisform der imaginatio, und deshalb ist es nicht schwer zu zeigen, daß der Mensch in der Gestaltung seines Lebens sich von ihr auch leiten läßt. Aus der Verfassung des Körpers läßt sich aber nicht das adäquate Erkennen erklären; deshalb zeigt Spinoza lediglich, daß es dem Menschen *möglich* ist, in dieser Weise zu erkennen und daß diese Möglichkeit mit der Bezogenheit des Geistes auf den Körper verträglich ist. Er zeigt aber nicht die Bedingungen auf, die erfüllt sein müssen, damit sich der Mensch in seinem Lebensvollzug von dieser Form des Erkennens auch tatsächlich leiten läßt.

Im Aufweis einer Typologie von Erkenntnisarten kann Spinoza von einen Bezug dieser Arten untereinander absehen, weil sie in ihrer Struktur verschieden sind und deshalb nicht eine Form aus der anderen erklärt werden muß. Die bloße Typologie ist aber in dem Moment zu verlassen, in dem zu zeigen ist, daß eine als bloß möglich erwiesene adäquate Erkenntnisform eine den Menschen bestimmende Kraft hat, also eine Bedeutung für das von ihm zu führende Leben. Die erste Bestimmung des menschlichen Geistes, mit der die Erkenntnistheorie anhebt, ist aber die, die Idee eines wirklich existierenden *singulären* Dinges (II, 11), also ein *individueller* Geist zu sein. Der Individualität des erkennenden Menschen hat die Körpertheorie, die das inadäquate Erkennen verständlich macht, in jeder Hinsicht Rechnung getragen; ihr muß das adäquate Erkennen gerade unter ethischem Aspekt aber auch Rechnung tragen. Dem will Spinoza mit der Einteilung des adäquaten Erkennens in zwei unterschiedliche Formen Genüge tun.

Weil der erkennende Mensch ein Individuum ist, hat die auf das Allgemeine gerichtete ratio unter dem Aspekt, wiewiet sie ihn in seinem Handeln motivieren kann, eine unverkennbare Schwäche. Denn „was allen Dingen gemeinsam ist und was gleichermaßen im Teil wie im Ganzen ist, macht nicht die Essenz eines Einzeldinges aus" (II, 37). Wie sollte der Mensch in seinem konkreten Existieren sich von ihm her verstehen können, wenn er darin nicht zugleich *sich selbst* adäquat verstehen könnte? Er kann es aber nicht, wenn er sich von den unendlichen Modi, die Gegenstand der ratio sind, her begreift, weil diese, Kernsatz der Ontologie, nicht seine Ursache sind, alles Begreifen aber Begreifen aus Ursachen ist. Die rationale Erkenntnis hat ihre eminente Bedeutung darin, daß sie dem Menschen im wesentlichen eine Distanz zur Unmittelbarkeit des Eingenommenseins durch körperliche Affektionen verschafft und ihn im Erkennen allgemeiner Strukturen eine Macht des Erkennens erfahren läßt. Es ist aber nicht ersichtlich, wie der Mensch von ihr sich sollte leiten lassen, wenn die Gegenstände dieses Erkennens nicht ihn selbst in seiner Endlichkeit betreffen. Plausibel wäre es, wenn diese Erkenntnis ihm verdeutlichte, daß er an sich selbst gar nichts ist, sondern nur unselbständiger Teil des Weltganzen, das als ewiger unendlicher Modus sich selbst gleich bleibt, was immer sich an einem endlichen Modus als solchem ereignen mag. Aber das hätte nichts mit Spinoza zu tun, der deutlich genug macht, daß endlichen Modi ein eigenes Sein zukommt und daß es ihnen in ihrer *wesentlichen* Bestimmung, in ihrem conatus, auch um dieses Sein geht.

Spinoza sieht, daß das Allgemeine als Gegenstand der ratio im Hinblick auf den Menschen konkretisiert werden müßte, soll es eine Bedeutung für ihn haben. Er behauptet auch, daß es hier ein Gefälle gäbe, das sich adäquat erkennen lasse, insofern sich aus den adäquaten Ideen des Gemeinsamen aller Dinge adäquate Ideen des Gemeinsamen bloß *einiger* Dinge herleiten lassen (II, 40). Spinoza hat eine solche Spezifikation in bezug auf den menschlichen Körper behauptet, der mit „einigen" äußeren Körpern, die ihn „gewöhnlich" affizieren, nicht nur hinsichtlich eines Gemeinsamen (commune), sondern auch hinsichtlich eines Gemeinsamen *und Eigentümlichen* (commune et proprium) übereinkomme (II, 39). In einem solchen Fortschreiten von oben nach unten hat Spinoza generell das Verfahren wissenschaftlichen Erkennens gesehen; ausdrücklich gemacht hat er es bei der Erläuterung des methodischen Verfahrens der Bibel-Auslegung: „Bei der Untersuchung der Dinge der Natur suchen wir vor allem die allgemeinsten und der ganzen Natur gemeinsamen Dinge zu erforschen, nämlich Bewegung und Ruhe sowie deren Gesetze und Regeln, an die die Natur sich immer hält und nach denen sie beständig agiert; und von diesen schreiten wir Stufe für Stufe zu anderen, minder allgemeinen fort" (TTP VII). Aber es ist schwer zu sehen, wie auf gemeinsame Eigentümlichkeiten einer spezifischen Allgemeinheit aus der höchsten Allgemeinheit eines unendlichen Modus geschlossen werden könnte, ohne auf empirische Elemente und damit Erfahrungstatsachen zurückzugreifen, die sich, anders als die unendlichen Modi, aus der Natur der göttlichen Substanz nicht herleiten lassen. Von empirischen Daten ist aber nicht hinreichend sicher, inwiefern sie einem ausgegrenzten Feld von Dingen *tatsächlich* zukommen. Nach Spinoza ist diese Tatsächlichkeit jedoch die Voraussetzung dafür, daß sie sich adäquat erkennen lassen und nicht dem Verdacht ausgesetzt sind, den Dingen lediglich von uns aufgrund häufig gemachter Erfahrungen zugesprochen zu sein. In dieser Allgemeinheit wären sie bloße „notiones universales", die, ohne ontologische Dignität, für das adäquate Erkennen bedeutungslos sind (vgl. II, 40s).

Spinozas Versuch, mit der ratio ein Fortschreiten von dem Höchstallgemeinen zu je spezifischen Besonderungen zu verbinden, hat den richtigen Gesichtspunkt im Blick, daß der Mensch in seinem Lebensvollzug sich von der adäquaten Erkenntnis nur wird leiten lassen, wenn er mit ihr etwas erkennt, was ihn in seinem konkreten Existieren betrifft. Doch bleibt die ratio der generellen Schwäche verhaftet, über ihren Gegenstand, das wie auch immer zu verstehende Allgemeine, nicht ein Einzelnes zu begreifen und deshalb den Menschen in dessen Agieren nicht hinreichend bestimmen zu können. Diese Schwäche sieht Spinoza in der anderen Form adäquaten Erkennens kompensiert, die er *scientia intuitiva* nennt. Ihr Kennzeichen ist, singuläre Dinge *in deren Essenz* adäquat zu erkennen (II, 40s2). Wie schon in der frühen „Abhandlung über die Verbesserung des Verstandes" (TIE 24) erläutert er den Unterschied dieser beiden Erkenntnisarten an einem simplen Rechenbeispiel, dem Auffinden der Proportionalzahl zu gegebenen Zahlen. Der Wissenschaftler finde sie in Kenntnis des Euklid aus der gemeinsamen Eigenschaft von Proportionalzahlen, verfehle dabei aber die Proportionalität der *gegebenen* Zahlen, die wir, sofern es sich um ganz einfache Zahlen handelt, intuitiv sähen („uno intuitu videmus", II, 40s2) und darin in anderer Weise erfaßten. Dieses Beispiel ist wenig geeignet, die Struktur der intuitiven Erkenntnis in ihrer praktischen Bedeutsamkeit für das menschliche Leben zu verdeutlichen, weil menschliche Weltorientierung eine komplexe Angelegenheit ist, die nichts mit der Simplizität gegebener einfacher Zahlen zu tun hat. Zudem könnte das Beispiel suggerieren, daß die intuitive Erkenntnis eine unmittelbare Schau sei, die nicht mehr der Rationalität des Begreifens einer Sache aus ihrer Ursache verpflichtet ist.

Erst im 5. Teil der ‚Ethik' erörtert Spinoza diese Erkenntisform des näheren, während sie im 2. Teil lediglich als eine weitere Form genannt wird, die sich von der ratio durch einen unterschiedlichen Gegenstand unterscheidet. Sie hat nicht die unendlichen Modi und darin ein Allgemeines zum Gegenstand, sondern Gott (II, 47), der kein Allgemeines ist und in anderer Weise als die unendlichen Modi gleichermaßen im Teil wie im Ganzen ist, nämlich als dessen Ursache. Darin eröffnet die intuitive Erkenntnis die Möglichkeit einer Selbsterkenntnis des menschlichen Geistes, die sich nicht auf etwas stützt, das dem Geist äußerlich ist, und deshalb als Erkenntnis eine den Menschen motivierende Kraft haben könnte. Im 2. Teil macht Spinoza darüber hinaus deutlich, und das sollte nicht überlesen werden, daß diese Erkenntnisart dem konkret existierenden Menschen in dessen Zeitlichkeit möglich ist, der als Idee eines wirklich existierenden Körpers dem inadäquaten Erkennen ausgesetzt ist. Spinoza stützt sich hierfür darauf, daß *jede* Idee eines wirklich existierenden Körpers die ewige und unendliche Essenz Gottes als ihre Ursache in sich schließe (II, 45), also auch, wie Spinoza ausdrücklich sagt, die inadäquate Idee (II, 47d). Damit will Spinoza hervorheben, daß der Mensch aufgrund seiner natürlichen Ausstattung Gott prinzipiell erkennen könne, nicht aber hierfür mit der Exklusivität eines mystischen Vermögens ausgestattet sein müßte. Weil Gottes Essenz in jeder Idee, welcher auch immer, präsent ist, sei sie, so schließt Spinoza, einem jeden auch bekannt (notus), freilich nicht in der Weise, daß ein jeder um sie auch *weiß* und das heißt tatsächlich intuitiv erkennt (II, 47s). Daß Spinoza am Ende der Darlegungen zur Erkenntnistheorie einen solchen Schluß zieht, kommt nicht überraschend, weil die ganze Ontologie der immanenten Kausalität Gottes darauf hinausläuft, dieses Bekanntsein dem Menschen zu verbürgen.

Das verbleibende Problem ist dann allein dies, wie der Mensch dieses In-sein Gottes zu etwas machen kann, das auch *für ihn* ist. Deshalb ist nicht nur zu beschreiben, was die imaginatio ist, sondern auch aufzuzeigen, in welcher Weise und in welchem Ausmaß sie das menschliche Leben in dessen Vollzug bestimmt. Allein auf dieser Basis und nicht gegen sie kann gezeigt werden, inwieweit die intuitive Erkenntnis eine das menschliche Leben bestimmende Kraft hat. Die Erkenntnisformen sind deshalb über die bislang gegebene Typologie hinaus in einen Bezug zueinander zu bringen, dessen Basis der Mensch in seinen Formen des Sichbetätigens sein muß, weil nur so die praktische Bedeutung menschlichen Erkennens ersichtlich werden kann. Dabei wird sich zeigen, daß für die Transformierung des den Menschen faktisch bestimmenden inadäquaten Erkennens die ratio eine unerläßliche Funktion erhält, die mit Mitteln, die sich nicht schon auf die scientia intuitiva stützen, dieser Erkenntnisform den Boden bereitet.

Der Kontext, in dem die intuitive Erkenntnis eingeführt wird, verdeutlicht, daß sie eine Erkenntnisform des endlichen Menschen ist, der in einer unaufhebbaren Differenz zu der göttlichen Substanz steht und der die eigene Endlichkeit nicht in Form eines Einsseins mit Gott aufheben kann. Wenn diese Erkenntnisart an die Natur des Menschen gebunden ist, muß gezeigt werden, daß sie mit ihr verträglich ist. Gemäß der Endlichkeit des Menschen ist dessen Natur oder, wie Spinoza in scholastischer Terminologie sagt, dessen Essenz ein in ein weitgespanntes Umfeld eingelassenes Handeln (agere), in dem der Mensch sich gegen Äußeres selbst zu erhalten strebt. Sie ist ein Streben (conatus) *gegen* Äußeres, das ebendeshalb von diesem Äußeren eingenommen bleibt, so daß menschliches Handeln notwendigerweise Formen des Leidens (pati) annimmt, die das Leben des Menschen prägen. Das Leben, das er führt, ist ganz wesentlich, so schließt Spinoza daraus, durch Affekte bestimmt, die dort ihren Ort haben, wo die imaginatio ihre Domäne hat: in dem Feld eines äußeren Bestimmtseins durch körperliche Affektionen. Deshalb bedarf es zunächst einer Erörterung des menschlichen *affektiven* Lebens, um zu verdeutlichen, welche Kraft dem adäquaten Erkennen zukommen könne, nicht nur in der Form der ratio, sondern auch in der der scientia intuitiva.

4. Affektenlehre

a) Conatus perseverandi

Spinoza untersucht die Affekte über eine Erörterung ihrer Natur und ihres Ursprungs (III: De origine et natura affectuum). Derselben Methode folgend wie bei der Exposition der Struktur Gottes und des menschlichen Geistes, betrachtet er sie als natürliche Ereignisse, die bestimmte Ursachen haben, aus denen wir ihre Natur erkennen können (III, praef.). Anders als Theorien, die Affekte als zu vermeidende Fehler der menschlichen Natur auffassen (TP I, 1), versteht er Affekte als *Eigenschaften* dieser Natur, die es zu begreifen gelte (TP I, 4) nach einer an der Mathematik orientierten Methode, „so als wären Linien, Flächen und Körper Gegenstand der Untersuchung" (III, praef.). Diese Form der Erörterung hat zugleich zum Ziel, eine mit der menschlichen Natur verträgliche Theorie der Macht des Geistes über die Affekte zu entwickeln („mentis in eosdem potentia", ebd.), die uns vor bloßen Wunschgebilden schützt, in deren Ausmalung Menschen vorgeführt werden, wie man sie haben möchte, nicht aber wie sie sind. Illusorisch sei es insbesondere, dem Menschen eine unbedingte Macht über seine Affekte zuzusprechen, weil dies seinem prinzipiellen Status nicht Rechnung trage, als Modus und darin als Teil der Natur immer äußeren Ursachen ausgesetzt zu sein, die ihn leiden lassen (vgl. IV, 2 und 4).

Daß der Mensch notwendigerweise leidet, heißt freilich nicht, daß er essentiell ein passives Wesen ist. Im Gegenteil, Resultat der Ontologie ist, daß er ursprünglich ein aktives Wesen ist. Dieser Gesichtspunkt geht deshalb über den Begriff der Ursache in die Definition von Leiden (pati; III, def. 2) ein, wenn auch in Form einer bloßen Teil-Ursache (causa partialis), derzufolge die den Menschen betreffenden Ereignisse nicht aus ihm allein erfolgen. Die Pointe der Affekttheorie Spinozas ist, das in den Affekten sich niederschlagende Leiden aus einem Handeln verständlich zu machen, das notwendigerweise zu einem Leiden wird, weil es als Handeln eines endlichen Modus äußeren Ereignissen ausgesetzt ist, durch die dieser gerade in seinem Streben nach Selbsterhaltung eingeschränkt bleibt. Affekte haben ihren Ursprung in einem Handeln, das im Hinblick auf Äußeres zu einem Streben (conatus) gegen etwas wird. Als Einschränkungen eines Handelns sind sie Ereignisse, durch die der Mensch in seiner *Aktivität* betroffen ist und die er deshalb nicht einfach hinnimmt, sondern so zu gestalten sucht, daß seine Aktivität die Oberhand über sie behält. Aber auch darin hat das Handeln die Gestalt eines Strebens, das Affekten ausgesetzt ist und bleibt.

Die der Affektenlehre vorangestellte Theorie des conatus macht aber nicht nur deutlich, worin die Affekte ihren Ursprung haben, sondern auch, welch zentrale Bedeutung ihnen für die menschliche Weltorientierung zukommt. Denn der conatus wird von Spinoza als die *elementare* Bestimmung eines jeden endlichen Dinges verstanden: Er ist dasjenige, was das Wesen eines endlichen Dinges in dessen konkreter Wirklichkeit („actualis essentia", III, 7) ausmacht. Diese Bestimmung lautet: „Jedes Ding strebt, soviel in ihm ist, in seinem Sein zu verharren" (III, 6). Sie besagt: Jedes Ding ist als Modus der Substanz etwas in sich selbst („in se est"), das als die eigene Macht („potentia") beschreibbar ist. Deren Äußerungen sind als Affirmation von Macht ein Streben („conatus"), in dem dieses Ding das eigene Sein („in suo esse"), d.h. die eigene Macht, gegen Äußeres allererst zu erhalten sucht. Insofern nimmt die Macht eines einzelnen Dinges *notwendigerweise* die Gestalt eines Strebens an, das ebendeshalb das Wesen dieses Dinges ausmacht.

Was ein Ding im Streben nach Selbsterhaltung erstrebt, ist demnach die eigene Macht, die sich aber nur *im* Streben artikuliert und nicht unabhängig davon noch etwas für sich darstellt. Eine Macht, die nur in ihren Äußerungen und somit im Kontext mit den Äußerungen anderer Modi besteht, ist deshalb kein fester Bestand. Insofern ist Selbsterhaltung tendenziell Selbststeigerung, und was es zu erhalten gilt, ist nicht etwas, das von dem conatus verschieden wäre, sondern die in ihm sich bekundende Aktivität. Weil deren Sichentfalten durch Äußeres gefährdet ist, ergibt sich, daß aus dem bloßen Tatbestand des Strebens noch nichts hinsichtlich dessen Gelingen gefolgert werden kann. Vielmehr sind mit dem auf Steigerung bedachten Streben eines Individuums sowohl Mehrung wie Minderung der eigenen Handlungsmacht verträglich und folglich ein unterschiedliches Ausmaß von Handeln und dementsprechend von Leiden. Das Ausmaß, in dem einem Individuum die Steigerung der eigenen Macht gelingt, bleibt daran gebunden, wie sich das Individuum gegen Äußeres jeweils *tatsächlich* zur Geltung bringen kann. Der Grad des In-sich-seins („quantum in se est"), durch das das Streben in seinem Ausmaß bestimmt wird, ist deshalb mit dem, was ein Ding faktisch kann („quantum potest"), identisch (III, 6d).

Hat ein Ding sein wirkliches Sein nur in seinen faktischen Äußerungen, dann kommt ihm kein Vermögen zu, das diesen Äußerungen noch voranginge. Daraus folgert Spinoza, daß Handlungen eines Subjekts durch dessen Natur determiniert seien, gegen die das Subjekt nichts vermag. Und darin zeigt sich in vorzüglichem Maße, daß es eine Modifikation der göttlichen Natur ist, die es an sich selber ausdrückt. So wie Gott nur in seinen Handlungen ist und nicht eine davon noch verschiedene Natur hat, so ist auch ein Modus nur in seinen Handlungen und nicht unabhängig davon noch etwas für sich, freilich mit dem Unterschied, daß dessen Natur nicht causa sui ist, so daß ein endlicher Modus nicht reines Handeln ist, sondern immer ein gebrochenes mit Merkmalen des Leidens. Wird das Leiden dergestalt an die Natur eines Subjekts gebunden als eine Form, in der das Subjekt sich in seinem Handeln artikuliert, dann entzieht es sich aller Bewertung. Als Artikulation des conatus ist es Ausdruck der Positivität eines jeden Dinges, das in allem Tun diese Positivität zu bekräftigen sucht, nämlich „zu sein, zu handeln und zu leben, d.h. wirklich (actu) zu existieren" (IV, 21), in welcher Form ihm dies auch immer gelingen oder auch mißlingen mag. Jedes Ding ist in dem, was es tut, durch dieses Tun gerechtfertigt, auch dann, wenn es nicht das realisiert, worauf es aus ist: das Leiden als Hemmung der eigenen Aktivität tendenziell zu überwinden.

Allerdings beschreibt Spinoza in seiner Affektenlehre nicht nur diese Faktizität; er sucht auch die Bedingungen anzugeben, unter denen der Mensch jener Tendenz auf Steigerung der Handlungsmacht eine wirkliche Kraft verleihen kann. Für Spinoza gehören diese beiden Gesichtspunkte zusammen. Aus der Untersuchung des Ursprungs der Affekte, die rein beschreibend ist, sei zugleich die Macht, sie zu beherrschen, zu gewinnen. Darin ist zweierlei gelegen. Zum einen könne eine Theorie der Beherrschung der Affekte nicht gegen die Affekte entwickelt werden, sondern habe zu zeigen, in welchem Maße der Mensch sich *in ihnen* als handelnd erweisen kann. Zum anderen könne derjenige, der am besten beschreibt, also der kundige Theoretiker, auch am besten mit den Affekten umgehen. Spinoza hat damit eine Kritik an wenigstens drei Positionen verbunden, die sich für die Beherrschung der Affekte auf Elemente stützen, die in Spinozas Augen keine Wirklichkeit haben. Es sind die der Willensfreiheit, der Teleologie und der Normativität, die alle drei irrig seien, weil sie die Struktur des menschlichen conatus verkennen.

Die Theorie der Willensfreiheit nimmt einen *Willen* an, der seinen Äußerungen vorangeht, zu denen er sich als ein Vermögen eigens entschließt. Die Theorie der *Teleologie* nimmt ein Ziel an, das von den Handlungsäußerungen verschieden ist und dem Handeln eine Richtung gibt. Die Theorie der *Normativität* nimmt ein Sollen an, das eine handlungsbestimmende Kraft hat, und beruft sich hierfür gegen die Natur des handelnden Subjekts auf etwas, das das Subjekt in seiner Faktizität nicht ist, auf das es aber bezogen wird, beispielsweise der einzelne Mensch auf eine Idee des Menschen, die enthielte, was der einzelne sein und folglich auch tun sollte. Sind Willensfreiheit und Teleologie für Spinoza Annahmen, die durch das Konzept Gottes ausgeschlossen sind und insofern auch in bezug auf den Menschen bloße Fiktionen, so scheitert der Normativismus eines Gattungsallgemeinen an einem Konzept, mit dem Spinoza in der Tradition des Nominalismus steht: daß im Feld des Endlichen nur das Singuläre wirklich ist, dessen conatus als Ausdruck von Wirklichkeit deshalb nicht durch ein bloß von uns gebildetes Allgemeines bestimmbar ist.

Alle drei kritisierten Positionen formulieren aber etwas, auf das für eine Ethik des gelingenden Lebens zu rekurrieren von der Sache, die auch Spinoza verfolgt, gefordert zu sein scheint. Denn wenn ein Ding in seinem Streben auf sich selbst („in suo esse") bezogen ist, ist hierfür offenbar eine Unterscheidung zwischen dem Selbst und dessen Äußerungen in Anspruch genommen. Und wenn ein Ding eine Selbsterhaltung erstrebt, die durch den Tatbestand des Strebens noch nicht realisiert wird, dann hat das Streben offenbar ein Ziel, das von dem Vollzug des Strebens zu unterscheiden ist. Und wenn das Selbsterhaltungsstreben eines einzelnen durch die Äußerungen anderer Individuen gefährdet ist, wird es offenbar darauf ankommen, etwas ausfindig zu machen, das den konkurrierenden Individuen gemeinsam ist und darin ein Allgemeines darstellt, an dem sich zu orientieren der Selbsterhaltung zuträglich ist.

b) Herleitung der Affekte

Alle drei Gesichtspunkte spielen in Spinozas Theorie einer Beherrschung der Affekte, die er im Anschluß an deren Herleitung gibt, in der Tat eine Rolle. Sie folgen aus dem Prinzip dieser Herleitung, nämlich aus dem conatus in einer *spezifischen Form,* in der er sich beim Menschen ausgestaltet. Ihr Merkmal ist, daß der Mensch den sich vollziehenden conatus nicht nur mit Bewußtsein begleitet, sondern ihn durch es auch gestaltet. Ist dieser Sachverhalt konstitutiv für den menschlichen conatus, dann muß von dieser Gestaltung auch dessen *gelingende* Realisierung abhängen, und in diesem Kontext werden jene drei Gesichtspunkte bedeutsam, die auf etwas rekurrieren, das der Faktizität des sich vollziehenden conatus transzendent ist.

Daß das Bewußtsein bei der Entstehung der Affekte wirksam ist, ist das Erste, was Spinoza aufzeigt. Zwar führt er den conatus als eine universelle Bestimmung ein, die auch für Körper gilt, von denen jeder danach strebe, sich selbst zu erhalten. Doch nicht aus deren Streben leitet Spinoza die menschliche Affekte her, sondern aus dem des Geistes, mit dem er seine Affektenlehre eröffnet: „Mens … conatur" (III, 9). Der Geist sei darauf aus, die Macht seines Denkens (potentia cogitandi) zu steigern, und werde deshalb das dazu Beitragende erstreben. Gemäß seiner ursprünglichen Bestimmung, Sachverhalte bloß vorzustellen, werde er das in einer Weise tun, daß er danach strebt, sich das, was zu einer solchen Steigerung beiträgt, auch bloß *vorzustellen* (imaginari; III, 12). Aus diesem Streben, aus dem conatus imaginandi und der mit ihm verbundenen Form eines subjektiven Betroffenseins leitet Spinoza das Gefüge der den Menschen bestimmenden Affekte her.

Unmittelbar aus dem vom Bewußtsein begleiteten conatus gewinnt Spinoza drei Kardinal-Affekte: *Begierde* (cupiditas), *Freude* (laetitia) und *Trauer* (tristitia). Begierde definiert er als das Streben des Menschen, dessen sich dieser in der Augenblicklichkeit eines Bestimmtseins durch eine jeweilige äußere Affektion bewußt ist (III, aff. def. 1). Sie ist der elementare Ausdruck menschlichen Leidens, das sich in einem Streben artikuliert, das den Menschen das befolgen läßt, wozu ihn sein jeweiliger Zustand nötigt. Im ‚Politischen Traktat' bezeichnet Spinoza die Begierde, in der Abhebung von der Vernunft, als „blind" (TP II, 5 u.ö.). Als Affirmation des Strebens in dessen Faktizität läßt sie den Begehrenden nur das als gut beurteilen, was er tatsächlich begehrt, und zwar allein deshalb, *weil* er es begehrt (III, 9s). Unmittelbar verknüpft mit der Begierde sind zwei weitere grundlegende Affekte, nämlich die der Freude und der Trauer. Wenn der Mensch, so erläutert Spinoza diesen Zusammenhang, im Begehren zu einer Expansion seines Strebens und damit in einen Zustand größerer Macht gelangt, dann mache er die Erfahrung eines Übergehens zu einem Mehr an Macht, die ihn in den Affekt der Freude versetze, während sich im Falle einer ihn einschränkende Minderung seiner Macht mit dem Begehren der Affekt der Trauer verbinde (III, 11s). Als emotionaler Ausdruck eines „Übergehens" (transitio) von einem Zustand in einen anderen, das als ein wirklicher Vorgang (actus transeundi) erfahren wird (III, aff.def.2 und 3), sind Freude und Trauer die elementaren Affekte, in denen der Mensch den stets Veränderungen unterworfenen Vollzug seines conatus erfährt.

Mit dieser emotionalen Erfahrung, so zeigt Spinoza in einem nächsten Schritt, ist eine besondere Weise menschlichen Strebens verbunden, daß nämlich der Mensch darauf aus ist, in den über die faktischen Veränderungen seines Zustandes erfahrenen Affekt der Freude eigens zu gelangen und den der Trauer eigens zu vermeiden. Dies geschehe über das Erstreben bzw. Vermeiden von Gegenständen, die der Mensch als Ursachen der Steigerung oder Minderung der eigenen Wirkungsmacht ansieht, d. h. *vorstellt.* Mit dem Bewußtsein von Gegenständen als vorgestellten Ursachen der eigenen Befindlichkeit sind die Affekte der *Liebe* und des *Hasses* verbunden, je nachdem, ob der Mensch jene Gegenstände als Ursache von Freude oder von Trauer ansieht (III, 13s). Daraus folgt, daß der Mensch nicht nur die Veränderungen seines Zustandes emotional erfährt, sondern daß auch sein Erstreben bzw. Vermeiden von Zustandsveränderungen affektiv besetzt ist. Insofern können die Affekte von Liebe und Haß, die die von Freude und Trauer untrennbar begleiten, auch noch als elementare Affekte angesehen werden, die sich über die Vorstellung einer äußeren Ursache unmittelbar aus den Kardinalaffekten herleiten lassen. Descartes' sechs ursprüngliche Affekte (Les Passions de l'Ame, 2. Teil) sind hier unter Weglassung der Verwunderung (admiration), die für Spinoza überhaupt kein Affekt ist, in ein Gefüge gebracht, in dem sie über die cartesische Aufzählung (dénombrement, art. 52) hinaus durch ihre genetische Herleitung aus dem conatus des menschlichen Geistes miteinander verknüpft sind.

Aus dem Gefüge dieser Basis-Affekte leitet Spinoza eine Fülle von anderen Affekten her, die sich aus einer Verbindung der Grundaffekte ergibt und sich über eine Verbindung von dergestalt abgeleiteten einzelnen Affekten in ein weitgespanntes Feld weiterer Affekte fortsetzt. Ihr Grundprinzip ist das Umschlagen von Freude in Trauer und dementsprechend von Liebe in Haß, das die unmittelbare Folge eines als conatus imaginandi sich artikulierenden Strebens ist. Geleitet von der Vorstellung erstrebe der Mensch dasjenige, von dem er bloß *meint,* daß es der Selbsterhaltung dienlich sei. Er werde dann Dinge lieben, die ihn in Freude versetzen, weil sie seine Wirkungsmacht momentan steigern, und er werde sie, sofern sie es später und unter anderen Bedingungen nicht mehr tun, hassen. Geleitet von der bloßen Vorstellung von Zusammenhängen, die ihn in Freude versetzen und Trauer von ihm fernhalten, werde er dazu verführt, bloß zufällig sich Darbietendes als Ursache seiner Befindlichkeit anzusehen. In der Perspektive des Meinenden kann deshalb „jedes Ding durch Zufall Ursache von Freude, Trauer und Begierde sein" (III, 15), nämlich gemäß dem im Vorstellen sich herausbildenden je subjektiven Selbstverständnis: „Wir können ein Ding allein deshalb lieben oder hassen, weil wir es in einem Affekt der Freude oder Trauer betrachtet haben, dessen bewirkende Ursache es nicht wirklich ist" (III, 15c). Im Erstreben von bloß Gemeintem ist die natürliche Tendenz des Menschen, auf eine die Förderung des eigenen Seins signalisierende Freude aus zu sein, der ständigen Gefahr des Umschlagens von Freude in Trauer ausgesetzt und dementsprechend von Liebe in Haß. Das führt zur Instabilität des affektiven Lebens, zu einer „Schwankung des Gemüts" (fluctuatio animi, III, 17s), von der Spinoza zeigt, daß sie sich auf intersubjektiver Ebene in ein weites Feld zwischenmenschlicher Konflikte fortsetzt.

Über den engen Zusammenhang von Streben und Meinen verdeutlicht Spinoza, daß der Mensch nicht primär durch physische Dinge, die ihn in ihrer Unwirtlichkeit bedrohen, gefährdet ist, sondern durch vorstellende und darin dem Meinen verhaftete Subjekte, also durch andere Menschen. Deren Konkurrenz läßt Spinoza in die Trostlosigkeit eines permanenten Gegeneinanders münden, das angesichts des imaginativ besetzten und darin divergierenden menschlichen Strebens als unausweichlich erscheint. Spinoza eröffnet das Feld der intersubjektiven Affektivität über den Begriff des Ähnlichen, unter dem uns unsere Mitmenschen erscheinen (III, 27), was zu einer Nachahmung der Affekte führt, in der die Begierde die Gestalt des *Wetteifers* (aemulatio) annimmt (III, 27s). Dieser Affekt läßt die Nachahmung, die als solche ein gemeinschaftsbildendes Element enthält, zu einem *Ehrgeiz* (ambitio) werden (III, 29s), der die wohlwollende Hinwendung zu den anderen (humanitas) in den Dienst der eigenen Interessen nimmt und zu dem Verlangen deformiert, andere mögen nach dem eigenen Sinn leben. Das führt schließlich zu einem wechselseitigen Haß (III, 31s), der dadurch noch gesteigert wird, daß Individuen meinen, die eigene Erhöhung durch die Unterdrückung der anderen herbeiführen zu können. In der Überschätzung (aestimatio) des eigenen Selbst lebt dieses Verlangen von der Unterschätzung (despectus) der anderen (III, 26s), was in eminentem Maße Folge eines conatus imaginandi ist, in dem der Mensch die Objekte, mit denen er es zu tun hat, nicht in dem erkennt, was sie in Wirklichkeit sind. Der den anderen despektierlich behandelnde Hochmütige, sagt Spinoza, sei eine Art Wahnsinniger, der mit offenen Augen träumt, bildet er sich doch ein, er könne all das, wozu ihn die bloße Vorstellung bringt, auch realisieren (ebd.). In Wahrheit ist die imaginatio eine Minderung der potentia agendi, die den Menschen das von ihm Begehrte nicht realisieren läßt. Freilich ist das Begehren auch darin immer noch Ausdruck eines als conatus sich artikulierenden Handelns, wenn auch in einer affektiv besetzten Gestalt, die eine Form eminenten Leidens ist.

c) Beurteilung der Affekte

Wenn Spinoza den Hochmut als eine Art Wahnsinn beschreibt, dann beschreibt er ihn in Wahrheit nicht nur, sondern beurteilt ihn auch. So bezeichnet er den Hochmütigen, der den anderen despektierlich behandelt, als jemanden, „der von dem anderen weniger hält als recht ist" (ebd.). Damit setzt er voraus, hier unter einer juridischen Kategorie, daß einem Individuum etwas an sich selbst zukomme, und beurteilt daraufhin das Begehren, je nachdem, ob es einen dahingehenden Bezug wahrt oder nicht. Hier zeigt sich nun eine eigentümliche Spannung in Spinozas Programm. Seine Grundüberlegung ist, daß eine Beurteilung der Affekte deren angemessene Beschreibung voraussetzt. Doch zeigt sich, daß derjenige, der die Affekte beschreibt, etwas anderes im Blick hat als derjenige, aus dessen Begehren sie resultieren. Das ist die Konsequenz einer theoretischen Einstellung, die, der Rationalität verpflichtet, einen Zusammenhang begreift, den der Begehrende, der Gegenstand dieser Theorie ist, in dieser Form nicht begreift. Die Theorie zeigt in der Analyse des Begehrens, daß die imaginatio den

Menschen nicht nur in Affekte verstrickt, sondern selber Affekte hervorbringt und insofern ein produktives Vermögen ist, das Zusammenhänge zwischen Affekten herstellt. Doch beschreibt der Theoretiker den Zusammenhang der Affekte darüber hinaus nach einer anderen Hinsicht, indem er einen Ursprung aufdeckt, den der Begehrende *nicht* kennt. Dem affektiv Begehrenden verknüpfen sich die Affekte in einer Weise, die nicht den Zusammenhang zum Ausdruck bringt, wie er sich dem Theoretiker darstellt. Der Theoretiker erkennt das Vorstellen als Ursache der Affekte, der Vorstellende aber nicht. Er entwickelt aus einem internen Bezug von Streben und Vorstellungen die Genese der Affekte, und es ist klar, daß er dabei das Streben nicht im Medium der Vorstellung begreift. Er thematisiert es damit nicht, wie es in der Perspektive des begehrenden Individuums ist, also nicht in dessen jeweiligen Vollzug, aus dem aber, wie Spinoza gezeigt hat, jegliches Begehren erfolge. Das hat zur Folge, daß die theoretische Beurteilung der Affekte dem individuellen conatus äußerlich bleiben muß.

Am deutlichsten wird das daraus, daß der Theoretiker sich für die Beurteilung der Affekte eines Begriffs bedient, der mit dem faktischen Streben des Individuums nicht verträglich ist. Es ist der Begriff des *Guten,* mit dessen Definition Spinoza den 4. Teil der ‚Ethik' eröffnet. Sie lautet: „Unter gut werde ich dasjenige verstehen, von dem wir sicher (certo) wissen, daß es uns nützlich ist" (IV, def. 1). Sie steht in deutlichem Gegensatz zu der zuvor gegebenen Bestimmung des Guten, die das Gute mit dem Erstrebten identifiziert hat (III, 9s), weil in jeglichem Streben nur das erstrebt werde, was im Dienst der eigenen Selbsterhaltung steht und insofern für den Strebenden gut weil nützlich ist. Sie bringt demgegenüber das Gute unter das Kriterium eines sicheren Wissens, das sich einer anderen Perspektive verdankt: der Reflexion auf jenes Streben, die in der Erkenntnis des internen Zusammenhangs und „der gemeinsamen Eigenschaften (proprietates) der Affekte" (III, 55s) darum weiß, welche Affekte das eigene Sein tatsächlich befördern und deshalb gut sind und welche es nicht sind. Während der Strebende auch dasjenige, was er über den Haß und daraus gespeiste Aktionen erreicht, für gut hält, vermag der Theoretiker zu sagen: „Haß kann niemals gut sein" (IV, 45). Denn er hat begriffen, was Haß *ist*, und er kann es in einer unbedingten Ausschließlichkeit sagen, weil er begriffen hat, daß Haß Trauer potenziert und deshalb grundsätzlich selbsterhaltungswidrig ist. So wie er weiß, daß Trauer bedingungslos schlecht ist, so weiß er, daß Freude es nicht ist (IV, 41); aber er weiß auch, daß Freude nicht uneingeschränkt gut ist, weil sie, momentan erreicht als Folge eines Ehrgeizes, der sich Mittel der Herabwürdigung und darin des Schlechten bedient, in Trauer umschlagen kann. Er weiß, daß sie es nur in einer Form ist, die ihr bleibende Stabilität gewährt.

Der Theoretiker weiß zudem, worin diese Form besteht, wobei er sich auf etwas stützt, das unabhängig von der aus der genetischen Theorie der Affekte erfolgenden Beschreibung des affektiven Lebens ist, nämlich auf die unabhängig davon entwickelte Theorie des Erkennens: Im strengen Sinne einer Selbstbetätigung handelt der Mensch nur dann, wenn er adäquate Ideen hat. Mit diesem Lehrstück aus der Erkenntnislehre eröffnet Spinoza den der Exposition der Affektenlehre gewidmeten 3. Teil der ‚Ethik' (III, 1). Mit ihm beendet er ihn auch (III, 58 und 59), indem er auf Affekte verweist, die, allein in einem auf adäquate Erkenntnis sich stützenden Handeln gegründet, nur solche der Freude, nicht aber der Trauer sind (III, 59). Im Vorgriff auf eine Beurteilung der Affekte ließen sie sich als uneingeschränkt gut bezeichnen, weil sie gegen ein Umschlagen in ihr Gegenteil gefeit sind, insofern sie den ursprünglichen Trieb der Begierde zu einem solchen allein der Freude gemacht haben. Für Spinoza sind Affekte dieser Art kein Leiden (passiones), weil er unterstellt, daß sie Ausdruck reiner Aktivität sind; sie gründen, so sagt er, in einer Stärke des Geistes (fortitudo), die sich in bezug auf einen selbst in den Affekt des *Selbstvertrauens* (animositas), in bezug auf die Mitmenschen in den des *Edelmuts* (generositas) gliedert (III, 59s). In ihnen erlange der Mensch eine Stabilität, die nicht den Schwankungen des Gemüts ausgesetzt ist und die ihn nicht auf Kosten anderer sich durchsetzen läßt, so daß hier Selbstbezug und Bezug auf andere in positiver Weise miteinander verknüpft sind. Die Tafel der Affekte am Ende des 3. Teils listet diese Affekte allerdings nicht auf, deren Erörterung in der Tat den Eindruck erweckt, irgendwie angehängt zu sein. Denn Spinoza hat diese aktiven Affekte nicht aus dem conatus hergeleitet, dessen Äußerungen, der imaginatio entspringend, er als blindes Begehren beschrieben hat, nicht aber als solche, die sich einem adäquaten Erkennen verdankten. Die als Aktivität verstandenen Affekte stehen unter der Bedingung einer Vernunft, die in ihrer Wirksamkeit mit dem zuvor beschriebenen conatus nicht vermittelt worden ist. Besonders deutlich wird dies daraus, daß die Vernunft gegenüber dem Begehren in Form eines Gebotes (dictamen) auftritt (III, 59).

Generell läßt sich sagen, daß die Beurteilung der Affekte die Gestalt eines Gebotes annimmt, wenn sie im Rückgriff auf die Vernunft nicht nur konstatiert, was der Sache nach gut oder schlecht ist, sondern beansprucht, denjenigen, der nur das ihm gut Scheinende verfolgt und insofern vernunftlos begehrt, dahin zu bringen, das tatsächlich Gute zu begehren. Das ist Ausdruck der internen Spannung eines theoretischen Programms, das mit der Beurteilung der Affekte zugleich den Anspruch auf eine praktische Bedeutsamkeit verbindet. Die eine angemessene Theorie der Affekte ermöglichende vernünftige Einsicht so auf den conatus in dessen Begehren zu beziehen, daß sie dieses Begehren leitete, bedeutet, dem Individuum etwas zu gebieten, was es tun sollte, während gerade die Theorie anerkennen muß, daß der einzelne nichts gegen seine Natur und damit gegen den eigenen conatus kann. Gegen das Selbstverständnis des Begehrenden bringt sie einen theoretischen Gesichtspunkt zur Geltung, der, damit er dem Begehren nicht äußerlich ist, sich darauf stützen müßte, daß die Form des conatus, die sich bei einem Individuum unter lebensweltlichen Bedingungen herausbildet und ihn gemäß dieser Form begehren läßt, die Verdeckung eines ursprünglichen conatus sei, der als Modifikation der göttlichen potentia jedes Begehren immer schon bestimmt. Dann formulierte die Theorie gegen die sich ausbildende Form des je individuellen conatus den allgemeinen Begriff von conatus überhaupt. Dieser Begriff kann aber nicht gegen die der Verblendung ausgesetzte imaginatio zur Geltung gebracht werden, wenn angenommen werden muß, daß das von Bewußtsein begleitete affektive Begehren der Menschen einem je individuellen *Selbstverständnis* unterliegt, das seinerseits das Begehren steuert. Wenn dem so ist, wird die Theorie so lange an dem Begehren nichts ändern können, wie der Mensch sie sich *in* seinem Streben nicht aneignet. Menschliche Affekte sind zwar, wie Spinoza betont, natürliche Ereignisse. Aber es ist irreführend, zu behaupten, sie ließen sich deshalb als bloß physische betrachten, die man in praktischer Hinsicht wie Figuren traktieren könnte, die einer allgemeinen Gesetzmäßigkeit unterliegen. Denn in den Affekten ist der Mensch in einer Weise betroffen, daß er über sie sich selbst versteht und dieses Selbstverständnis zugleich zu einer Ausgestaltung seiner Affektivität führt, die sich deshalb gegen ihn und das heißt gegen seinen conatus durch keine Theorie allgemeiner Zusammenhänge wird modifizieren lassen.

Mit der vernunftorientierten Beurteilung der unvernünftigen Affekte ist ein weiteres Moment verbunden, das, wie das des Normativen und des Teleologischen im Gegensatz zur Vollzugsform des conatus stehend, einer Position der Willensfreiheit nahekommt. Der Unterscheidung zwischen gelingender und mißlingender Realisierung des eigenen Seins folgend, bezeichnet Spinoza – sich des traditionellen Vokabulars bedienend – nur die *gelingende* Lebensform als Tugend (virtus). Denn wenn es im Rahmen des Spinozismus auch konsequent ist, die Tugend eines Menschen nicht gegen dessen Macht zu bestimmen, sondern *als* dessen Macht, so hat es doch wenig Sinn, jedes aus der Macht eines Individuums erfolgende Handeln als tugendhaft („ex virtute", IV, 23) zu bezeichnen. „Tugend" wäre dann ein leeres Wort. Spinoza bezeichnet deshalb ein nicht aus der eigenen Macht allein erfolgendes Handeln nicht als tugendhaft. Die Tugend des Menschen, die gewiß als dessen Macht (potentia) zu verstehen ist, stehe vielmehr unter der Bedingung, daß der Mensch auch „die Gewalt (potestas) habe, etwas zu bewirken, das durch die bloßen Gesetze seiner Natur eingesehen werden kann" (IV, def. 7). Gegen Machtäußerungen beliebiger Art unterscheidet Spinoza hier zwischen potentia und potestas, um deutlich zu machen, daß das gelingende menschliche Leben davon abhängig ist, daß der Mensch seine Handlungen tatsächlich von seiner eigenen Natur abhängen läßt. In dieser Abgrenzung des Gelingens von dem Mißlingen erscheint die eigene Natur als ein Können, das etwas eigens bewerkstelligt, was offensichtlich mit dem Begriff einer Macht kollidiert, die per definitionem nur in ihren Äußerungen ist und insofern nicht als ein *Vermögen* verstanden werden kann, das eine Gewalt über diese hätte.

d) Vernünftige Gestaltung der Affekte

Die theoretische Beurteilung hat jedoch, auch wenn sie auf die ontologisch fragwürdigen Begriffe des Guten und der Potentialität zurückgreift, für die Praxis der Affektbewältigung insofern eine eminente Bedeutung, als das in ihr sich bekundende Wissen den Menschen von der Unmittelbarkeit eines Betroffenseins durch Affekte befreit. Aus der theoretischen Distanz zu ihnen läßt sie ihn ein Können erfahren, das es ihm erlaubt, Affekte gegeneinander auszuspielen, also einen durch den anderen zu verdrängen. Er verknüpft und kombiniert sie dann in einer Weise, die nicht der Unmittelbarkeit blinden Begehrens folgt, sondern von einer Vernunft geleitet ist, die aus der Kenntnis des internen Zusammenhangs der Affekte ihn das verfolgen läßt, von dem er weiß, daß es Trauer nicht potenziert und damit seinem natürlichen Aussein auf Freude zumindest nicht massiv im Wege steht. Bei dem Abwägen der Affekte spielen auch temporale und modale Gesichtspunkte eine Rolle, über die sich Affekte abschwächen oder verstärken lassen. Denn auch Hinsichten auf Zeitliches (IV, 9 und 10) oder bloß Mögliches und Zufälliges (IV, 11–13) befreien den Menschen von der Unmittelbarkeit des affektiven Eingenommenseins. Erinnerungen lassen sich verdrängen, wenn wir den erinnerten Zusammenhang als zufällig ansehen; Erwartungen von Zukünftigem lassen uns hoffen, wenn wir ein zu Erwartendes als möglich ansehen. Weil hierbei unsere *Hinsicht* entscheidend ist, läßt sich generell sagen: „Ein Affekt, der sich auf viele und verschiedene Ursachen bezieht, die der Geist mit diesem Affekt zugleich (simul) betrachtet, ist weniger schädlich [. . .] als ein anderer gleichgroßer, der sich nur auf eine oder wenige Ursachen bezieht" (IV, 9). Es ist unsere *Betrachtung,* die uns etwas als „zugleich" erfassen läßt und uns darin aus dem Nacheinander eines bloß imaginativen Wahrnehmens befreit, das den Geist an das gerade Erfahrene bindet („occupatum tenet", IV, 9d).

Über das Merkmal des „zugleich" hat Spinoza die adäquate Erkenntnis eingeführt (II, 29s). Doch daß nicht sie als solche wirksam ist, ist die erste Einsicht, die Spinoza seiner Theorie eines vernünftigen Umgangs mit den Affekten voranstellt. Wenn ein Affekt als Ausdruck des conatus perseverandi eine ihm eigene Positivität hat, sind die mit ihm verbundenen Vorstellungen zwar der Sache nach falsch, aber nicht in der Perspektive dessen, der einem Affekt unterliegt. Um einen Affekt aufheben zu können, sei es deshalb erforderlich, sich auf diese Perspektive einzulassen, was nicht im Rückgriff auf eine Position geschehen könne, die Wahres erkennt: „Nichts von dem, was eine falsche Idee an Positivem hat, wird durch die Präsenz des Wahren, sofern es wahr ist, aufgehoben" (IV, 1). Nicht durch die wahre Erkenntnis als wahre („quatenus vera"), so folgert Spinoza, lasse sich ein Affekt aufheben, sondern allein durch sie, sofern sie sich zu einem Affekt modifiziert („quatenus ut affectus consideratur", IV, 14). In dieser Form ist sie eine Befreiung von den Affekten, die den Affekten verhaftet bleibt, und insofern eine das Leiden abmildernde Form des Leidens.

Deshalb behandelt Spinoza die Möglichkeit, in vernünftiger Weise mit den Affekten umzugehen, in dem Teil der ‚Ethik', der unter der Überschrift „Von der menschlichen Knechtschaft oder den Kräften der Affekte" (IV) steht. Befreiung von den Affekten unter der Dominanz von Affekten ist nicht Ausdruck der Freiheit des Menschen, sondern immer noch seiner Unfreiheit. Sie liegt so lange vor, wie der Mensch die Macht seiner Vernunft nicht angemessen versteht, weil er sie im Angehen *gegen* die Affekte allein von ihnen her versteht. In dieser Form könne sich ihre Kraft nur in der Überwindung von etwas zeigen und damit gerade nicht aus sich heraus; und deshalb ist sie für Spinoza nicht schon Ausdruck eines gelingenden Lebens, das ein solches der Tugend wäre. Am Ende der ,Ethik' sagt Spinoza, worin die Kraft der Vernunft besteht: „Wir erfreuen uns der Tugend nicht, weil wir Gelüste hemmen, sondern umgekehrt: weil wir uns ihrer erfreuen, können wir ebendamit die Gelüste hemmen" (V, 42). Freude als Ausdruck unseres Handelns könne nicht aus der *Überwindung* von Trauer entstehen; und wenn sie daraus entsteht, sei sie immer noch Ausdruck des Leidens.

Insofern ist der freie Mensch, den Spinoza im Knechtschafts-Teil der ,Ethik' beschreibt (IV, 67ff.), nur relativ frei, nämlich verglichen mit einem Knecht. Im Unterschied zu ihm, der unwissend ist, folge er zwar sich selber, insofern er dasjenige tut, was er erkennt (IV, 66s). Solange seine Erkenntnis unter pragmatischem Gesichtspunkt auf das Wichtigste im Leben („in vita prima", ebd.) gerichtet ist, bleibe sie jedoch relativ auf das ihn in diesem Leben Bedrohende. In bezug darauf werde der freie Mensch eine zweckrationale Güterabwägung vornehmen, die ihn von zwei Gütern das größere verfolgen läßt, ihn aber auch darauf aus sein lasse, Gefahren zu vermeiden (IV, 69), wozu nicht zuletzt eine rechtzeitige Flucht aus ihnen gehöre (IV, 69c). Der Vernünftige weiß, daß gefährlich in erster Linie dasjenige ist, was Trauer, Haß und Zwietracht hervorruft (IV, 69s), Gefahren also vor allem von den Unwissenden ausgehen, mit denen er zusammenlebt. Er weiß auch, daß er deren Taten nicht mit Gleichem vergelten könne und deshalb sogar deren Wohltaten zu vermeiden habe (IV, 70). Denn als Antwort darauf würde seine Form des vernunftgeleiteten Wohltuns bei ihnen nur Haß hervorrufen, weil sie darin anders behandelt werden, als sie selber erwarten (IV, 70d). Er weiß ferner, daß vernünftig zu sein die Angelegenheit des je einzelnen ist, die ihm niemand abnehmen könne, weil dies aus dem je eigenen conatus erwachsen muß, über den die Vernunft eines anderen keine Gewalt hat. Und schließlich weiß er, daß er für sein vernünftiges Leben auf ein günstiges ihm entgegenkommendes Milieu in Form einer staatlichen Gemeinschaft angewiesen ist, in der der vernunftgeleitete Mensch, so enden die Ausführungen zur Knechtschaft, freier („magis liber") sei als in einer Lebensform, die sich nicht aus einem gemeinsamen Beschluß („ex communi decreto") gestaltet (IV, 73).

Auf eine konfliktvermeidende Gemeinsamkeit sind freilich alle Individuen angewiesen und gerade die, die affektiv divergieren, in besonderem Maße. Und es ist die Frage, wie aus diesen Divergenzen, deren Bestehen das Resultat von Spinozas Affekttheorie ist, eine Gemeinsamkeit überhaupt erwachsen kann. Die adäquate Erkenntnis der Affekte erfaßt in ihnen zwar gemeinsame Eigenschaften, aus denen sich ihr wechselseitiges Verfugtsein und damit der Ablauf ihres Entstehens und Vergehens ergibt, und gestützt darauf gelangt Spinoza in der Beschreibung des affektiven Lebens bis zu nuancierten Verästelungen des Gesamthaushalts menschlicher Affektivität. Aber man wird nicht sagen können, daß mit dieser Erkenntnis auch in praktischer Hinsicht ein sich ausbreitendes rationales Durchdringen des konkreten affektiven Lebens verbunden ist, das ebenfalls der Adäquatheit verpflichtet wäre. Im Übergang von der theoretischen Erkenntnis der allgemeinen Gesetzmäßigkeit des Affektzusammenhangs zu der praktischen Bewältigung des affektiven Lebens im einzelnen wandelt sich die Vernunft vielmehr von dem Vermögen einer Erkenntnis wahrer gemeinsamer Strukturen zu einem zweckrationalen Vermögen, das in einem Nützlichkeits-Kalkül aus den Gegebenheiten das Beste macht. Die Erkenntnis des Allgemeinen ist gegenüber dem individuellen Begehren ohne Kraft, wenn es als eine bloße Vorschrift auftritt, an der dieses sich ausrichten sollte, dies umso mehr, weil sie als Vorschrift das Begehren fremdbestimmte und darin das provozierte, was sie gerade zu vermeiden sucht: Haß gegen eine Instanz, die von außen gebietet und in einem solchen Gebot das Individuum nicht in dem nimmt, wie dieses *sich selber versteht*.

Der Vernünftige, der im Erkennen eine ihm eigene Aktivität erfährt, weiß zwar, daß der Verfolg dieser Aktivität zu einer Beseitigung der aus der imaginatio entspringenden Konflikte führt, aber auch, daß niemandem geboten werden könne, sie zu verfolgen, weil ein Gebot dem Menschen die Spontaneität nähme, in der jene Aktivität allein bestehen kann. Wer erkennend sein Begehren vernünftig durchdrungen hat, also aus dem conatus imaginandi einen conatus intelligendi gemacht hat, erstrebt in der Tat nichts für sich allein, d.h. nichts, von dem er meint, daß er es anderen vorenthalten müßte. Daß auch andere in dieser Weise streben, muß er aber ihnen und folglich ihrem eigenen Begehren überlassen. Das Höchste, was er tun kann, ist, ein vernünftiges Streben auch bei anderen zu erwecken (IV, 37), also auf eine intersubjektive Kommunikation aus zu sein, die konfliktfrei wäre.

Mit dahingehenden Überlegungen versucht Spinoza, die Vernunft, die angesichts der menschlichen Unvernunft als eine gebietende Instanz auftritt, so auf die Unvernunft zu beziehen, daß sie einer auch dort latent vorhandenen Vernunft gerecht wird und somit den Charakter eines bloß äußerlichen Gebotes verliert. Hierfür müsse sich die Vernunft des einzelnen in eine geschickte Pädagogik verwandeln, die andere Menschen in einer Weise leitet, daß diese nicht den Eindruck haben, geleitet zu werden, die Vernunft ihnen also nicht als äußerlich erscheint. Dies eröffne eine Zuwendung zu den Mitmenschen, die gewaltfrei ist, also keinen Haß hervorruft und insofern im Gegensatz zu jener affektiven Haltung steht, in der jemand die anderen zu nötigen sucht, nach der eigenen Sinnesart zu leben. Gewährleistet sieht das Spinoza über Formen des Wohltuns und der Freundschaft, in denen der Vernünftige seine Mitmenschen in einer Weise als vernünftige Wesen respektiert, daß sie diesen Respekt emotional erfahren, ohne daß es hierfür einer Einsicht in den Grund des Respekts, die vernünftige Natur des Menschen, bedürfte (IV, 37s). Diese knappe Skizze gehört zu dem Schönsten, was Spinoza über menschliche Intersubjektivität geschrieben hat. Sie verbirgt aber nicht, daß eine Gemeinschaft gefährdet bleibt, deren Partner in einem Ungleichgewicht stehen. Denn die vernünftige Haltung der Menschlichkeit (humanitas) wird nicht bewirken können, daß Mitmenschen diese Haltung übernehmen, solange sie nicht auch bei ihnen in einer Vernunft gegründet ist, die nur die ihrige ist, wenn sie selber von ihr auch Gebrauch machen. Deshalb müsse der freie Mensch gegenüber seinen Mitmenschen achtsam sein und dürfe sich in einer der eigenen Vernunft entspringenden skeptischen Haltung nicht nur auf das stützen, was aus vernünftiger Einsicht allein folgt.

5. Vernunft und menschliche Freiheit

a) Die menschliche Natur

Warum tritt die Vernunft in einer Gestalt auf, die etwas gebietet, obschon sie dadurch definiert ist, zu erkennen, was ist, nicht aber vorzuschreiben, was sein soll? Sie fordert zwar, wie Spinoza bei der Vorstellung ihrer Gebote („dictamina rationis", IV, 18s) ausdrücklich sagt, nichts gegen die Natur, also nur dasjenige, was ohnehin jeder tut: „daß ein jeder sein Sein, so viel in ihm ist, zu erhalten strebt" (ebd.). Aber sie fordert dies, weil sie sich an jemanden wendet, der das, was in ihm ist, also was seine eigene Macht ist, falsch versteht und insofern nicht das begehrt, was ihm tatsächlich („revera", ebd.) nützt. Die Macht, in deren Verfolg der Mensch nur das ihm tatsächlich Nützliche begehrt, besteht für Spinoza darin, adäquat zu erkennen (IV, 23). Daß Spinoza damit eine Forderung verbindet, ist Konsequenz seiner Philosophie im Ganzen, insofern er sie als ein Programm gegen das Fremdbestimmtsein der Menschen durch aus inadäquatem Erkennen sich speisende Vorurteile versteht. Gegen weitverbreitete menschliche Vorurteile, zu denen wesentlich gehört, menschliches Wissen als grundsätzlich beschränkt anzusehen, kehrt seine Philosophie die unbeschränkte Kraft ebensolchen Wissens. Was Spinoza gegen das Selbstverständnis der Unwissenden kehrt, muß ihnen gegenüber als eine Forderung erscheinen, allemal unter dem aufklärerischen Aspekt, den Menschen dahin zu bringen, seine eigene Natur als etwas zu begreifen, zu dem wesentlich das Begreifen selber gehört.

Zugleich betont Spinoza, daß ein adäquates Begreifen kein fremdes Ziel hat. Als Einsicht (intelligere), so hebt er hervor, sei das der Vernunft entspringende Streben (IV, 26) nicht darauf gerichtet, für ein vom Erkennen noch verschiedenes Ziel die wahrhaft guten Mittel zu erkennen. Für ein vernünftiges Streben sei allein das gut, was zur Einsicht beiträgt (IV, 27); es erfülle sich daher in der Erkenntnis dessen, was die Ursache aller Einsicht ist: Das höchste Gut des erkennenden Geistes ist die „Erkenntnis Gottes" (IV, 28). Mit diesen Überlegungen erreicht Spinoza eine Position, die er im 5. Teil der ‚Ethik' aufnehmen und weiterentwickeln wird, wenn er, den Knechtschafts-Teil verlassend, von der Macht des Erkennens und damit („seu") von der menschlichen Freiheit handeln wird. Solange die Vernuft jedoch als Forderung auftritt, bleibt sie durch das belastet, wogegen sie etwas fordert. Unter ethischem Aspekt sind dies in erster Linie die anderen Menschen in einem Sichverhalten, das nicht an der Vernunft orientiert ist.

Der Hinblick auf die Mitmenschen ist es deshalb, der bei der Erläuterung der dictamina rationis die wichtigste Rolle spielt. Bliebe die Vernünftigkeit reinen Erkennens machtlos gegenüber der menschlichen Unvernunft, dann verbliebe dem Vernünftigen, der mit anderen zusammenlebt, nur, auf deren Affektivität strategisch und damit nicht rein vernünftig zu reagieren. Die bloße Vernunft hätte dann nur eine geringe Chance, das menschliche Leben zu bestimmen, weil die Mitmenschen es sind, auf die ein jeder und damit auch der Vernünftige in eminentem Maße angewiesen ist. Der Mensch, so hebt Spinoza hervor, sei nicht auf alle Dinge der Natur angewiesen, von der er, wie Spinoza oft genug betont, nur ein Teil ist; in erster Linie sei er auf diejenigen angewiesen, die „mit unserer Natur übereinstimmen (conveniunt)" (IV, 18s). Das spezifische Merkmal der menschlichen Natur ist aber, daran läßt Spinoza überhaupt keinen Zweifel, Geist zu sein und folglich Vorstellungen zu haben. In ihnen haben die Menschen nicht nur ein Bewußtsein von Gegenständen, sondern auch von sich selber, was mit sich bringt, daß sie sich in einer bestimmten und zwar je unterschiedlichen Weise selbst verstehen. Weil die Menschen durch die Weise ihres Sichverstehens in die von Spinoza als Konkurrenzkampf beschriebene Form von Affektivität geraten, ist ein jeder in seinem Aussein auf individuelle Selbsterhaltung wesentlich von den anderen abhängig.

Das in der Natur des Menschen gelegene gemeinsame Merkmal enthält also nicht, daß Menschen ihrer Natur nach untereinander übereinstimmten. Doch sind allein sie, gerade weil sie in ihrem affektiven Leben die individuelle Selbsterhaltung bedrohen, ihr auch förderlich. Denn sie sind es, die das Bedrohende auch abbauen können, dann nämlich, wenn sie sich auf die Vernunft stützen, deren Verfolg garantiere, daß sie untereinander im Sinne eines Harmonierens übereinstimmen (IV, 35). Deshalb ist dem Menschen *ein anderer Mensch* am nützlichsten. Derjenige ist es, der nach der Leitung der Vernunft lebt (IV, 35c), insofern das menschliche Gegeneinander durch das, was Gegenstand vernünftiger Erkenntnis ist, aufgehoben werde. Spinoza macht ausdrücklich, daß hier nicht eine zweckrational operierende Vernunft am Werk ist und daß der Gegenstand vernünftiger Erkenntnis auch nicht die der ratio zugängliche Gesetzmäßigkeit des affektiven Lebens ist. Dieser Gegenstand sei allein Gott, den zu erkennen das höchste Gut des Menschen ausmache. Weil an ihm sich alle *gleichermaßen* („aeque") erfreuen können (IV, 36), sei dessen Erkenntnis ein allen Menschen Gemeinsames („omnibus commune", ebd.), also etwas, das eine tatsächliche Gemeinsamkeit unter ihnen stiftet. Wenn Menschen nur unter der Bedingung adäquaten Erkennens gemeinschaftlich verbunden sind, dann ist ihre Gemeinsamkeit angesichts des Faktums inadäquaten Erkennens eine ausstehende Idee. Spinoza nennt sie eine „Idee des Menschen" im Sinne eines Musterbildes (exemplar) der menschlichen Natur, im Blick auf das wir erkennen könnten, was für uns tatsächlich gut ist (IV, praef.). Sie ist nicht ein Allgemeinbegriff, an dem der einzelne Mensch gemessen werden könnte, sondern der Gedanke einer zustandezubringenden Gattungsgemeinsamkeit, die allein in der Erkenntnistätigkeit der einzelnen realisiert wird und die lediglich im Hinblick auf eine noch nicht realisierte Tätigkeit den Charakter einer Idee hat.

Allerdings geht in diese Idee ein Verständnis von menschlicher Natur ein, das über die Faktizität der Äußerungen dieser Natur hinausgeht. Auf den möglichen Einwand – der sich wohl darauf stützt, daß dem Menschen hier zu viel zugemutet wird –, das beschriebene höchste Gut könne nicht allen Menschen gemeinsam sein, antwortet Spinoza: Die aufgezeigte Gemeinsamkeit entspringe nicht der zufälligen lebensweltlich bedingten Beschaffenheit der Menschen, sondern folge aus der *Natur der Vernunft selbst,* durch die sich die wirkliche menschliche Essenz („ipsa humana essentia") definieren lasse (IV, 36s). Dies begründet Spinoza damit, daß anders „der Mensch weder sein noch begriffen werden könnte" (ebd.), daß also nur über ein Sichbegreifen des Menschen aus Gott eine angemessene Theorie dessen, was der Mensch ist, gegeben werden könne. Die Affektenlehre hat ihre Basis aber darin, daß die Natur des Menschen nicht Vernunft ist, sondern Begierde, die dem bloßen Vorstellen (imaginari) entspringt, das zweifellos auch zu dieser Natur gehört.

Um hier nicht in Widerspruch zu geraten, müßte Spinoza unterstellen, daß auch der Begierde eine Vernunft zu Grunde liege, die durch diese nur verdeckt werde, ohne dabei allerdings behaupten zu können, daß sie die Begierde heimlich leitete und als in ihr immer schon wirksam auf ein mit der Vernunft übereinstimmendes Ziel hinführte. Was in allem Vorstellen schon präsent ist, ist Spinozas Ontologie zufolge nämlich nicht die Erkenntnis, sondern die *Natur* Gottes (II, 47), mit der teleologische Annahmen unverträglich sind. Spinoza hat zudem bislang nur dargelegt, daß diese Präsenz dem Menschen die Erkenntnis der göttlichen Natur *ermöglicht.* Er hat aber nicht die Wirklichkeit dieser Erkenntnis aus der Perspektive des menschlichen Geistes erwiesen, sondern deutlich gemacht, daß die den Menschen von außen bestimmenden Affekte es sind, die einer solchen Verwirklichung im Wege stehen. Ihnen gegenüber auf eine bloße Möglichkeit zu verweisen, widerstreitet der Vollzugsform des conatus, in der die Affekte ihren Ursprung haben. Daß die Gemeinsamkeit der Menschen nicht in einer Möglichkeit gründen könne, sondern nur in dem tatsächlichen Vollzug adäquaten Erkennens, ist ein Grundgedanke Spinozas. Für den, der diesen Erkenntnisvollzug nicht auszuüben vermag, muß deshalb die bloße Idee von Gemeinsamkeit bedeutungslos sein und damit auch die Begründung, die Spinoza einem Skeptiker gibt, dessen Einwand sich auf dieses Unvermögen stützt.

Wenn Gemeinsamkeit eine in der Natur des einzelnen gegründete *Tätigkeit* zur Voraussetzung hat, die sich gerade nicht in den Passionen artikuliert, dann ist der Nachweis struktureller Gemeinsamkeiten des affektiven Lebens für die Frage, inwieweit Menschen in ihrem Begehren übereinstimmen, irrelevant. Spinoza hat seine These, daß Menschen, soweit sie Passionen unterworfen sind, ihrer Natur nach nicht übereinstimmen (IV, 32), mit einer für das Verständnis seiner Philosophie wichtigen Erläuterung begründet: „Wenn man von Dingen sagt, daß sie der Natur nach übereinstimmen, so versteht man (dem [conatus-] Lehrsatz 7 des 3. Teils zufolge) darunter, daß sie der Macht (potentia) nach übereinstimmen, nicht aber der Ohnmacht (impotentia) oder Verneinung nach" (IV, 32d). Übereinstimmung setzt Positivität und damit Aktivität derer, die übereinstimmen, voraus, was für Spinoza selbstevident ist („res [. . .] per se patet"): „Wenn jemand sagt, daß Stein und Mensch nur darin übereinstimmen, daß beide endlich sind, ohnmächtig sind oder daß sie nicht infolge der Notwendigkeit ihrer Natur existieren oder, schließlich, daß sie von der Macht äußerer Ursachen unbestimmt übertroffen werden, der versichert damit ganz und gar, daß Stein und Mensch in nichts übereinstimmen, denn Dinge, die nur in der Verneinung, d. h. in dem, was sie nicht haben, übereinstimmen, stimmen tatsächlich in nichts überein" (IV, 32s). All die Bestimmungen, die den Menschen über Gemeinsamkeiten mit jedem anderen Seienden zukommen, endlich zu sein, nicht durch sich selbst zu existieren, als Teil der Natur von äußeren Ursachen abzuhängen, kurz: ein Modus zu sein, charakterisieren ihn in Wahrheit überhaupt nicht, weil es bloß äußerliche oder allgemeine Bestimmungen sind, denen er zwar unterliegt, über die er in dem ihm eigenen Sein aber nicht begriffen werden kann.

Daß der Mensch als Modus eine Gemeinsamkeit mit allen anderen Dingen der Natur habe und daß er sich, um sich angemessen zu begreifen, als ein solcher Modus verstehen müßte, ist eine so leere Bestimmung, die, wäre sie relevant, den Spinozismus zu einer gehaltlosen All-Einheits-Lehre machte. Demgegenüber betont Spinoza, daß eine Gemeinsamkeit überhaupt nur aus einer Tätigkeit resultiert, die von Individuen ausgeht: Gemeinsamkeit hängt deshalb für Spinoza von einer Form der Erkenntnis ab, in der sich eine solche Tätigkeit bezeugt. Wird eine Idee von Gemeinsamkeit als Idee einer menschlichen Natur, die Aktivität ist, unter der Hinsicht konzipiert, daß Menschen ihr sich annähern sollen, um eine sie verbindende Gemeinsamkeit zustandezubringen, dann gilt doch, daß jedes Individuum diese Annäherung aus sich selber heraus vollziehen muß, worin sie keine Annäherung mehr an ein dem Individuum Fremdes ist.

Das ist der Grund, daß für das gelingende menschliche Leben von der Natur im Ganzen nur diejenigen Dinge von Interesse sind, die aufgrund ihrer Ausstattung diesen im Erkennen gelegenen Vollzug ausüben können. Es läßt sich nicht übersehen, daß Spinozas dahingehende Überlegungen eine eigentümliche Anthropozentrik im Werk des Anthropozentrismus-Kritikers zum Vorschein bringen. Förderung und Hemmung unserer Wirkungskraft könne nur von Dingen ausgehen, die mit unserer Natur etwas gemeinsam haben (IV, 29), welche Gemeinsamkeit nicht in dem Status, Modus zu sein, liegt, worin der Mensch etwas mit allen Dingen der Natur gemeinsam hätte, sondern in dem Status, mens humana zu sein, also ein vorstellendes Wesen zu sein. Weil Spinoza allein über diesen Status die Bedingungen entwickelt, unter denen eine gelingende Selbsterhaltung des einzelnen steht, sollte man vorsichtig sein, allzu schnell mit seiner Philosophie eine ökologische Ethik verbinden zu wollen, die unterstellen müßte, daß mit dem Wissen des Menschen um seine begrenzte Stellung in einer ihn umfassenden Natur ein Respekt gegenüber der Natur verbunden wäre. Im Gegenteil, Spinoza sagt es ausdrücklich: „Das vernünftige Prinzip, unseren eigenen Nutzen zu suchen, lehrt uns zwar, eine Verbindung mit den Menschen einzugehen, aber nicht mit den Tieren oder mit Dingen, deren Natur von der menschlichen Natur verschieden ist" (IV, 37s1). Nichts verbiete uns, im Suchen nach unserem Nutzen Tiere „nach Belieben zu gebrauchen und so zu traktieren, wie es uns am besten paßt, stimmen sie doch der Natur nach nicht mit uns überein und sind ihre Affekte doch von den menschlichen Affekten der Natur nach verschieden" (ebd.).

Die Beliebigkeit des Gebrauchs hat für Spinoza ihre Grenze nicht an der Natur, sondern an unserem Nutzen, über den sich die Menschen intersubjektiv zu verständigen haben, aber mit der besonderen rationalistischen Pointe, daß für uns Menschen die höchste Form des Nutzens in dem liegt, was Verständigung überhaupt erst ermöglicht, nämlich in einer Form des Erkennens, in der das Erkennen sich selbst genug ist. Agiert die Vernunft zweckrational im Hinblick auf die Brauchbarkeit innerweltlicher Dinge, dann ist ihr Verfolg gewiß besser als blindes Begehren; gleichwohl wird es hinsichtlich eines vom Erkennen noch verschiedenen Nützlichen keine Übereinstimmung unter den Menschen geben können, weil sich hier lebensweltlich bedingte Präferenzen bloß subjektiver Art zur Geltung bringen.

Eine vernünftige Orientierung ist dem Menschen nur in einem Feld möglich, das rational erkennbar ist. Zugleich ist es diese Rationalität, auf die Spinozas Untersuchungen eingeschränkt sind, weil er glaubt, daß über sie allein eine angemessene Bestimmung des Menschen und damit dessen, was es heißt, sich vernünftig zu orientieren, gegeben werden könne. Mögen auch Tiere Affekte haben, vielleicht sogar, wie Spinoza behauptet, jegliches Seiende (vgl. III, 3s), so ist dieser Sachverhalt doch nicht theoriefähig und deshalb für uns bedeutungslos. Die Natur der Affekte wird entgegen der Formulierung Spinozas keineswegs über die Erkenntnis der „allgemeinen Gesetze und Regeln der Natur [im Ganzen]" (III, praef.) erkannt, sondern über die Erkenntnis der *menschlichen* Natur in deren spezifischem Charakter, mag sie auch durch allgemeine Naturgesetze bestimmt sein, die für alle Dinge gelten. Weil solche Gesetze für eine Theorie des menschlichen Geistes nichts Spezifisches enthalten, haben sie nur eine geringe Erklärungskraft. Konsequenterweise erörtert Spinoza alle vom menschlichen Geist verschiedenen Felder nur insoweit, wie sie im Hinblick auf den Geist bedeutsam sind. Der Körper wird nicht in dem untersucht, was er kraft einer ihm eigenen potentia selber vermag, worüber wir nichts Hinreichendes wissen können (III, 2s), sondern in dem, wie er sich, als menschlicher Körper, in mentaler Perspektive darstellt. Die als Spezifikationen des unendlichen Modus „Bewegung und Ruhe" zu verstehenden allgemeinen Gesetze der körperlichen Welt werden nicht daraufhin untersucht, wie aus ihnen physikalische Gesetze im einzelnen gewonnen werden können, sondern daraufhin, was deren Erkenntnis für den den Imaginationen ausgesetzten Menschen bedeutet. Und die göttliche Substanz schließlich, aus der alles folgt und damit auch all das, was wir begreifen können, ist so lange ein abstraktes Prinzip, das uns nur äußerlich bestimmt, wie wir sie nicht begreifen und ineins damit uns selbst von ihr her verstehen.

Die anderen Dinge, die gemäß ihrer Natur *nicht* begreifen können, also die bloßen Körper, denen eine abbildende Idee nur korrespondiert, aber nichts für sie selber ist, bleiben einem blinden conatus ausgesetzt. In dessen Wirksamkeit vermögen sie sich nicht selbst zu erhalten, sondern gehen zu Grunde, was, Spinoza sagt es in aller Brutalität, eben Gesetz ihrer spezifischen Natur ist, in bezug auf das es nichts zu beklagen gibt. Colerus, der frühe Biograph, berichtet, Spinoza habe Fliegen in ein Spinnennetz geworfen und deren Kampf mit großem Vergnügen zugesehen (Lebensbeschreibung Spinozas, Amsterdam 1705, Kap. 9). Mag dies, so hoffen wir, auch nicht wahr sein, es aus seiner Philosophie zu erschließen, ist nicht so abwegig; und Schopenhauer, der von der Vernunft eine geringe Meinung hatte, meinte, daß dies „nur zu sehr" den zu rügenden theoretischen Sätzen Spinozas entspreche (Parerga und Paralipomena; Werke, ed. Frauenstädt, V, 78). Die Menschen hingegen sind Spinozas Theorie zufolge auf jeden Fall in anderer Weise zu behandeln. Auch die Dümmsten dürfen nicht Gegenstand einer bloßer Betrachtung sein, die an deren Torheit Freude empfindet; auch sie sind in ihrer latenten Vernünftigkeit zu fördern.

Daß der Mensch kraft seiner Natur zu jenem von Spinoza favorisierten Begreifen tatsächlich in der Lage ist, läßt sich selbstverständlich nicht gegen seine Natur aufzeigen und damit auch nicht gegen die Grundbestimmung, die ihm wie jedem anderen Modus der göttlichen Natur zukommt, conatus zu sein. Gegen dessen spezifische Form vermag der Mensch nichts, so daß er gegen sie auch nicht erkennen kann. Nur wenn das adäquate Erkennen dem Menschen verbürgt, worauf er in seinem conatus aus ist, nämlich „zu sein, zu handeln und zu leben, d.h. wirklich zu existieren" (IV, 21), wird es den Menschen in seinem Lebensvollzug auch bestimmen können. Und nur wenn gezeigt worden ist, daß das der Fall ist, wird sich zu Recht sagen lassen, daß diese Form des Erkennens die Natur des Menschen ausmache. Dies zu zeigen, unternimmt Spinoza im letzten Teil der ‚Ethik‘.

b) Die Macht des Verstandes

Der 5. Teil der ‚Ethik‘ handelt von der Macht des Verstandes (de potentia intellectus) und entwickelt aus ihr eine Theorie der menschlichen Freiheit. Er gliedert sich in zwei deutlich voneinander geschiedene Unterteile, deren Zäsur V, 20s markiert. Dort sagt Spinoza, daß er nach der Erörterung dessen, was das gegenwärtige Leben betrifft, nun zu der Untersuchung der Dauer des Geistes unbezüglich auf den Körper übergehen (transire) wolle, was dann zu einer Theorie der Ewigkeit des Geistes führt. Viele Spinoza-Interpreten haben mit diesem Übergang große Schwierigkeiten und sind geneigt, das aus ihm

Folgende zu vernachlässigen, weil es unverträglich sei mit dem Vorhergehenden. Wie soll der menschliche Geist, der gemäß dem Parallelismus der Attribute durch einen Bezug auf den Körper definiert ist, unbezüglich auf ihn eine Bedeutung haben können, es sei denn in einer Sphäre jenseits dieser Welt, in die, um den Affekten und damit dem Leiden an unserer Endlichkeit zu entgehen, sich zu flüchten nur ein dubioser Trost sein kann? In der Tat wäre eine solche Weltflucht und die damit verbundene Preisgabe unserer Endlichkeit mit dem Spinozismus unverträglich; sie müßte auf Elemente eines Mystizismus zurückgeführt werden, den der Autor Spinoza auch Jahre nach dem frühen „Kurzen Traktat", der eine Vereinigung von Seele und Gott propagiert hatte, noch nicht ausgemerzt habe. Darin wäre der Schluß der ‚Ethik' ein Anhang, der mit dem dort sonst Entwickelten nicht vereinbar ist.

Nun kann eine Philosophie der Immanenz, deren Prinzip sich als hervorbringende Ursache *in der Welt erfüllt,* nicht einem Übergang das Wort reden, in dem der menschliche Geist eine Ewigkeit erführe, die nicht an die Bedingungen seiner Weltlichkeit gebunden wäre. Ihr Prinzip kann dem Menschen nicht etwas gewähren, das er nicht in dem gegenwärtigen Leben genießen könnte, sondern irgendwann danach. Doch davon ist in Spinozas Theorie der Ewigkeit des menschlichen Geistes auch nicht die Rede. Im Ausblenden des Körperbezuges radikalisiert sie nur das, was das Wesen einer adäquaten Idee ausmacht (II, def. 4): in sich selbst und nicht aus dem Bezug zu dem, wovon sie eine Idee ist, dasjenige zu enthalten, was sie zu einer wahren Idee macht. Insofern ist die Betonung dieser Ausblendung auch nichts Neues. Neu ist nur, daß sie jetzt radikal auf den menschlichen Geist als das Subjekt von Ideen angewendet wird, indem gefragt wird, wieweit der Mensch sich vom Haben adäquater Ideen im Ganzen seiner Existenz verstehen könne.

Als Prinzip adäquater Ideen ist die bislang thematisierte Erkenntnisform der ratio in einem ihr eigentümlichen Bezogensein auf den Körper untersucht worden. Zwar hat Spinoza gezeigt, daß sie in der Herleitung der Ideen aus der göttlichen

Substanz die Dinge als notwendig betrachtet (II, 44) und damit unter einem Aspekt begreift, der sich nicht aus dem Bezug zum Körper ergibt. Es ist der Aspekt der *Ewigkeit* (sub specie aeternitatis), unter dem die ratio die Dinge wahrnimmt (II, 44s2). Doch hat Spinoza diesen Aspekt im folgenden nicht weiter verfolgt, weil er die ratio als eine Kraft des Angehens *gegen* die Affekte verstanden hat, worin er sie an das affektiv bestimmte Streben des Menschen gebunden hat. Er hat zudem deutlich gemacht, daß die ratio die Dinge lediglich unter einem *bestimmten* Aspekt der Ewigkeit („sub quadam aeternitatis specie", II, 44c2) auffaßt, gleichsam unter einem Aspekt des Aspekts, nämlich unter der Hinsicht auf ein Allgemeines, von dem her ein Individuum sich nicht selbst begreifen kann. Er hat aber zugleich deutlich gemacht, worin die Macht der ratio in der Bekämpfung der Affekte allein bestehen könne: nicht in der Erkenntnis einer allgemeinen Gesetzmäßigkeit des affektiven Lebens, sondern in einer Ausgestaltung des individuellen conatus zu einem Streben, nur dasjenige zu begehren, was dem adäquaten Erkennen förderlich ist (IV, 26). Mit genau dieser Überlegung schließt der 4. Teil der ‚Ethik': daß derjenige, der aufgrund adäquater Erkenntnis etwas erstrebt, „vor allem danach strebt, die Dinge zu begreifen, wie sie an sich sind, und dasjenige zu entfernen, was der wahren Erkenntnis hinderlich ist" (IV, 73s).

Zu untersuchen bleibe noch, so leitet Spinoza zum 5. Teil über, „wieweit die menschliche Tugend [also die Macht des Menschen] sich erstreckt, um dies zu erreichen, und was sie kann". Es sind die beiden Felder, die den beiden Unterteilen dieses Teils entsprechen: die Untersuchung der Reichweite der Macht unseres Verstandes und die Untersuchung dessen, was diese Macht ist. Verstand (intellectus) ist dabei ein neutraler Ausdruck für das menschliche Erkenntnisvermögen, das unter dem Gesichtspunkt adäquaten Erkennens zunächst als ratio und dann als scientia intuitiva thematisiert wird. Das am Schluß des 4. Teils genannte Problem der zu bestimmenden Reichweite rationalen Erkennens entspringt dem Gegeneinander von adäquater und inadäquater Erkenntnis. Der vernünftige Mensch weiß, so hebt die Schlußanmerkung hervor, daß alles seiner Essenz nach aus der Notwendigkeit der göttlichen Natur folgt, und er weiß, daß eine andere Betrachtung der Dinge in dem inadäquaten Erkennen der imaginatio gegründet ist. Weil die rationale Betrachtungsweise, die ihrer Struktur nach unabhängig von der imaginativen ist, im konkreten Leben des Menschen aber faktisch durch das körperliche Vorgänge abbildende inadäquate Erkennen bedroht ist, erscheint das adäquate Erkennen, das Ewiges zum Gegenstand hat, als ein Streben gegen diese Bedrohung, das durch das bestimmt bleibt, wogegen es angeht.

Demgegenüber soll jetzt die Reichweite rationalen Erkennens aus einer Macht dargetan werden, die als eine Kraft des Geistes *dem Verstand allein* zukommt. Das formuliert der Eingangslehrsatz des 5. Teils: „Wie die Gedanken und Ideen von Dingen sich im Geist ordnen und verketten, so ordnen und verketten sich dementsprechend im Körper die Affektionen des Körpers oder die Vorstellungsbilder der Dinge". Behauptet wird nicht nur, wie bislang, daß der Geist aus sich heraus eine Ordnung von Ideen zustandebringt, sondern, darüber hinaus, daß einer solchen Ordnung des Geistes eine Ordnung im Bereich des Körperlichen entspreche. Diese These läßt sich – Spinozas Beweis zum Trotz – nicht durch die in der Ontologie verankerte Parallelität von Geistigem und Körperlichem beweisen, die ja auch der umgekehrten Gewichtung zu Grunde liegt, derzufolge im imaginativen Erkennen die Ideen sich im menschlichen Geist gemäß der Weise der Verknüpfung der Körperaffektionen verknüpfen. Spinoza hat aus einer Verfaßtheit des menschlichen Körpers auf eine ihr gemäße Abfolge von Ideen im menschlichen Geist geschlossen, woraus deutlich wurde, inwiefern, ohne daß ein Kausalbezug vorläge, der Geist *dem Körper* unterliegt. Ebenso müßte er auch aus einer Verfaßtheit des menschlichen Geistes zeigen, inwiefern gemäß der Weise verstandesmäßiger Verknüpfung von Ideen sich im Körper Ereignisse miteinander verknüpfen und infolgedessen, ohne daß ein Kausalbezug vorläge, der Körper *dem Geist* unterliegt.

Das Programm, das Spinoza damit verfolgt, ist deutlich. Worum es geht, ist nicht ein verstandesmäßiges Ordnen der Körperaffektionen als rein physischer Ereignisse, sondern, wie die beiden folgenden Lehrsätze dartun, der *Affekte*. Allein im Hinblick auf sie haben unsere Gedanken eine Chance, weil Affekte, in der imaginatio gründend, zwar körperlich bedingt sind, aber im Unterschied zu bloß körperlichen Ereignissen von Gedanken begleitet sind, *durch die* das affektive Leben gestaltet wird. Insbesondere ist es der Gedanke an eine äußere Ursache, der die Grundaffekte Freude und Trauer stets von Liebe und Haß begleitet sein läßt. Unsere Chance bestehe darin, durch eine Veränderung der Gedanken einen Affekt von dem Objekt, das als Ursache von Steigerung oder Minderung der eigenen Wirkungsmacht erfahren wird, zu lösen und ihn ebendamit als diesen bestimmten Affekt aufzuheben (V, 2). Spinozas weitergehende Überlegung ist nun die, daß Affekte sich in die Gewalt *bloß* des Denkens bringen lassen, wenn das Denken sich im Ausblenden eines bestimmten Objekts nicht auf ein anderes innerweltliches Objekt und auch nicht auf ein Allgemeines im Sinne einer gleichbleibenden Struktur des Weltganzen richtet, sondern auf dasjenige, das die Wirkungsmacht des Menschen tatsächlich und auf Dauer steigert, wenn er sich von ihm her versteht.

Dieses Objekt ist Gott, den Spinoza jetzt unter einem affektiven Gesichtspunkt erörtert. Auf dessen Idee könne der Verstand nicht nur alle unabhängig vom adäquaten Erkennen bestehenden Affekte beziehen (V, 14); mit dessen Erkenntnis sei auch selber ein Affekt verbunden. Es ist der Affekt der Freude am Erkennen und an der damit verbundenen Steigerung der eigenen Wirkungsmacht, zu dem sich das Erkennen nicht modifiziert, um den Haushalt der Affekte, ihnen sich anpassend, regulieren zu können, der vielmehr aus dem Erkennen selber erwächst. Unter dieser Voraussetzung, so meint Spinoza, könne das Erkennen in das affektive Leben des Menschen in einer Weise eingreifen, die jene im 1. Lehrsatz des Knechtschafts-Teils formulierte Schwäche der rationalen Erkenntnis in Anbetracht der Affekte überwindet: mit dem Blick auf das

Allgemeine nicht ein einzelnes aufheben zu können, weil diesem als Ausdruck individuellen Begehrens eine Wirksamkeit und damit Positivität zukomme, wie falsch auch das in ihm sich Artikulierende sein mag. Nun stützt sich Spinozas Argument, daß im bloßen Erkennen eine Kraft der Affektregulierung liege, darauf, daß der mit dem adäquaten Erkennen verbundene Affekt der Freude stärker sei als alle Affekte, die sich aus anderen Quellen speisen. Dies müßte darüber erwiesen werden, daß der Mensch in seinem individuellen Begehren von diesem Affekt tatsächlich stärker betroffen ist als von allen anderen.

Ein solches Betroffensein läßt sich aber nicht aufzeigen, wenn Gott unter dem Aspekt der ratio erkannt wird. Unter ihm erscheint er in einer Funktion, die analog zu derjenigen ist, die im Hinblick auf körperliche Ereignisse die unendlichen Modi haben (V, 4). Allerdings ist Gott, im Unterschied zu den unendlichen Modi, nicht nur ein einheitlicher Bezugspunkt, auf den sich alles, was ist, durch den Verstand beziehen läßt, sondern auch eine Instanz, die der Mensch als Ursache der Steigerung der eigenen Erkenntnismacht erfahren kann (V, 15). Insofern kann Gott, verstanden als Ursache, vom Menschen *geliebt* werden, und insofern ist mit dem Erkennen über den Affekt der Liebe ein emotionaler Gesichtspunkt verbunden, der sich im Hinblick auf Gott, nicht aber im Hinblick auf allgemeine Weltstrukturen ausweisen läßt. Von dieser Liebe zu Gott („amor erga Deum") behauptet Spinoza, daß sie den Menschen am meisten einnehmen (occupare) müsse (V, 16). Aber er erweist dies nicht aus der Perspektive des sich selbst erfahrenden Geistes, sondern in abstrakter Weise, daraus nämlich, daß die dem Denken entspringende Liebe zu Gott mit allen Affektionen des Körpers verbunden sei, weil alle ausnahmslos sich durch unser Denken auf Gott beziehen lassen (V, 16d). Unter dem Aspekt der ratio gefaßt, bleibt Gott dem menschlichen Geist notwendigerweise äußerlich, was terminologisch in die ein Gegenüber ausdrückende Wendung des „erga Deum" eingeht. Zwar ist Gott, *wenn* er als Ursache einer im Erkennen erfahrenen Selbststeigerung erkannt wird, nicht Ursache einer nur vermeintlichen Steigerung, sondern einer tatsächlichen, die in sich stabil ist und insofern sich selbst erhält, so daß sich sagen läßt: „Die Liebe zu Gott kann sich nicht in Haß verwandeln" (V, 18c). Doch ist Gott als eine solche Ursache nicht erkannt, solange er, in der rationalen Erkenntnis als ein Allgemeines verstanden, dem Menschen in einer Weise präsent ist, von der nicht zu sehen ist, wie er in ihr auch sich selbst begreifen könnte.

In einem letzten Schritt untersucht Spinoza deshalb, welche Form die Liebe zu Gott annimmt, wenn der Erkennende in ihr zugleich sich selbst versteht. Gott muß dem Erkennenden in anderer Weise präsent sein, als es die unendlichen Modi in ihrer Allgemeinheit sind, soll er von einem Individuum als Ursache der Steigerung des eigenen Erkennens geliebt werden können. Und er muß es in einer Weise sein, die den Begriff der Liebe zu einer Form modifiziert, in der der menschliche Geist nicht mehr eine ihm äußerlich bleibende Ursache liebt. Eine solche Liebe nennt Spinoza ewig (V, 33), und er nennt sie eine intellektuelle, d.h. rein geistige Liebe (amor intellectualis; V, 32c), weil sie in der Macht des Verstandes (intellectus) allein gründet. Diese Macht ist nicht mehr die der ratio, sondern die der scientia intuitiva, deren Struktur Spinoza im Zusammenhang einer Erörterung der Ewigkeit des menschlichen Geistes darlegt.

c) Die Ewigkeit des Geistes

Spinozas Theorie der Ewigkeit des menschlichen Geistes ist ein Lehrstück, auf das seine in der ‚Ethik' entwickelte Philosophie konsequent hinausläuft. Ontologie und Erkenntnistheorie, die wechselseitig aufeinander verweisen, finden am Ende des Werkes ihren Zusammenschluß. Wesentliches Moment der Ontologie ist eine Theorie der Ewigkeit (aeternitas) Gottes, wesentliches Moment der Erkenntnislehre eine Theorie des menschlichen Geistes. Was die göttliche Substanz in ihrer Ewigkeit produziert, ist Ewiges, so daß, wenn sie sich als immanente Kausalität in den Dingen erfüllt, auch den Dingen etwas Ewiges zukommen muß. Spinozas Essentialismus besagt: Jedem endlichen Ding, das vergänglich ist, kommt eine ewige Essenz zu; und nur sofern das der Fall ist, läßt sich sagen, daß es auch in seiner Zeitlichkeit von der göttlichen Substanz abhängt, also deren Modus ist. Diese ewige Essenz ist die potentia agendi, die sich zu einem conatus modifiziert, als die ein endliches Ding zeitlich existiert und äußeren Ereignissen zeitlicher Art ausgesetzt ist. Im Umgang mit ihnen, sei es in Form bloßer Anpassung, sei es in Form einer mehr oder minder gelingenden Integration, bildet sich die je eigentümliche Gestalt des conatus und damit die individuelle Form eines Dinges heraus. Selbsterhaltung, die zentrale Kategorie, unter die Spinoza das Agieren eines endlichen Dinges bringt, meint dann Erhaltung des eigenen conatus, den angesichts äußerer Einwirkungen zu erhalten bedeutet, ihn in seiner Wirksamkeit zu steigern.

Daß das am besten in der Weise adäquaten Erkennens gelingt, das auf die Dinge gerichtet ist, wie sie an sich sind, also auf das aus der Natur Gottes folgende Ewige in ihnen, und nicht darauf, wie sie uns über die zeitliche Abfolge eines Affiziertwerdens unseres Körpers erscheinen, das hat Spinoza im Zusammenhang einer Theorie des Guten als des der Selbsterhaltung tatsächlich Dienenden dargetan. Zugleich hat er aber auch gezeigt, daß das adäquate Erkennen, um eine Motivationskraft im handelnden Subjekt zu haben, an den individuellen conatus gebunden sein muß, sich also nicht auf etwas richten darf, das ihm transzendent wäre. Motivationskraft hat sie im vorzüglichen Maße dann, so will Spinoza jetzt zeigen, wenn sie sich auf den conatus selber richtet und ihn als ewig begreift, d.h. dann, wenn sie ihn nicht mehr von den zeitlichen Ereignissen her versteht, gegen die er etwas auszurichten sucht. An diesen Sachverhalt knüpft Spinozas Theorie der Ewigkeit des menschlichen Geistes an: Er ist ewig, *sofern* er sich als ewig erkennt.

Der menschliche Geist ist also nicht ewig, weil ihm eine ewige Essenz zukommt, die ja auch dem Körper zukommt (V, 22d), von dem Spinoza nicht sagt, daß er ewig sei. Ewig ist der Geist allein deshalb, weil er Ewiges *erkennt* und dieses Erkennen zu seiner Essenz gehört (V, 23), nämlich als eine untrügliche Weise des Denkens („certus cogitandi modus", V, 23s), die er selber vollzieht. Der Erkennende sei ewig, weil im Erkennen „unter einem Aspekt der Ewigkeit" dieser Aspekt auch dem in dieser Weise Erkennenden zukomme. Das ist zwar nur möglich, wenn das, was er erkennt, etwas („aliquid", V, 23) ist, d.h. unter der Voraussetzung, daß Ewiges wirklich ist, anders gewendet, daß es ewige Essenzen gibt; doch ist der Geist nicht ewig, weil Essenzen wirklich sind, sondern weil er sie erkennt. Die Ontologie des Essentialismus ist eine notwendige, aber nicht hinreichende Voraussetzung für die Ewigkeit eines endlichen Modus, die der hinzukommenden Bedingung einer Erkenntnis von Essenzen durch diesen Modus bedarf.

Deshalb verhilft der ontologische Essentialismus einem Körper, der nicht denkt, zu nichts; und deshalb ist ein singulärer Körper für Spinoza nichts als vergänglich. Dem Geist verhilft er jedoch zu etwas, weil er sich im Erkennen von dem her, was in ihm ist, selbst verstehen kann. Daß nur derjenige, der Ewiges *erkennt,* auch ewig *ist,* folgt konsequent aus Spinozas Theorie endlicher Modi, deren je individuelles Sein nicht aus der einen Substanz in deren Ewigkeit verständlich gemacht werden kann. Daß sie in ihrer Endlichkeit real unterschiedene Modi der einen Substanz sind, kann nur im Ausgang von ihnen dargetan werden über eine Weise des Erkennens, in der sie sich von sich aus in Beziehung zur Substanz bringen. Erweisen sie sich darin als Modi der einen Substanz, dann erweisen sie sich notwendigerweise als ewige Modi, während Dinge, die das nicht tun, nur flüchtige Modi sind. Von der Substanz her können sie nur in abstrakter Weise über Bestimmungen charakterisiert werden, die ihnen äußerlich bleiben und sie zu bloß vergänglichen Teilen eines Weltganzen machen, dessen Ewigkeit behauptet werden kann, weil es, anders als sie, aus der Natur Gottes *unmittelbar* folgt.

In der Bindung der Ewigkeit des menschlichen Geistes an dessen Erkennen liegt zugleich, daß der Mensch nur ewig ist, wenn er denkt und solange er denkt. Und da er nur denkt, wenn und solange er einen Körper hat, weil er ohne ihn überhaupt kein Modus wäre, der denken könnte, ist er auch ewig nur *in diesem Leben.* Daß der menschliche Geist mit dem Körper nicht völlig zerstört werde, sondern etwas von ihm zurückbleibe („remanet"), das ewig ist (V, 23), kann nicht bedeuten, daß ihm eine postmortale Ewigkeit zukomme, sondern nur, daß in ihm etwas sei, das unabhängig von dem Körper in dessen Zeitlichkeit ist. Dieses Etwas ist ein Erkennentnisakt, der nicht das wiedergibt, was sich im Körper ereignet. Spinoza hat die an den Akt von Einsicht gebundene Ewigkeit des menschlichen Geistes in Opposition zu der an die Körperlichkeit gebundene Erfahrung des Zeitlichen unter die Wendung gebracht, daß der Mensch seine durch keine zeitliche Erfahrung beschreibbare Ewigkeit gleichwohl fühle und erfahre („nihilominus sentimus experimurque nos aeternos esse", V, 23s). Diese Wendung ist schwer zu deuten; man wird aber sagen dürfen, daß sie zum Ausdruck bringen soll, daß der Mensch seiner Ewigkeit in diesem Leben inne werde, nicht in Form eines Hoffens oder Erwartens, sondern einer Selbsterfahrung im Akt des Erkennens („intelligendo", ebd.), durch das er sich selbst betroffen weiß.

Diese Form des Erkennens ist die scientia intuitiva, die Spinoza so definiert, daß sie aus der Natur Gottes einzelne Dinge in deren Essenz erkennt (II, 40s2). In ausdrücklicher Bindung an die Grundbestimmung eines endlichen Modus, conatus zu sein, bestimmt sie Spinoza als dessen höchste Form (V, 25). In ihr steigere der menschliche Geist die eigene Wirkungsmacht in optimaler Weise, weil er kraft seines Erkennens das werde, was er von Gott her immer schon ist, ein ewiger Modus. Weil der Mensch nicht immer schon in dieser Weise erkennt, sondern auch in der Inadäquatheit der imaginatio, wisse er, daß es an ihm liegt, in dieser Weise zu erkennen, so daß die mit der Selbststeigerung verbundene Freude von der Idee seiner selbst („idea sui"), d.h. der eigenen Macht („suaeque virtutis"), begleitet werde (V, 27d). Spinoza hat deshalb mit der intuitiven Erkenntnis den Affekt einer in sich ruhenden Selbstzufriedenheit („acquiescentia in se ipso"; III, def.aff.25) verbunden, die in ihr ihre Höchstform erreiche („summa mentis acquiescentia", V, 27), weil hier der Mensch sich als Ursache eines von ihm allein abhängenden Handelns weiß. Das intuitive Erkennen wird als eine in sich selbst ruhende Tätigkeit bestimmt, die nicht durch das belastet ist, wogegen sie angeht, die Äußerlichkeit körperlichen Affiziertwerdens, über dessen zeitliche Abfolge der Geist keine Gewalt hat.

Ein Streben ist dieses Erkennen aber insofern noch, als es die Tätigkeit eines *endlichen* Geistes ist, der zeitlich existiert und deshalb in seinem Lebensvollzug auch durch inadäquate Erkenntnisse bestimmt ist, gegen die er dasjenige, was von ihm selber abhängig ist, zur Geltung zu bringen sucht. Die Ewigkeit des Geistes ist eine solche in dessen Zeitlichkeit, die aus Erfahrungen des Zeitlichen aber nicht verständlich gemacht werden kann. Spinoza legt deshalb auch nicht dar, wie der Mensch aus seinen zeitlichen Erfahrungen zu einer Erfahrung des Ewigen im intuitiven Erkennen gelangen kann, sondern nur, daß der Mensch, wenn er sie einmal erlangt hat, zu einem neuen Selbstverständnis gelange, das ihn, unberührt von der Zeitlichkeit, fortfahren läßt, die Dinge sub specie aeternitatis zu betrachten und somit diese Betrachtungsweise von sich aus zu bekräftigen (V, 26).

Allerdings steht diese Selbstbestimmung unter einer Bedingung, die nicht aus Leistungen des menschlichen Geistes verständlich gemacht werden kann. Ursache der intuitiven Erkenntnis, sagt Spinoza, sei der Geist, sofern er ewig ist (V, 31), während er doch, so sagt Spinoza auch, nur ewig ist, sofern er in dieser Weise erkennt. Diese zirkulär anmutende These hebt nur hervor, was Resultat der gesamten Ontologie Spinozas ist, daß nämlich das menschliche Erkennen einer ontologischen Bedingung unterliegt, die unabhängig von ihm ist. Es ist die immanente Produktivität Gottes, die Dinge zu Modi macht, denen je eine Essenz zukommt. Nur weil dem menschlichen Geist eine ewige Essenz zukommt, kann er intuitiv erkennen; doch erkennt er nur intuitiv, wenn er sie aus ihrer Ursache begreift und d.h. aus Gott herleitet. Die intuitive Erkenntnis hat die Präsenz Gottes im menschlichen Geist zur Voraussetzung; diese Präsenz sich bewußt zu machen, bedeutet, intuitiv zu erkennen. Die intuitive Erkenntnis schließt deshalb nicht nur Selbsterkenntnis ein, sondern auch Gotteserkenntnis, und zwar beides in eins („sui et Dei conscius", V, 31s). Als intuitive Erkenntnis Gottes ist sie im Unterschied zur rationalen nicht abstrakt, weil in ihr Gott nicht als Ursache allgemeiner Strukturen der Welt erkannt wird, sondern als Ursache eines einzelnen, das der erkennende Geist selber ist. Ist gemäß der Ontologie alles in Gott und ohne ihn nicht begreifbar (I, 15), so weiß der Geist, der nach allgemeinen Hinsichten viele Dinge adäquat begreift, im intuitiven Erkennen doch nicht von diesen Dingen, daß sie in Gott sind und durch ihn begriffen werden; er weiß es nur von sich selber (V, 30).

Damit hat die Ontologie des 1. Teils über ihre Abstraktheit einer bloßen Strukturtheorie hinaus durch den erkennenden Geist eine Konkretion erlangt, die sich nicht erreichen ließe, wenn der menschliche Geist im intuitiven Erkennen irgendwie in Gott aufginge und die eigene Endlichkeit abstreifte. Sie könnte auch nicht erreicht werden, wenn das intuitive Erkennen nicht einer Form von Rationalität verpflichtet wäre, in der der Mensch sich als ein endliches Wesen erfährt und als eine Wirkung weiß, die zu erkennen bedeutet, deren Ursache zu erkennen (vgl. I, ax.4). Nur unter der Voraussetzung einer Differenz von Ursache und Wirkung kann sich der Mensch über die Weise, in der er sich aus Gott begreift, in seinem endlichen Leben selbst bestimmen. Daß das im intuitiven Erkennen möglich ist, sucht Spinoza über den Nachweis zu erbringen, daß mit ihm ein Affekt verbunden ist, durch den der endliche Geist im höchsten Maße selbst betroffen sei und der deshalb eine alle anderen Affekte dominierende Kraft habe.

Es ist der Affekt einer geistigen Liebe zu Gott, in deren Erörterung Spinozas Theorie der Ewigkeit des Geistes kulminiert. Geistig ist dieser Affekt, weil er im intuitiven Erkennen einem Akt des Geistes allein entspringt (V, 32c), und Liebe ist er, weil dieses Erkennen von dem Bewußtsein des Geistes begleitet ist, nur dann dessen Ursache zu sein, wenn er sich aus

Gott als seiner Ursache begreift. Ihn liebt der Erkennende als Ursache der im intuitiven Erkennen erfahrenen Freude an dem eigenen Sichbetätigen (V, 32). Ursache dieser Freude ist allein unser Denken, nämlich die von uns gebildete Idee Gottes (V, 32); das Objekt unserer Liebe ist aber nicht ein bloß gedachter Gott, sondern Gott selber (V, 32c), der im intuitiven Erkennen in dem erkannt wird, was er ist, und nicht in einem durch das bloße Vorstellen deformierten Sein. Das ist das Argument dafür, daß diese Form der Liebe nicht in ihr Gegenteil umschlagen kann; denn sie speist sich nicht aus der Vorstellung von etwas, das, als bloß vorgestellt und nicht wahrhaft erkannt, eine bloß vermeintliche Ursache unserer Freude ist. Spinoza sagt ausdrücklich, daß wir Gott in der geistigen Liebe nicht in einer Weise erfahren, die unser Erkennen übersteigt: wir lieben ihn, „sofern wir einsehen (quatenus intelligimus), daß Gott ewig ist" (V, 32c). Wir lieben ihn nicht, weil er ewig ist, sondern weil wir *begreifen*, daß er ewig ist. Das enthält die provozierende These, daß derjenige, dem dieses Begreifen verschlossen ist, ihn auch nicht lieben könne.

Wer Gott aus einem anderen Grunde liebt, beispielsweise weil er den Menschen etwas gewährt, das vom Akt ihres Erkennens unabhängig ist, etwa ein Leben nach dem Tode, sei hinsichtlich dessen, was Gott ist, nur durch die mangelhafte Erkenntnis seiner imaginatio verwirrt (V, 34s). Darin ist zugleich gelegen, daß Gott sich seiner Natur nach im menschlichen Erkennen erfüllt und nicht darüber hinaus noch etwas ist, das ausgeblendet wird, wenn er allein unter dem Aspekt unseres Erkennens betrachtet wird. Weil dies aus der bloßen Natur Gottes, die keinen Bezug auf unser Erkennen enthält, nicht beweisbar ist, müsse es von unserem Erkennen her erwiesen werden. Dem dient der Nachweis, daß im intuitiven Erkennen der conatus eines Individuums sich erfüllt, weil in ihm der Mensch die Ruhe einer „Zufriedenheit des Gemüts" (animi acquiescentia; V, 36s) erlange, die ihn nichts begehren läßt, was nicht aus dem als Erkennen begriffenen eigenen Begehren folge. Der Mensch erlangt jene Zufriedenheit, weil er sich im Erkennen in einer *unbedingten* Weise erfährt, und das wäre nicht möglich, wenn er nicht Gott begriffen hätte und zwar nicht als eine jenseitige Instanz, als die er ihn nie begreifen könnte, sondern als seine ihm immanente Ursache. Gott in dieser Weise zu wissen, heißt sich selbst als ewig zu wissen. In diesem Wissen, das Selbsterkenntnis und Gotteserkenntnis in eins ist, stellt der endliche menschliche Geist von sich aus einen Bezug zu Gott her, in welchem er Gott begreift; und das wäre nicht möglich, wenn Gott nicht einen solchen Bezug auf ihn als Erkennenden hätte.

Die Wechselseitigkeit dieses Bezuges, die die Spinozas Philosophie im Ganzen charakterisierende Wechselseitigkeit von Ontologie und Erkenntnistheorie zum Ausdruck bringt, läßt sich aber nur einseitig, nämlich vom erkennenden Menschen her, erläutern. Dies zeigt sich insbesondere daran, daß Spinoza die aus dem menschlichen Erkennen gewonnene geistige Liebe, die in der Ontologie der Substanz keinen Ort hat, auf Gott *überträgt* und zugleich eine Liebe Gottes zu den Menschen sein läßt (V, 36c). Dem darin gelegenen Anschein eines Anthropomorphismus sucht Spinoza so zu entgehen, daß er zunächst Gott das Prädikat der geistigen Selbstliebe zuspricht (V, 35) und dann die Liebe des Geistes zu Gott als Teil einer göttlichen Selbstliebe bestimmt (V, 36). Doch ist das ohne jede Plausibilität, da Gott seiner Natur nach weder erkennt noch sich freut, also der Merkmale entbehrt, die es sinnvoll machen, von einer geistigen Liebe zu sprechen, die Spinoza deshalb auch allein in bezug auf den Menschen eingeführt hat (V, 32c). In Wahrheit ist die Gott zugesprochene Liebe die Liebe zu Menschen, die ihn lieben. In ihr liebt Gott sich selbst allenfalls in übertragener Weise, insofern seine Natur in der intuitiven Erkenntnis des Menschen unverkürzt präsent ist, oder, wie Spinoza es formuliert, „insofern sich Gott durch die sub specie aeternitatis begriffene Essenz des menschlichen Geistes erklären läßt" (V, 36). Weil Gott in dem, was dem menschlichen Geist wesentlich ist, zum Ausdruck kommt und zwar nicht perspektivisch verkürzt, sondern in seiner tatsächlichen Natur, glaubt Spinoza offenbar, auch Gott lasse sich durch das mit dem menschlichen Erkennen verbundene Merkmal der Liebe charakterisieren.

Der Sache nach kann Spinoza aber weder behaupten, daß die Liebe Gottes, der nicht denkt, geistig sei, noch daß sie, da Gott sich auch nicht vervollkommnet, auf die Ursache einer selbsterfahrenen Steigerung der eigenen potentia gerichtet sei. Eher ließe sich die geistige Liebe des Menschen als göttlich bezeichnen, weil in ihr der geliebte Gegenstand dem Liebenden nicht äußerlich ist, in ihr also die Immanenz Gottes im höchsten Maße zum Ausdruck gelangt. Gemäß der Ontologie der Substanz gibt es nichts, was außerhalb von Gott ist. Der menschliche Geist ist aber im Unterschied zu anderen Dingen der Welt dadurch ausgezeichnet, dies durch sich selbst bekräftigen zu können, dann nämlich, wenn er von sich aus Gott als eine Ursache erkennt, die ihm nicht äußerlich ist. Daß ein so verfaßter Geist gegenüber allem anderen Seienden, in denen Gott kraft seiner Kausalität *auch* ist, eine Vorzugstellung haben sollte, so daß Gott allein ihn, also nicht einmal die Menschen schlechthin, sondern nur die, die ihn adäquat erkennen, liebte, das folgt jedoch ganz und gar nicht aus der Natur Gottes, es sei denn, sie ist schon auf die Ermöglichung adäquaten Erkennens hin konzipiert. Genau das ist sie aber im System Spinozas; und die Liebe Gottes zu dem erkennenden Menschen ist nur die anthropomorphe Beschreibung dieses Sachverhalts: daß Gott es gut mit den Menschen meint, mögen auch nur diejenigen etwas davon haben, die nicht lediglich gehorsam sind, sondern ihn lieben, weil sie ihn und darin zugleich sich selbst *erkennen*.

d) Menschliche Freiheit

Aus der geistigen Liebe zu Gott werde klar, merkt Spinoza an (V, 36s), worin unser Heil, d.h. unser Glück („beatitudo") und das heißt („sive") unsere Freiheit besteht, nämlich in ebendieser Liebe, die mit der Liebe Gottes zu den Menschen identisch sei. Nur dieser karge Hinweis findet sich zur menschlichen Freiheit im 5. Teil der ‚Ethik', der der Überschrift zufolge von ihr handelt. Was Freiheit ist, ist im 1. Teil definiert worden: „Dasjenige Ding soll frei heißen, das aus der bloßen Notwendigkeit seiner Natur heraus existiert und das von sich allein („a se sola") zum Handeln bestimmt wird" (I, def.7). Die so definierte Freiheit kommt evidentermaßen Gott zu. Soll sie auch dem Menschen zukommen, dann kann für ihn, der nicht durch sich selbst existiert, der erste Teil der Definition nicht gelten, sondern allenfalls der zweite, nämlich sich von sich aus zum Handeln zu bestimmen. In jener Definition verweist Spinoza auch auf den Gegensatz zur Freiheit, der nicht die Notwendigkeit ist, sondern das Gezwungensein, dem ein Ding unterliegt, das von einem anderen („ab alio") zum Existieren und Wirken bestimmt wird. Ein solches Anderes ist gewiß nicht Gott, von dem kein Zwang ausgeht, sondern ein äußeres Ding, als das Gott freilich vom Menschen verstanden werden kann, wenn er ihn als strafende oder belohnende Instanz falsch versteht. Darin, das ist Spinozas Grundüberzeugung, beschränkt der Mensch sich selbst, weil er die Macht seines Verstandes nicht ausschöpft. Im adäquaten Erkennen kann er jedoch Gott als das begreifen, was dieser seiner Natur nach ist, nämlich eine in jedem Ding wirksame immanente Kausalität. Sie zu begreifen bedeutet, sich von nichts Äußerem her zu begreifen und in diesem Akt des Erkennens die Macht Gottes, die absolut frei ist, zum Ausdruck zu bringen. Genau darin besteht die menschliche Freiheit: im Erkennen ein Handeln zu bezeugen, das aus dem menschlichen Geist selbst erfolgt. Anders als in dem frühen Traktat bestimmt Spinoza deshalb die geistige Liebe des Menschen ausdrücklich als eine *Handlung* des Geistes (V, 36d).

Diese Freiheit ist nicht Willensfreiheit, schon allein deshalb nicht, weil es für Spinoza keinen Willen im Sinne eines Vermögens gibt, das unabhängig von seinen Äußerungen wäre, zu denen es sich eigens entschließen müßte und darin eine Wahl zwischen Alternativen hätte. Sie ist allein Handlungsfreiheit im Sinne eines spontanen Handelns und dies in einer Radikalität, die die Freiheit nicht darin erfüllt sieht, ein partikulares Begehrtes ohne äußere Hindernisse realisieren zu können, sondern darin, alles subjektive Begehren zu einem Handeln zu machen, das *aus der Natur dieses Subjekts selbst* erwächst. Erst dann liegt nach Spinoza ein Handeln im strengen Sinne vor (vgl. III, def. 2), und als dieses ist es frei. Diese Form der Handlungsfreiheit kann dem Menschen zugesprochen werden, *sofern* er sich in einer bestimmten Weise *versteht,* nämlich die eigene Natur unter dem Aspekt, Geist zu sein, und das Geistsein unter dem Aspekt, adäquat zu erkennen. Beides ist *die Natur* des Menschen ihrem Ursprung nach jedoch nicht. Der Mensch ist nicht nur Geist, sondern auch Körper und zwar ontologisch gleichursprünglich (II, 13c), und er erkennt nicht nur adäquat, sondern auch inadäquat und zwar in der individuellen lebensgeschichtlichen Entwicklung zunächst inadäquat (II, 29c). Deshalb ist der Mensch ursprünglich nicht frei; er kann es aber werden. Insofern ist mit der Freiheitserfahrung des Menschen das Bewußtsein eines eigenen Könnens verbunden, das als eine Befreiung von äußeren Zwängen erfahren wird; und darin ist die menschliche Freiheit von der göttlichen Freiheit verschieden. Während Gott nichts als frei ist und sich deshalb, strenggenommen, auch nicht zu einem Handeln aus sich heraus erst bestimmt, weil seine Natur nichts als Handeln *ist* (I, 34), ist der Mensch durch jenen Gegensatz bestimmt, den Spinoza in die Definition der Freiheit aufnimmt, den von Freiheit und Zwang (I, def.7). Vom Zwang kann sich der Mensch befreien, indem er sich im Erkennen zu einem selbstbestimmten Wesen macht.

In einem Brief an Schuller hat Spinoza erläutert, was demgegenüber eine bloß eingebildete („ficta") menschliche Freiheit sei. Zurückzuführen sei sie nicht auf die Annahme eines Willens, der zwischen Möglichem wählen könnte, sondern auf ein tatsächliches Bewußtsein, das das je eigene Begehren in Unkenntnis der es bestimmenden äußeren Ursachen als etwas vorstellt, das von dem Begehrenden gewollt wird (Ep. 58). Spinoza erläutert dies an Kindern, Trunkenen und Delirierenden, die sich darin nicht von einem Stein unterscheiden, der, hätte er ein Bewußtsein von seinem Sichbewegen, ebenfalls glaubte, er verharre in seiner Bewegung, weil er es wolle. Dahinter steht Spinozas generelle Kritik an einer Position, die dem Menschen ein Können zuschreibt, weil sie ihn losgelöst von den ihn bestimmenden Determinanten der Natur im Ganzen betrachtet. Führt das mangelnde Wissen um das Bestimmtsein durch äußere Ursachen zu dem Schein menschlicher Freiheit, so liegt die wahre menschliche Freiheit keineswegs in dem Wissen um dieses Determiniertsein, das in seinen Einzelheiten gar nicht adäquat erkennbar ist. Sie liegt in der adäquaten Erkenntnis von Ewigem und damit des Notwendigen, das, unabhängig von unserem Erkennen, allen Sachverhalten schon zu Grunde liegt. In dieser Erkenntnis sind wir nicht deshalb frei, weil wir ein uns Vorgegebenes im Sinne eines unabwendbaren Schicksals durch die bewußte Hinnahme auch akzeptieren (Spinoza hat nirgendwo dergleichen gesagt), sondern deshalb, weil diese Erkenntnis durch uns zustandegebracht wird und wir in ihr uns als Ursache von etwas wissen, das aus uns selber folgt. Insofern wissen wir nicht nur etwas, das uns immer schon bestimmt, sondern wir wissen auch uns selber und zwar in anderer Weise als zuvor. Mit dem adäquaten Erkennen ist eine *Veränderung* unseres Bewußtseins verbunden, eine Veränderung der Weise, in der wir uns verstehen. Mit ihm bewirken wir etwas, das aus uns selber folgt und das wir uns deshalb selbst zuschreiben können.

Die so verstandene Freiheit ist die Handlungsfreiheit eines menschlichen Subjekts, das äußeren Ursachen ausgesetzt ist, von denen es sich gleichwohl nicht zwingen läßt. Soll dies nicht eine die äußeren Ursachen ignorierende Illusion sein, muß gezeigt werden, so ist Spinozas Grundüberlegung, daß der Mensch seinen conatus, in dem er auf Äußeres bezogen ist, so ausgestalten kann, daß dieser nicht mehr durch Äußeres bestimmt wird. Für Spinoza ist dies in der adäquaten Erkenntnis Gottes realisiert, in der der Mensch seine eigene Natur und damit seinen conatus als ein adäquates Erkennen begreift, das ihn nichts anderes begehren läßt, als in dieser Weise zu erkennen und damit das zu tun, was aus der eigenen Natur folgt. Mit dieser Erkenntnis ist ein Affekt verbunden, der der geistigen Liebe zu Gott, von dem sich, weil er auch in der Perspektive dessen, der von ihm betroffen ist, stärker ist als alle anderen Affekte, der Mensch in seinem Leben auch tatsächlich leiten lassen kann. Läßt er sich von ihm leiten, dann hat er sich davon befreit, etwas zu begehren, das, unter zeitlichen Bedingungen stehend, nicht aus der eigenen als adäquates Erkennen verstandenen Natur folgt. Darin hat der Mensch einen Bewußtseinszustand erreicht, in dem er alle äußeren Zwänge, die ihn motivieren könnten, getilgt hat und den Spinoza deshalb zu Recht einen solchen der Freiheit nennt.

Es ist der Zustand einer „wahren" Zufriedenheit des Gemüts, die der Mensch „genießt" (V, 42s), ohne sich selbst zu betrügen, weil er ihn in der Tätigkeit seines Erkennens erfährt. Mit dieser Zufriedenheit verbindet Spinoza ein Sichfreuen (gaudere; V, 42), die Freude des Menschen an der eigenen Tätigkeit, die nach der allgemeinen Definition von Freude als eine Form des Sichsteigerns oder Sichvervollkommnens zu verstehen ist. Über die Theorie der Ewigkeit konzipiert und darin unbezüglich auf die Erfahrungen des Zeitlichen, kann sie allerdings nicht als eine Steigerung verstanden werden, die sich aus der *Überwindung* sinnlich bedingter Hindernisse ergibt; denn auf diese sich zu beziehen bedeutet, ebendamit von ihnen abhängig zu sein. Wir erfreuen uns unserer Tätigkeit nicht, so formuliert der Schlußlehrsatz der ‚Ethik' (V, 42), weil wir sinnliche Antriebe hemmen, sondern weil wir uns ihrer erfreuen, können wir jene Antriebe hemmen, also Affekte, die uns leiden lassen und darin unfrei machen, beherrschen. In Anspruch genommen ist hier eine Macht der Befreiung von unserem Leiden, die insofern unbedingt ist, als sie, gespeist aus der Erkenntnis des Ewigen, nicht relativ ist auf das, woraus unser Leiden entspringt, auf das Sichverstehen von zeitlichen Affektionszusammenhängen her, die sich nicht adäquat begreifen lassen.

Daß die unbedingte Macht überhaupt einen Bezug zum Zeitlichen hat und als eine befreiende Macht auftreten kann, liegt am Subjekt dieser Macht, dem Menschen, der die Erfahrung des Ewigen als ein endliches und damit zeitlich existierendes Wesen macht. Weil er nur als ein solches Wesen erkennt, ist die Betrachtung seiner selbst, in der er sich aus seiner Ursache als ewig erfährt, auch ein bloßer *Aspekt* („sub specie aeternitatis"), unter dem er das eigene Sein erfährt, dem ein anderer Aspekt gegenübersteht, unter dem er sich in zeitlicher Hinsicht (sub specie temporis) erfährt. Spinoza hat dieses Gegenüber unter die traditionelle Metapher der Seelenteile gebracht und den menschlichen Geist in einen ewigen und einen vergänglichen Teil unterteilt (V, 40c). Er hat damit einerseits die These einer Bedeutungslosigkeit des vergänglichen Teils verbunden, und zwar aus der Perspektive des sich vom Ewigen her verstehenden Geistes, der eine Gewißheit erlangt hat, die unberührt davon ist, wieweit sich zeitliche Abläufe unter ein eine vernünftige Weltorientierung ermöglichendes Erkennen bringen lassen (V, 38s). Er hat aber andererseits zugleich hervorgehoben, daß es darauf ankomme, den ewigen Teil im Verhältnis zu dem anderen Teil zu vergrößern, weil dieser Vorgang es mache, daß der Mensch weniger leidet (V, 38). Diese Verknüpfung des Ewigen mit dem Zeitlichen ist innerhalb des Gedankengangs Spinozas völlig konsequent, sofern das dem Geist zugesprochene Ewige an das Sichverstehen des zeitlich existierenden Geistes geknüpft ist, der einer Vielfalt von Ereignissen ausgesetzt ist, im Hinblick auf die er sich in seinem konkreten Leben versteht, gegen welches Selbstverständnis jenes andere Selbstverständnis erst zur Geltung zu bringen ist.

Deshalb ist die ‚Ethik‘ mit dem Zusammenschluß von Gott und menschlichem Geist im amor Dei intellectualis (V, 36) auch nicht zu ihrem Abschluß gelangt, was diejenigen überlesen, die Spinoza als Theoretiker einer Selbstaufhebung des Endlichen im Unendlichen lesen möchten. Ganz im Gegenteil, Spinoza fährt mit einem auf einen Prozeß abhebenden „je mehr" (V, 38) fort, worin er eine Ausdehnung der Erkenntnis „sub specie aeternitatis" und damit auch der ewigen Liebe des Geistes in den Blick bringt (V, 38s). Je mehr „Dinge", so heißt es, der menschliche Geist adäquat erkennt, desto größer werde sein ewiger Teil (V, 38d), wobei Spinoza jetzt auf beide Erkenntnisarten, sowohl die scientia intuitiva wie die ratio, verweist (V, 38). Auch dies ist konsequent, denn es ist nicht zu sehen, wie der Mensch aus der Natur Gottes ein einzelnes begreifen könnte, das nicht er selber ist, wie sich also die intuitive

Erkenntnis auf Dinge ausdehnen ließe, die von ihm selber verschieden sind. Worauf es ankommt, ist, die äußeren Dinge in deren Sichereignen, dem der Mensch auch nach verändertem Selbstverständnis ausgesetzt bleibt, so auf sich zu beziehen, daß er sich auch in diesem Bezug von dem her verstehen kann, als was er sich in der intuitiven Erkenntnis erfahren hat: ein adäquat erkennendes Wesen zu sein. Hierfür ist gerade die rationale Erkenntnis, die die Ereignisabläufe unter allgemeine Hinsichten bringt, im höchsten Maße tauglich. Auf sie kann sich der Mensch in seiner Weltorientierung stützen, ohne daß sie seinem eigenen Begehren äußerlich bliebe, *nachdem* er ein Verständnis von sich selbst erlangt hat, das sich nicht auf diese Erkenntnisform stützt. Wieweit eine solche Ausdehnung gelingt, wird von Spinoza nicht untersucht und muß auch offen bleiben, da sie, in der Zeit erfolgend, nicht a priori gewußt werden kann. Was a priori behauptet werden kann, ist lediglich dies, daß sie aus einem Selbstverständnis erfolgen kann, in dem der Mensch der unbedingten Macht seines Verstandes inne geworden ist, weil damit eine Freude verbunden ist, die ihn nichts anderes begehren läßt, als ein Leben zu führen, das dem adäquaten Erkennen verpflichtet ist.

Spinozas Überlegungen am Ende der ‚Ethik‘ eröffnen aber nicht nur die Perspektive eines zu beschreitenden *offenen Weges*, der auf der Basis einer erlangten Selbstsicherheit nicht planlos ist; sie enthalten auch einen Rückblick auf den Weg, der durchlaufen werden mußte, um zu einer solchen Selbstsicherheit zu gelangen. Der Hinweis darauf, was „in diesem Leben" (V, 39s) zu tun ist, das, wie sich gezeigt hat, dasjenige ist, in dem allein der Mensch seine Ewigkeit erfahren kann, hebt auf die Bedeutsamkeit des Körpers ab (V, 39), den es im Verlauf des Lebens auszubilden gelte (V, 39s). Wird der Mensch zwar nicht durch ihn zur adäquaten Erkenntnis befähigt, so wird er dazu doch auch nicht ohne ihn fähig sein und schon gar nicht gegen ihn. Denn wenn der Körper von schlechter Verfassung ist, ist der Mensch in größerem Maße äußeren Einflüssen ausgesetzt, die ihn, weil er aus Geist und Körper besteht, unmittelbar betreffen und insofern ihn daran hindern, eine theoretische Stellung einzunehmen, die es ihm erlaubt, sich und die Dinge sub specie aeternitatis zu betrachten.

Was Spinoza mit dem erneuten Hinweis auf den Körper hervorhebt, ist die stetige Veränderung, der der Mensch in seinem Leben unterliegt. Deutlich will er damit machen, daß der Weg, der zu jener Erkenntnis führt, in der der Mensch sich aus der Notwendigkeit Gottes als einen durch diese Notwendigkeit bestimmten ewigen Modus begreift, in die Zeit fällt, deren Ablauf durch jene ewige Notwendigkeit nicht bestimmt ist. Daß der Mensch ihn geht, folgt also nicht aus Gott, weil nichts Zeitliches aus ihm folgt, wenn er ihn auch nicht gehen könnte, wenn er nicht von Gott bestimmt wäre. Daß er ihn geht, liegt an ihm. An seinem Ende weiß er sich als frei, was ihm ermöglicht, auf ihm in Freiheit fortzuschreiten. Auf dem Weg zur Selbstgewißheit hin ist er, wie Spinoza gezeigt hat, noch nicht frei; sofern er aber einen Weg durchlaufen muß, ist es ein unerläßlicher Weg und nicht der Umweg eines bloß irrenden Menschen, der viel erprobt hätte, von dem sich am Ende zeigte, daß es alles leer und eitel war. Und deshalb erfährt der Weg an seinem Ende eine Rechtfertigung, die unabhängig davon ist, ob der Mensch das Ziel erreicht oder nicht. Auch wenn wir nicht wüßten, sagt Spinoza, daß unser Geist ewig ist, würden wir das, was uns die noch äußerlich bleibende Vernunft als gut vorschreibt, für das Wichtigste halten (V, 41). Daß der Weg nicht erst vom Ende her gerechtfertigt wird, ist ganz konform mit Spinozas Kritik an aller Teleologie; denn als Entfaltung des menschlichen conatus kann der Weg kein ihm äußeres Telos haben. Daß es keine Illusion ist, ihn mit Hilfe unseres Erkennens als eine fortschreitende Befreiung von undurchschauten Lebenszusammenhängen zu verstehen, kann freilich erst am Ende dieses Weges erwiesen werden, an dem sich zeigen läßt, unter welcher Bedingung der Mensch im Erkennen frei ist: unter einer von aller Zeitlichkeit unabhängigen Ewigkeit, unter der er sich selbst begreift und von der her er sich deshalb auch selbst verstehen kann.

Von dem beschriebenen Weg sagt Spinoza, daß er äußerst schwierig zu gehen ist (V, 42s), weshalb nicht verwunderlich sei, daß er selten gegangen werde. Er ist an ein Maß von Intellektualität gebunden, das den meisten Menschen nicht eigen ist und strenggenommen nur dem (spinozistischen) Philosophen zukommt. Und auch das, was unabhängig von der Theorie der Ewigkeit des menschlichen Geistes als das Wichtigste im menschlichen Leben vorstellig gemacht wird, ist einer Vernunft verpflichtet, an der sich zu orientieren, den meisten Menschen nicht einleuchten wird. Spinoza wußte dies sehr wohl, hebt er doch hervor, daß die gewöhnliche Überzeugung des Volkes eine andere zu sein scheint (V, 41s). Die meisten glauben dann frei zu sein, wenn sie niemand hindert, ihren sinnlichen Neigungen nachgehen zu können (ebd.); und gewiß glauben sie es deshalb, weil sie die Vernunft, die anderes gebietet und zwar nicht irgendetwas, sondern genau das, was der Selbsterhaltung, worauf auch sie aus sind, der Sache nach dienlich ist, nicht selber *übernommen* und als *zu ihrem eigenen Sein gehörig* begriffen haben. Gegen ihr Selbstverständnis wird aber, auch das wußte der Aufklärer Spinoza, die Vernunft keine Kraft haben, so daß es aussieht, als ob diese in ihrer Kraft der Lebensgestaltung nur einen äußerst kleinen Adressatenkreis wird haben können, was für ein aufklärerisches Programm, Vorurteile abbauen zu wollen, nicht sehr erfolgversprechend ist. Wissen, das befreit, steht unter Bedingungen, die so schwierig sind, daß den meisten nicht einsichtig werden kann, daß es befreit.

IV. Religion und Politik

Eine große Wirksamkeit konnte der ‚Ethik‘ nicht beschieden sein. Ihr argumentativer Aufwand, unter den das gelingende Leben des Weisen gestellt wird, ist zu hoch und dient einem Leben, das nur derjenige führen kann, der diesem Aufwand gewachsen ist. „Und freilich, schwierig muß sein, was so selten gefunden wird. [. . .] Aber das ist es eben, was das Vortreffliche ausmacht, daß es ebenso schwer wie selten ist". Mit diesen Sätzen klingt die ‚Ethik‘ aus (V, 42s). Der hohe Anspruch, der mit der Philosophie Spinozas verbunden ist, ist die radikale Bindung der Ethik an ein theoretisches Wissen, das sich in einem Erkennen erfüllt, das den meisten Menschen faktisch verschlossen bleibt. Diese werden deshalb die praktische Relevanz seiner Philosophie gar nicht wahrnehmen, die in ihrem hohen Anspruch zudem dem Tatbestand zu widersprechen scheint, daß das gelingende Leben nicht die Angelegenheit nur einiger weniger sein kann. Von unmittelbarer Wirksamkeit ist hingegen der ‚Theologisch-Politische Traktat‘ gewesen, der heftige polemische Reaktionen hervorgerufen hat, weil in ihm Spinoza theologische und politische Autoritäten attackiert, die beanspruchen, zu wissen, worin das gelingende Leben der Menschen besteht. Diese Attacke ist zeitbedingt, und die Reaktion auf sie ist es auch. Von besonderem Interesse ist jedoch Spinozas Versuch, Religion und Politik als Instanzen, die auf alle Menschen abzielen und sich ebendeshalb nicht auf deren Vernunftgebrauch stützen, so in seine Philosophie zu integrieren, daß die in Religion und Politik gewährte Form von Praxis mit dem philosophischen Konzept von Vernunft verträglich bleibt. Unter diesem Aspekt soll Spinozas Theorie der Religion und der Politik in ihren Grundzügen dargestellt werden.

1. Religion

Am Ende des der Religion gewidmeten Teils des ‚Theologisch-Politischen Traktats' sagt Spinoza: „Da [...]verglichen mit der ganzen Menschheit nur sehr wenige Menschen durch die bloße Leitung der Vernunft eine tugendhafte Haltung erreichen, so müßten wir, hätten wir nicht das Zeugnis der Schrift, am Heil (salus) fast aller Menschen zweifeln" (TTP XV). Die Religion ist es, so sieht es aus, die den vielen, all denen, die den Weg der ‚Ethik' nicht mitgehen können, zu deren Heil verhilft. Es irritiert zunächst, daß Spinoza dergleichen behauptet. Denn für ihn ist das menschliche „Heil" im Sinne eines gelingenden Lebens an eine Form von Tätigkeit gebunden, die aus dem Menschen selber heraus erfolgt und sich allein in einem adäquaten Erkennen erfüllt. Das religiöse Leben ist jedoch durch das genaue Gegenteil gekennzeichnet; es ist nicht durch Wissen bestimmt, sondern durch Glauben, den Spinoza als Gehorsam und damit als eine Form äußeren Bestimmtseins definiert (TTP XIV). Auf Befehl, sagt Spinoza in dem Traktat, mögen alle gehorchen können, auf Befehl könne aber niemand weise sein, „so wenig, wie jemand auf Befehl leben und sein kann" (TTP XIII). Da die ‚Ethik' sich genau dieses Vokabulars bedient, um das gelingende Leben zu beschreiben, daß nämlich die Tugend, die das Heil ist, darin bestehe, darauf aus zu sein, „zu sein und zu leben", was ja für Spinoza bedeutet, „zu handeln" (E IV, 21), dann kann unter dieser Maßgabe der gläubige Gehorsam und die daran gebundene Frömmigkeit religiösen Lebens offensichtlich nicht zum Heil führen.

Das Ziel, das Spinoza mit seinem Traktat verfolgt, ist deshalb auch ein anderes. Er will zeigen, daß die Religion und folglich auch die sie auslegende Theologie von der Philosophie gänzlich verschieden seien. Damit will er nicht nur Raum dafür schaffen, daß die Philosophie sich unberührt von der Theologie, einer damals einflußreichen öffentlichen Macht, frei entfalten kann, sondern auch dafür, daß dem Gläubigen unbeschadet des Gehorsams ein hohes Maß an Freiheit belassen wird, sein der Frömmigkeit verpflichtetes Leben weitgehend nach der eigenen Einschätzung und damit aus sich heraus frei zu gestalten. Diesen doppelten Aspekt verdeutlicht das *Motto* des Traktats, in dessen Abhandlungen gezeigt werde, „daß die Freiheit zu philosophieren nicht nur unbeschadet der Frömmigkeit [. . .] zugestanden werden kann, sondern daß sie nur zugleich [. . .] mit der Frömmigkeit selbst aufgehoben werden kann". Wenn demzufolge die Freiheit des Philosophierens nicht nur ungefährlich für die Religion ist, sondern das Zugeständnis dieser Freiheit sogar die Bedingung von Religion ist, dann wird die Religion, diese Angelegenheit aller Menschen, so verstanden, daß sie dem Philosophieren entgegenkommt. Spinozas Pointe ist dabei, daß sie es nur dann tut, wenn sie von der Philosophie strikt *getrennt* wird und *in* dieser Trennung auf die Philosophie verweist. Im Unterschied zur Philosophie sei sie, so behauptet Spinoza, jedermann zugänglich, weil sie nur ganz Einfaches enthalte und keinen Anspruch auf Wahrheit erhebe; um zu begreifen, was deren Prinzip, Gott, von dem einzelnen verlangt, bedürfe es deshalb keiner Wissenschaft und damit auch keiner Autorität, auf deren Hilfe der einzelne angewiesen ist. Dieses Verständnis von Religion befreit den Gläubigen von der Vormundschaft der Theologen und schafft einem jeden die Voraussetzung, sich in seinem durch den Glauben bestimmten Leben frei entfalten zu können, was zugleich die Voraussetzung dafür ist, daß auch der Gläubige einen Weg des Philosophierens einschlagen kann.

Dies mußte für die Theologie der Zeit eine Provokation sein, als die sie auch sehr schnell begriffen wurde. Ihr Gegenstand, Gott, wurde zu etwas, worüber die Theologen nichts Gescheites zu sagen haben. Was sie darüber sagen, sind Spinoza zufolge Hirngespinste, die sie allerdings taktisch einzusetzen wissen, um sich eine Macht über die Gläubigen zu schaffen, die sie in der Unmündigkeit zu halten suchen, indem sie behaupten, daß es, um das Wort Gottes zu verstehen, einer besonderen Autorität bedürfe, die allein ihnen zukomme. Sie hätten freilich eine tatsächliche Macht nicht erlangen können, wenn die Menschen, im Aberglauben befangen, nicht an Hirngespinsten ihre Freude hätten. Sie stellen sich Gott als etwas Außergewöhnliches vor, der sich nicht in der Regelhaftigkeit der Natur manifestiert, sondern in Eingriffen in sie, von denen sie meinen, daß sie desto mehr Zeugnis von der Erhabenheit Gottes ablegen, je phantastischer sie sind. Die Theologen haben also leichtes Spiel. Spinoza war nicht der Ansicht, es gegen sie dadurch gewinnen zu können, daß mit Hilfe seines Traktats das Volk aufgeklärt wird. Für es hat ihn Spinoza, wie er ausdrücklich sagt, nicht geschrieben (TTP, praef.). Er hat ihn für diejenigen geschrieben, die, an der Philosophie schon interessiert, gleichwohl meinen, daß das Philosophieren durch den Glauben eingeschränkt sei und die Vernunft der Theologie zu dienen habe, aber auch, und vielleicht sogar in erster Linie, für die politisch Verantwortlichen als Aufforderung, die eigene Macht so einzusetzen, daß die Kirche keine öffentliche Macht bleibt.

Die Zurückweisung der Ansprüche der Theologie dient dem Nachweis, daß ein wichtiges das menschliche Leben bestimmende Feld, die Religion, sich prinzipiell der Philosophie nicht sperrt. Spinoza liefert ihn über eine kritische Analyse des Hauptgegenstandes der Theologie, der Heiligen Schrift. Seine Grundthese ist, daß die in der Bibel niedergeschriebene Offenbarungsreligion eine allein funktionale Bedeutung hat im Hinblick auf je unterschiedliche Adressaten, deren beschränkter Fassungskraft sie sich anpaßt. Relativ darauf sind die Gott zugeschriebenen Prädikate nicht Aussagen über dessen Verfaßtheit, sondern geeignete Mittel, das Vorstellungsvermögen des einfachen Volkes zu erreichen und dem geforderten Gehorsam Nachdruck zu verleihen. Die Überschrift des 13. Kapitels faßt es zusammen: „daß die Schrift nur ganz Einfaches lehrt und nichts anderes bezweckt als den Gehorsam und daß sie auch über die göttliche Natur nichts anderes lehrt, als was die Menschen in bestimmter Weise nachahmen können". Das ganz Einfache, das sie lehrt, sind moralische Lebensregeln. Propheten als Vermittler des von Gott Offenbarten (TTP II), aber auch Apostel (TTP XI) sind Menschen von hervorragender moralischer Qualität, deren Sinn dem Rechten und Guten zugewandt sei und deren Vermittlungskunst darin bestehe, die Menschen durch ein geschicktes Sicheinlassen auf deren Vorstellungsvermögen dazu zu bringen, die vorgelebte Lebensweise nachzuahmen. Der Gehorsam besteht insofern in einem Praktizieren der Moralität, insbesondere der Nächstenliebe, die Haß und Streit unter den Menschen tilgt (TTP XIV). Und der Glaube bekundet sich allein in den Werken einer praktizierten Moralität. Er bedürfe deshalb nicht wahrer Dogmen, sondern nur frommer, die so geartet sein müssen, daß sie dem Gehorsam im Menschen Wirkungskraft verleihen. Glaube und Gehorsam seien allein deshalb erforderlich, weil die Menschen nicht von sich aus ihre Begierden so kontrollieren können, daß sie den Haß und die damit verbundene Zwietracht niederhalten und ein der Liebe und Gerechtigkeit verpflichtetes Leben führen.

Unter diesem Aspekt geht die Lehre der Heiligen Schrift mit einem Gebot der Vernunft konform. Denn sie legt die Gläubigen auf ein Leben fest, das auch der Vernünftige führt, mag dieser es auch aus eigener Einsicht führen, der Gläubige aber aufgrund eines Gebotes, das ihn von außen nötigt. Der von der Präsentationsform absehende dogmatische Gehalt der Religion, der in Glaubensangelegenheiten der Beliebigkeit subjektiver Willkürannahmen eine nicht zu überschreitende Schranke setzt und an den sich zu halten den Gehorsam der Gläubigen ausmacht, ist insofern der Rationalität im Prinzip zugänglich. Spinoza hat das für die Gläubigen verbindliche dogmatische Minimum in sieben Glaubensartikeln zusammengefaßt (TTP XIV), von denen sechs mit dem Gott der ‚Ethik‘ verträglich sind, daß nämlich Gott existiert, daß er einzig ist, daß er omnipräsent ist, daß er durch nichts gezwungen wird, daß das ihm angemessene Verhalten die Liebe ist und daß in ihr das menschliche Heil besteht. Dem siebten Artikel ist ein rationaler Kern schwerer zu entnehmen, daß Gott nämlich den Reuigen ihre Sünden verzeiht; vielleicht hat er in jenem Lehrstück der ‚Ethik‘ eine Analogie, daß der Mensch auch angesichts des Tatbestandes, daß eine Vielzahl von Weltzusammenhängen, denen er ausgesetzt ist, nicht adäquat erkennbar ist, nicht an der Rationalität zweifeln müsse. Hat die Bibel so verstanden einen vernünftigen Gehalt, so hat dessen an den Gläubigen sich wendende Präsentationsform doch nichts mit Vernunft zu tun, weil diese Form sich allein aus der Unvernunft derer ergibt, denen dieser Gehalt zu vermitteln ist.

Im 7. Kapitel hat Spinoza die Grundzüge seiner Bibelauslegung dargelegt, womit er ein wichtiger Wegbereiter der kritischen Hermeneutik geworden ist. Geleitet von dem Vorsatz, „die Schrift von neuem mit unbefangenem und freiem Geist zu prüfen und nichts von ihr anzunehmen oder als ihre Lehre gelten zu lassen, was ich nicht mit voller Klarheit (clarissime) ihr selbst entnehmen könnte" (TTP, praef.), will er eine bibelimmanente Interpretation geben, in der alles, was über die Bibel klarerweise, d. h. zu Recht, ausgesagt werden kann, aus ihr selbst gewonnen werden müsse: „Das ganze Verständnis der Schrift ist aus ihr allein zu schöpfen" (TTP VII). Als ein von Menschen verfaßtes Werk ist sie wie jedes andere Buch zu interpretieren, wobei die Eigentümlichkeiten der Sprache ebenso zu berücksichtigen sind, wie die Umstände, in denen, und die Adressaten, für die ihre Bücher verfaßt worden sind. Mögen hier Wissensdefizite verbleiben, die einer klaren Interpretation Schranken setzen, so läßt sich doch der generelle *Sinn,* den die Verfasser mit ihren Schriften verfolgen, aus der Geschichte ermitteln, aus der wir die Kenntnis des Lebens, der Sitten und Interessen ihrer Verfasser und die Kenntnis davon erlangen, bei welcher Gelegenheit, zu welcher Zeit und für welches Volk sie geschrieben haben. Die Schrift ist deshalb nach derselben Methode zu interpretieren, mit der wir natürliche Ereignisse erklären, nämlich nach einer genetischen Methode, die Sachverhalte aus ihren sie hervorbringenden Ursachen erklärt und davon absieht, in sie einen Sinn hineinzulesen, der sich aus den Vorstellungen des Interpreten ergibt. So kann eine Vielzahl von Aussagen der Bibel, die unter rationalem Aspekt als Ungereimtheiten erscheinen, zu einer inneren Kohärenz gebracht werden, womit dem Gehalt der Bibel, wie Spinoza meint, im höchsten Maße Rechnung getragen werde.

Es ist aber nicht zu übersehen, daß Spinozas Bibel-Hermeneutik, die dem Werk selbst gerecht werden will, die Werk-Immanenz überschreitet, insofern die bibelimmanente Interpretation sich auf die bibeltranszendente, nämlich philosophische, Interpretation stützt, derzufolge die Offenbarungsreligion keinen Wahrheitsanspruch erhebe. Indem Spinoza die Theologie auf eine so verstandene Religion verpflichtet, kann er der Philosophie und der Theologie ein je eigenes Reich zuweisen, „das Reich der Wahrheit und Weisheit" einerseits, „das Reich der Frömmigkeit und des Gehorsams" andererseits (TTP XV). Nicht nur ist die Philosophie nicht Magd der Theologie, sondern auch die Theologie steht nicht in dem Sinne im Dienst der Philosophie, daß der Sinn der Aussagen ihres Buches der Vernunft angepaßt werden müßte. Beide Positionen, die das eine in den Dienst des jeweils anderen nehmen, wollen, so konstatiert Spinoza, „Unsinn, die einen ohne die Vernunft, die anderen mit ihr" (TTP XV). Die einen verfälschen evidentermaßen das, was Vernunft ist, die anderen hingegen die Schrift, wenn sie ihr in bezug auf ihre Adressaten einen philosophischen Gehalt unterstellen. Auch die zweite Ansicht, für Spinoza im wesentlichen von dem jüdischen Philosophen Maimonides (1135–1204) repräsentiert, ist gefährlich, weil sie einer Autorität, die die Theologie für die Gläubigen ist und sein muß, Vernunft zuspricht.

Gefährlich ist dies, weil Vernunft Bedingung von Philosophie ist, Philosophie aber mit Autorität unvereinbar ist. Denn die Philosophie verwaltet nicht dogmatische Lehrgehalte, sondern ist die selbsttätige Angelegenheit jedes einzelnen. Bei den Individuen, auch bei den sich irrenden und in Vorurteilen verstrickten, kann sie sich nur entfalten, wenn Autoritäten jedes Anspruchs auf Wahrheit entkleidet werden und religiöse Dogmen einem jeden den Raum belassen, auch sein der Religion verpflichtetes Leben nach eigener Einschätzung und damit potenziell kraft eigener Vernunft zu gestalten. So ist es der Mensch in seinem Sichverstehen, in dem sich die getrennten Sphären von Religion und Philosophie begegnen und in bezug worauf Spinoza der Trennungsthese zum Trotz die Theologie in den Dienst der Philosophie nimmt. Einerseits ist zwar das Spezifische der Theologie der Vernunft nicht zugänglich, die Sachverhalte wie Offenbarung oder Prophetie nicht erklären kann und als ein Faktum hinzunehmen hat. Andererseits beansprucht sie von der Religion so viel zu verstehen, daß sie deren wesentlichen Inhalt bestimmen kann, nämlich ein erfolgreiches Hilfsmittel der Beherrschung vernunftfeindlicher Leidenschaften zu sein. Mit diesem Anspruch unterstellt sie der Religion das Ziel, darauf hinzuwirken, daß ein freies Philosophieren sich entfalten könne.

Aber offensichtlich ist diese von einem bestimmten Begriff von Philosophie geleitete Interpretation eine Konstruktion, die die Religion von außen betrachtet und sich nicht hinreichend auf das Selbstverständnis derer, die religiös sind, einläßt. Mag auch das Religionsverständnis der Theologen gegen deren Selbstverständnis als etwas gedeutet werden, das nicht der Religion dient, sondern den eigenen Machtinteressen, so kann eine Theorie der Funktionalität der Religion sich über das *Selbstverständnis* der Gläubigen, die Religion tatsächlich praktizieren, doch nicht hinwegsetzen. Spinoza tut dies aber, wenn er ihnen unterstellt, daß sie die von ihm vorgenommene Trennung akzeptieren und somit von der Religion genau dasjenige erwarten, was er ihr im Rahmen jener Trennung zugesteht. Spinozas Bestimmung der Simplizität der Religion um einer für alle Menschen gültigen Allgemeinheit willen schließt vom Kern der Religion nicht nur alle Formen des Sektiererischen aus, sondern auch alle Gehalte, die relativ auf die Partikularität historisch und lebensweltlich bedingter Besonderheit sind. Ihnen Wichtigkeit zu verleihen, führe zu dem, was Religion in Spinozas Augen gerade zu vermeiden hat, zu einem Gegeneinander, das nicht Liebe, sondern Haß predigt.

Doch sind gerade die beschränkten Menschen, denen die Religion aufgrund der Einfachheit ihrer Lehre verständlich sein soll, von einem lebensweltlich bedingten Selbstverständnis geleitet. Die Affektenlehre der ‚Ethik‘ hat dies deutlich gemacht, die zugleich deutlich gemacht hat, daß eine auf allgemeine Sätze sich stützende Lehre gegen das Selbstverständnis der Individuen keine Kraft haben kann. Soll die Religion eine dahingehende Kraft haben, muß Spinoza den Gläubigen unterstellen, daß sie von ihr die beschriebenen Einfachheiten erwarten, nicht aber solches, das das eigene beschränkte Begreifen übersteigt, wie es exemplarisch die Wundergeschichten sind. Wird die Wunderlehre als ein bloß äußerliches Beiwerk der Religion verstanden, das der Irrationalität der Gläubigen entgegenkommt, dann hat ein solches Verständnis in Wahrheit diese Irrationalität ausgeblendet, für die zur Größe der Religion gerade das gehört, was rational nicht nachvollziehbar ist. Spinoza hat den Gläubigen eine latente Vernunft unterstellt, im Hinblick auf *deren* Entfaltung die Religion eine nur vorläufige Bedeutung haben kann. Vom Philosophen wird sie nur als eine Instanz akzeptiert, die einer Ausbreitung der Vernunft nicht im Wege steht und sie vielleicht sogar befördert. Doch wird sie eine dahingehende Kraft nur haben, wenn von dem Gläubigen angenommen wird, daß er von der Wichtigkeit der Vernunft schon überzeugt ist; und das ist er auf dem Boden der Religion nicht, auf dem er gerade zu Hause ist, weil er von dieser Wichtigkeit nicht überzeugt ist.

2. Politik

In der Politik wiederholt sich die Problematik der Religion. Auch für sie gilt, wie es die Titel-Zusammenfassung des ,Theologisch-Politischen Traktats' formuliert, „daß die Freiheit zu philosophieren nicht nur unbeschadet [...] des Friedens im Staat zugestanden werden kann, sondern daß sie nur zugleich mit dem Frieden im Staat [...] aufgehoben werden kann". Demzufolge läßt jene Freiheit, analog zur Religion, nicht nur den Staat in seiner wesentlichen Aufgabe (interne Friedenssicherung) unberührt, sondern wird auch als Bedingung für deren Gelingen verstanden. Allerdings stellt sich die Problematik anders dar als bei der Religion, insofern für Spinoza der Staat, dessen Organe eine Zwangsbefugnis gegenüber den Untertanen haben, keine Autorität ist, die *unabhängig* von den Bürgern des Staates ein Bestehen hätte. Gewiß hat auch der Staat, nicht anders als die Religion, eine Funktion, mit der Nötigung verbunden ist, nämlich das affektiv bedingte selbsterhaltungswidrige Gegeneinander der Menschen durch Gesetze zu beseitigen, denen unbedingt zu gehorchen ist und die den Unvernünftigen als ein äußerer Zwang erscheinen müssen, der durch Strafandrohungen noch potenziert wird. Doch ist der Staat hierin nur leistungsfähig, wenn er auch die Kraft hat, erlassene Gesetze durchzusetzen, die er nur hat, wenn er über eine hinreichende Macht verfügt. Und das ist nur dann der Fall, das ist die Grundthese Spinozas, wenn der Staat nichts als die gemeinsame Macht der Individuen ist, worin er keine den Individuen äußerliche und von ihnen abgehobene Instanz sein kann.

Das sich ergebende Problem ist, unter welchen Bedingungen der Staat eine solche Macht, die ein den Individuen Gemeinsames verkörpert, sein kann. Als ein Gebilde, das von Menschen, die aufeinander angewiesen sind, hervorgebracht wird, entstehe er, so meint Spinoza gegen Hobbes, schon natürlicherweise aus deren Begehren, in dem sie sich einander anpassen und untereinander arrangieren. Doch führe dies zu Zusammenschlüssen, die sich nicht erhalten werden, weil ihnen wegen der Unterschiedlichkeit des individuellen Begehrens und der unterschiedlichen Ausstattung der je individuellen Macht eine interne Stabilität fehle. Die Leistungsfähigkeit eines Gemeinwesens als einer friedenssichernden Instanz sei erst dann gesichert, wenn es aus einem Begehren der Individuen resultiert, das ihnen tatsächlich gemeinsam ist.

Diese Gemeinsamkeit sieht Spinoza im ‚Theologisch-Politischen Traktat‘ offenbar in der Freiheit zu philosophieren und damit in der Betätigung der je eigenen Vernunft gelegen. So wie die Religion, auf ein dogmatisches Minimum reduziert, weitgehend des Inhalts beraubt wird, um der Frömmigkeit einen Spielraum freien Sichentscheidens hinsichtlich der für das moralisch-gute Leben zu ergreifenden Mittel zu belassen, so wird auch der Staat in seiner Gesetzgebung nicht als eine Instanz der Beförderung des Guten verstanden. Weil es im Hinblick darauf keine Übereinstimmung unter den Individuen geben kann, wird er als eine Instanz verstanden, die verhindert, daß das freiheitliche Sichbetätigen der Individuen gewaltsam eingeschränkt wird. Dieses Staatskonzept stützt sich auf die des Inhalts entkleidete ontologische Grundbestimmung jedes Seienden, sich entfaltende und insofern tätige Macht (potentia) zu sein, die sich gemäß der ‚Ethik' beim Menschen vorzüglich in einer weit gefaßten Freiheit des Philosophierens im Sinne selbständigen Urteilens niederschlägt. Weil sie ein den Individuen Gemeinsames ist, müsse sie der Staat für die eigene Stabilität und damit im eigenen Interesse zum Ziel haben, das insofern ein ihm immanentes Ziel ist. „Aus den Grundlagen des Staates folgt ganz offensichtlich, daß sein letztes Ziel [...] nicht darin besteht, die Menschen aus vernünftigen Wesen zu Tieren oder Automaten zu machen, sondern im Gegenteil darin, daß deren Geist und deren Körper ungefährdet das ihm Eigene (suis functionibus) verrichtet und sie selber frei ihre Vernunft gebrauchen. [...] Das Ziel des Staates ist in Wahrheit die Freiheit" (TTP XX).

Doch zeigt sich hier dasselbe Dilemma wie bei der Erörterung des Zwecks der Religion: Die Theorie des Staates ist eine Konstruktion, die sich nicht hinreichend auf das Selbstverständnis derer einläßt, für die der funktional verstandene Staat eine Bedeutung hat. Aus der Theorie dessen, was unter menschlicher Macht (potentia) zu verstehen ist, gewinnt Spinoza in der Freiheit geistigen Sichbetätigens ein den je unterschiedlichen Machtäußerungen der Individuen gemeinsames Moment, in bezug auf das er die in sich stabile Verfaßtheit eines Gemeinwesens zu erweisen sucht. Als Beleg dafür, daß ein die individuelle Freiheit garantierender Staat auch in sich stabil sei, weil er in dieser Form die gemeinsame Macht der Bürger verkörpere, gibt Spinoza freilich nicht mehr als den empirischen Verweis auf eine augenblickliche Situation, wie sie in der liberalen und gut gedeihenden Stadt Amsterdam zutage tritt (TTP XX). Er hat dabei außer acht gelassen, daß das, was das theoretische Resultat seiner Ontologie ist, nicht auch schon dem Selbstverständnis menschlicher Individuen entspricht. Geleitet von ihrem Begehren, erwarten sie gemäß den damit verbundenen Vorstellungen möglicherweise etwas ganz anderes vom Staat, was sich in einer Revolte des Volkes gegen die liberale Amsterdamer Regierung auch bald gezeigt hat. Spinoza ist vielmehr davon ausgegangen, daß die Individuen, die er in seiner Theorie beschreibt, selber am Gehalt ebendieser Theorie orientiert sind, womit er ihnen letztlich jene Vernunft unterstellt hat, die ihm als Theoretiker eigen ist.

In seiner späteren politiktheoretischen Schrift, dem unvollendet gebliebenen ,Politischen Traktat', hat Spinoza diese Position revidiert. Die Ursachen und natürlichen Grundlagen des Staates seien nicht den Lehrsätzen der Vernunft zu entnehmen, sondern aus der gemeinsamen Natur der Menschen herzuleiten (TP I,7), deren Merkmal die Affektivität sei, von der allein, im Unterschied zur Vernunft, gelte, daß sie tatsächlich alle Menschen umfaßt. Erst die Bindung des Staates an die menschliche Affektivität nehme ihm jedes bloße Vorschriften enthaltende Moment und damit zugleich den Charakter, eine die Menschen von außen zwingende Instanz zu sein, der es sich zu unterwerfen gälte. Mit diesem Konzept von Politik distanziert sich Spinoza deutlich von Hobbes. Noch im ,Theologisch-Politischen Traktat' hatte Spinoza in hobbesscher Manier davon gesprochen, daß gegen das natürliche Begehren der Menschen, das sie divergieren läßt und in einen Zustand latenten wechselseitigen Krieges versetzt, ein Vertrag zu schließen sei, der sich an einer Vorschrift der Vernunft orientiert, damit von einer gemeinsamen Macht, die den einzelnen schützt und ihm zu seinem Recht verhilft, gesprochen werden könne (TTP XVI).

Im ,Politischen Traktat' hat sich Spinoza von der Wirkungslosigkeit eines auf die Vernunft sich stützenden Vertrags überzeugt, der, weil er sich gegen das tatsächliche Begehren der Menschen wendet, keine Kraft haben kann, es zu bestimmen. Insbesondere hat Spinoza das Vertragskonzept verworfen, weil in ihm, allemal in der Version des Hobbes, gelegen ist, daß die Individuen etwas von dem, was ihnen zukommt, aufgeben und einem anderen übertragen, der staatlichen Institution, die sie gegen sich selbst begünstigen, worin der Vertrag zu einem Unterwerfungsvertrag wird. Spinoza hat dieses Konzept nicht aus moralischen Gründen verworfen, sondern weil es widersprüchlich zur Ontologie von Individualität ist. „Was die Politik anbelangt, so besteht der Unterschied zwischen mir und Hobbes", antwortet er auf eine dahingehende Frage, „daß ich das natürliche Recht immer unangetastet lasse" (Ep. 50). Es, das in dem sogenannten Naturzustand seinen Ort hat, muß unangetastet bleiben, weil Menschen etwas, das für sie konstitutiv ist, gar nicht aufgeben und einem anderen übertragen *können*. Deshalb kann der politische Zustand nicht als ein Zustand gedacht werden, der den natürlichen ablöst, sondern nur als ein solcher, in den ein wesentliches Moment, das den natürlichen auszeichnet, *eingeht*, an das der Staat folglich gebunden bleibt.

Spinozas Grundthese ist, daß dieses natürliche Recht des einzelnen, das es zu erhalten gilt, nichts anderes ist als dessen Macht (potentia). Schon im ersten Traktat und stärker noch im zweiten bindet Spinoza die Rechtstheorie ausdrücklich an seine Ontologie (TTP XVI, TP II, 2–4). In dieser Perspektive hat die so brutal klingende Gleichsetzung von Recht und Macht, die Spinoza immer wieder betont, nichts mit Gewaltsamkeit zu tun, sondern im Gegenteil mit der Anerkennung von etwas, das einem Individuum in keiner positiv-rechtlichen Regulierung seines Handelns genommen werden kann: die je eigene Macht, die sich bei jedem Menschen in Form eines sich selbst Betätigens bezeugt. Zu ihr gehört ganz wesentlich ein Sichverstehen, das den Menschen darauf aussein läßt, ein Leben nach seiner eigenen Sinnesart zu führen („ex suo ingenio vivere", TP II, 9), in dessen Gelingen er erst Herr seiner selbst („sui juris") ist (ebd.).

Deshalb kann Spinoza einerseits von einem Naturrecht sprechen als einem Recht, das unabhängig ist von aller durch den Staat geschehenden positiven Gesetzgebung und ihr logisch vorangeht. Er kann andererseits zugleich aus diesem Naturrecht die Notwendigkeit einer *positiven* Gesetzgebung erweisen. Wenn nämlich die Macht des einzelnen nur in ihren Äußerungen ist, in denen sie mit den Äußerungen anderer Mächte kollidiert, dann kann ein auf sich allein gestelltes Individuum sich in diesem Kontext nicht behaupten, sondern ist der Gefahr ausgesetzt, der Gewaltanwendung durch andere zu erliegen. Dann kann der Mensch das ihm zukommende natürliche Recht ohne eine rechtsgesetzliche Regelung des Staates überhaupt nicht genießen, so daß ein bloßes Naturrecht faktisch bedeutungslos ist (TP II, 15). In der Aufnahme beider Aspekte bindet Spinoza die positive Gesetzgebung des Staates in ihrer sachgerechten Funktion, einem jeden das Recht, sich frei von äußerer Gewalt zu entfalten, sicherzustellen, an die naturrechtliche Grundbestimmung jedes einzelnen, Macht zu sein. Genau dieser Bezug ist in Spinozas Augen gesichert, wenn die Macht des Staates, kraft deren seine Rechtsgesetze allein wirksam sind, nichts anderes als die gemeinsame Macht der Individuen ist.

Das führt auf der einen Seite zu der Theorie eines starken Staates mit Anklängen an die hobbessche Souveränitätstheorie. An Macht den einzelnen überragend, macht ein politisches Gemeinwesen den einzelnen macht- und damit rechtlos und läßt ihn nicht unter eigenem Recht, sondern dem des Gemeinwesens stehen. Es lege erst fest, worauf ein Individuum im einzelnen überhaupt ein Recht habe (TP II, 16), und dessen Anordnungen habe ein jeder bedingungslos auszuführen (TP III, 5), ohne sie dem eigenen Urteil, sei es blind oder vernünftig, unterwerfen zu dürfen (TP III, 4). Auf der anderen Seite steht diese Unterordnung unter einer Bedingung, die sie keine Unterordnung sein läßt, daß nämlich „der Wille des Gemeinwesens als der Wille aller anzusehen ist" und daß deshalb das von ihm Beschlossene so anzusehen ist, „als sei es von jedem einzelnen beschlossen worden" (TP III, 5). Darin stehen alle zwingenden Beschlüsse unter der Bedingung, daß der Staat tatsächlich die gemeinsame Macht aller Individuen ist und insofern Ausdruck dessen, worauf ein jeder kraft seiner Macht aus ist, nämlich das ihm selber Dienliche zu erstreben, so daß, diese Bedingung vorausgesetzt, ein jeder dem, was der Staat beschließt, nicht nur zustimmen kann, sondern immer schon zustimmt.

Diese den Zwang nicht nur mildernde, sondern aufhebende Annahme ist aber eine nicht beweisfähige Fiktion. Immer dann, wenn Spinoza von der gemeinsamen Macht des Gemeinwesens im Sinne einer Einheit der vielen Individuen spricht, bedient er sich des Kunstworts einer „multitudo", mit dem er eine *einheitliche* Menge benennt. Er führt es erstmals da ein, wo er unterstellt, daß Menschen gemeinsame Rechtsgesetze schon haben (TP II, 17), wobei er zugleich dieses Haben an das die multitudo fortan charakterisierende Merkmal bindet, daß alle wie von einem Geist geleitet werden („una veluti mente ducuntur"; TP II, 16). Mit der Fiktionalität eines Als-ob unterstellt Spinoza der Menge eine Einheit, die er nicht herleiten kann und deren Herleitung der eigene Ausgangspunkt im Wege steht. Von den menschlichen Affekten, die angeblich allen Menschen gemeinsam seien, hat die ‚Ethik' gezeigt, daß sie gerade nichts den Menschen Gemeinsames im Sinne eines sie Verbindenden darstellen. Affekte, die Leidenschaften (passiones) sind, trennen; Vernunft, die Tätigkeit (actio) ist, verbindet (E IV, 32–35).

Es sieht so aus, als versuche Spinoza die Vereinigung der unterschiedlichen Mächte zu einer gemeinsamen Macht nach dem der Physik entlehnten Körpermodell sich arrangierender und in der Integration von Teilkörpern zunehmend komplexer werdender Körper zu erläutern. Dies wäre ein Zusammenschluß von Kräften, der zu einem Mehr an Macht in rein quantitativer Steigerung führt, je nachdem, wieviel Menschen sich so zusammenschließen (TP II, 13), und es wäre eine Übertragung von Macht, für die es keines besonderen Aktes bedürfte, sondern die im natürlichen Arrangement menschlicher Machtäußerungen immer schon geschieht. In Wahrheit ist dieses Modell aber auf das affektive Leben der Menschen nicht übertragbar, das durch ein Sichverstehen gekennzeichnet ist, in dem ein Individuum, welch unklares Bewußtsein es von sich auch haben mag, sich selbst zur Geltung zu bringen sucht. Es wird deshalb seine Macht nie auf einen anderen in einer Weise übertragen können, daß es sich selbst preisgibt und zum bloßen Teil eines Ganzen wird; es wird vielmehr gegen eine es bedrohende Übermacht, wie groß diese auch sein mag, wenn es sie als äußerlich ansieht, opponieren. Deshalb kann der Staat, anders als die bloß physikalischen Gesetzen unterliegende

Natur im Ganzen, *gegen* das Meinen und das darin latent enthaltene Urteilen der Individuen keinen Bestand haben. Das wußte Spinoza im ,Theologisch-Politischen Traktat'.

Auch im ,Politischen Traktat' weiß er dies, nur daß er jetzt die Aktivität der Menschen von der breiteren Basis ihres affektiven Lebens her versteht und die These vertritt, daß für die Gestaltung des politischen Geschäfts gerade die Affekte hinreichend zu berücksichtigen seien. Ehrgeiz und Ruhmsucht, Neid, Furcht und Hoffnung sind es, die es bei der Vergabe politischer Ämter anzustacheln und zugleich untereinander auszugleichen gelte. Dieser Ausgleich müsse durch die Einbindung einer möglichst großen Zahl von Individuen in das Geflecht eines politischen Entscheidungsprozesses geschehen. Die wechselseitige Verfugung des individuellen Strebens ermögliche dessen wechselseitige Kontrolle und führe zu einem Gleichgewicht der sich betätigenden individuellen Kräfte. In einem Geflecht von beratenden, entscheidenden und ausführenden Gremien ist ein Gremium an das andere zu binden, dem eine wechselseitige Kontrolle der verschiedenen Gruppenvertreter innerhalb eines Gremiums zu korrelieren hat. Auf diese Weise soll jeder politisch Aktive durch andere über Mechanismen eines Entscheidungsverfahrens kontrolliert werden, das sowohl Raum gibt für die Aktivität der einzelnen (Offenhalten von Positionen durch beschränkte Amtsdauer) als auch deren Aktivität an kollektive Entscheidungen bindet (Verhinderung des Mißbrauchs von Positionen und Unabhängigmachen der Entscheidungen von der persönlichen Integrität des einzelnen). Bei der Erörterung der Regierungsformen von Monarchie und Aristokratie (TP VI–X) hat Spinoza dies ausführlich und umständlich dargelegt.

Von erheblicher Wichtigkeit ist die Ausbildung ökonomischer Aktivitäten, über die die wirtschaftlich Aktiven zu politischen Entscheidungen gebracht werden, die dem Wohlstand dienen und darin, so meinte Spinoza, friedensfördernd sind. An dem ökonomischen Geschäft, dessen Prosperieren vor allem für die Macht eines Staates gegenüber *anderen* Staaten bedeutsam ist, nehmen allerdings auch Immigranten teil, die vom politischen Entscheidungsprozeß ausgeschlossen sind, so daß die Ökonomie mit der in ihr gelegenen Dynamik als eine zweite Sphäre innerhalb des Staates angesehen wird, die man später bürgerliche Gesellschaft genannt hat.

Wichtig bleibt auch der im ‚Theologisch-Politischen Traktat' betonte Aspekt, daß der Staat für die Ausbildung *des Geistes* seiner Untertanen zu sorgen habe. Der vom Staat zu besorgende Frieden könne nicht, wie Hobbes es getan hat, negativ als Abwesenheit von Krieg bestimmt werden, sondern allein als eine aus der Stärke des Charakters resultierende Tätigkeit (TP V, 4), die in erster Linie eine solche des Geistes sei und die zu entfalten, daran läßt Spinoza keinen Zweifel, das wahre menschliche Leben ausmache (TP V, 5). So hebt Spinoza, die Geheimhaltungspraxis kritisierend, hervor, daß politische Entscheidungen der Diskussion bedürfen, die in den Gremien freimütig auszutragen ist, letztlich aber öffentlich sein muß, weil keinem Individuum das eigene Urteilen genommen werden kann, das bei fehlender Information nur in eine falsche Richtung gelenkt wird und darin eine Gefahr für den Staat darstellt. „Zu wollen, daß man alles ohne Wissen der Bürger erledige und diese gleichwohl nicht verkehrte Urteile darüber fällen [. . .], ist die größte Torheit" (TP VII, 27).

Aber Spinoza war skeptisch geworden hinsichtlich der Urteilsfähigkeit der Menschen. Das Volk lege auch das öffentlich Präsentierte „gewöhnlich" falsch aus, schreibt er schon in der Vorrede zu seinem ‚Theologisch-Politischen Traktat'. Den Ruf auf eine öffentliche Professur hat er unter anderem mit der Begründung abgelehnt, daß eine in der Affektivität gegründete Widerspruchslust „alles, auch das richtig Gesagte, zu verkehren und zu verdammen pflegt" (Ep. 48). Und seine ‚Ethik', die sich gewiß nicht an das Volk richtet, sondern an die Gebildeten, hat er nicht veröffentlichen lassen, weil er erfahren mußte, daß auch sie der Freiheit des Urteilens zugunsten eines Gerüchts („rumor") zu entsagen bereit sind (Ep. 68). Deshalb drängt Spinoza in seiner späten Politik-Theorie den Gesichtspunkt der Urteilsfreiheit zurück und erklärt sie zu einer bloßen Privattugend (TP I, 7), die für eine Politik, der es allein um die Sicherheit des Staates zu gehen habe, ohne Belang sei. Eine solche Politik habe unabhängig von den Unwägbarkeiten des richtigen Entscheidens der einzelnen in einer Verfaßtheit des Staates zu gründen, dessen Struktur jeden einzelnen so integriert, daß er als Glied dieser Struktur zu der richtigen Entscheidung *genötigt* wird.

Bestehen bleibt freilich das Problem, wie dies möglich ist. Denn anders als die Struktur des Weltganzen, die als unendlicher Modus allen endlichen Modi logisch vorangeht, ist die Organisationsstruktur eines Staates nichts den Aktivitäten endlicher Modi Vorangehendes. Sie kann allein deren Folge sein, von der gleichwohl nicht zu sehen ist, wie sie sich aus ihnen herleiten ließe. Wenn die Genese des Staates in dessen Einheit aus dem affektiven Begehren der Individuen in dessen Verschiedenheit nicht verständlich gemacht werden kann, bleibt nur der Weg, den Spinoza tatsächlich einschlägt, von einem schon bestehenden Staat auszugehen und zu untersuchen, unter welchen Bedingungen er eine gemeinsame Macht sein kann. Der Staat muß hierfür, so zeigt Spinoza, die Untertanen in ihrem natürlichen Begehren berücksichtigen und nach Möglichkeit zu Bürgern machen, die nicht nur die Vorteile des Staates genießen, sondern auch an dessen Macht und der aus ihr resultierenden Gesetzgebung, die ihnen diese Vorteile bringt, partizipieren. Eine solche Berücksichtigung könne allerdings nicht aus einem *Rechtsanspruch* der Individuen gegen den Staat hergeleitet werden, weil ein dahingehender Anspruch die ungeteilte Macht des Staates gefährdete.

Deshalb hat Spinoza versucht, sie aus einem Interesse des Staates an der eigenen Erhaltung verständlich zu machen. Doch scheint er dabei übersehen zu haben, daß das Grundprinzip des Selbsterhaltungsstrebens, der conatus, sich auf ein staatliches Gebilde nicht einfach übertragen läßt, da er das Merkmal eines Individuums ist, nicht aber einer Institution. Ihr ebenfalls einen conatus zu unterstellen, hieße, daß sie schon von einem einheitlichen Charakter ist, während ihr Streben doch darauf aus ist, diese Einheit allererst zustandezubringen. Das Streben des Staates wäre immer das Streben vieler

Individuen, deren Vereinheitlichung ein Problem ist, das nicht durch den illusorischen Rückgriff auf *einen* conatus gelöst werden kann. Nichts deutet darauf hin, daß sich für Spinoza hier eine entwicklungsgeschichtliche Lösung anbietet, derzufolge sich im Prozeß zunehmender Aufhebung von Divergenzen ein Mehr an Gemeinsamkeiten herausbildete. Spinoza entwickelt vielmehr eine Typologie von Regierungsformen (Monarchie, Aristokratie, ansatzweise Demokratie), die untereinander undurchlässig sind und von denen er zu zeigen versucht, daß es nicht darauf ankomme, daß sie sich fortentwikkeln, sondern daß sie ihre grundlegende Form auf Dauer *bewahren*.

Allerdings können die Regierungsformen in ihrer Leistungsfähigkeit, d.h. in welchem Maße sie in sich stabil sind und darin den inneren Frieden sichern, vergleichend *beurteilt* werden. Kriterium ihrer Beurteilung ist die Frage, wieweit in ihnen eine gemeinsame Macht zum Tragen kommt und damit eine uneingeschränkte Regierungsform („absolutum imperium"), die realisiert wäre, wenn wirklich die Menge sie in Händen hielte (TP VIII, 3). Das theoretische Modell einer optimalen Regierungsform ist insofern eindeutig die Demokratie, von der Spinoza schon im ‚Theologisch-Politischen Traktat‘ gesagt hat, daß sie offensichtlich die natürlichste („maxime naturale") Regierungsform sei. Sie ist dies freilich nicht, weil sie irgendetwas mit der Natur als Physis zu tun hätte, sondern weil sie der jedem Individuum von Natur aus gewährten Freiheit am nächsten komme. Das Naturrecht des einzelnen („jus suum naturale") werde in der Demokratie im höchsten Maße berücksichtigt, weil niemand es in ihr so auf einen anderen übertrage, daß er fortan nicht mehr zu Rate gezogen werde (TTP XVI). Demgegenüber sind die anderen Regierungsformen noch durch einen Gegensatz von Regierenden und Regierten gekennzeichnet, der sich im affektiven Gegeneinander einer wechselseitigen Furcht niederschlägt, das nicht positivrechtlich aufgehoben ist. Die von der Regierungsgewalt Ausgeschlossenen behalten das bloß naturrechtliche, nicht aber rechtsförmig gestaltete Moment einer Bewahrung der eigenen

Freiheit, das sie, wenn auch ohne Rechtsanspruch, gegen die Regierung kehren können und, wenn sie es können, auch tun werden. Wenn sich die Regierung *allein deshalb* genötigt sieht, die Belange der Individuen zu berücksichtigen (TP VIII, 4), also aus einem bloß naturwüchsigen Interesse heraus, das nicht rechtsgesetzlich verankert ist, dann hebe sie das latente Gegeneinander eines Naturzustandes nicht wirklich auf.

Spinoza hat das Demokratie-Kapitel nicht mehr ausarbeiten können. Dem Wenigen, was er dazu gesagt hat, ist nicht zu entnehmen, inwiefern sich in einer Demokratie jenes Konzept einer dauerhaften Stabilität des Staates, das zu entwickeln die Intention des späten Traktats ist, realisieren läßt. Eine stabile Organisationsform, behauptet Spinoza, sei vernünftig, ohne sich auf die Vernunft der in ihr integrierten Individuen stützen zu müssen. Doch mußte er wissen, daß eine solche Organisationsform nicht unabhängig von dem Selbstverständnis der Individuen und damit deren möglichem Vernunftgebrauch bestehen kann, weil sie keiner Struktur unterliegt, die etwas mit der des Weltganzen (facies totius universi) zu tun hat, die stets sich selbst erhält, was immer mit den Teilen der Welt geschehen mag. Wenn er gleichwohl darauf insistiert, daß es darauf ankomme, dem Staat eine Form zu bewahren, die ihn *immerwährend* (aeternus) sein läßt, scheint er eine falsche Parallele zu dem Programm der am Ewigen orientierten ‚Ethik' zu ziehen. Eine so verstandene Theorie von Institutionen sperrt sich der Dynamik politischer Fortentwicklung und damit einem Weg fortschreitender Verbesserung, den die ‚Ethik' für den Wissenden offengehalten hat, insofern sie die Bedeutsamkeit des Ewigen für das menschliche Leben *aus der Perspektive* eines sich selbst mehr und mehr begreifenden Individuums entwickelt hat. Unübersehbar sind die konservativen, auf das Bewahren eingespielter Lebensformen bedachten Elemente einer die Vernunftperspektive des einzelnen ausblendenden Politik-Theorie. So macht Spinoza das Festhalten an Gewohnheit und Tradition sowie die Übertragung der Regierungsverantwortung an Männer, die aufgrund ihres Alters und ihres Erfahrungsschatzes Veränderungen abhold sind, zu ausdrücklichen Voraussetzungen staatlicher Stabilität. Zudem versteht er den Staat als ein Gemeinwesen („civitas"), das sich auf kulturelle und ethnische Gemeinsamkeiten der Bürger einer in sich geschlossenen Region stützen kann, denen andere Nationen (TP III, 11–17) von Natur aus Feinde sind und bleiben. Anders als die auf die latente Vernunft der Menschen setzende Religion zielt die Politik nicht auf Universalität, sondern Provinzialität.

Dahinter steht die Absage an utopische Konstruktionen, die ein Gemeinwesen nicht hinreichend an das tatsächliche affektive Leben und die damit verbundenen Erwartungen seiner Bürger binden und die die Gesetze des Staates zu bloßen Vorschriften machten, die, vielleicht vernünftig begründet, den Bürgern in deren Selbstverständnis und den daraus gespeisten Erwartungen doch äußerlich blieben und darin keine Kraft hätten, das menschliche Zusammenleben zu regulieren. Deshalb wird sich der Gesetzgeber auf die Individuen, die in das Gemeinwesen zu integrieren sind, hinreichend einlassen müssen, aber nicht durch einen Appell an deren latente Vernunft, den sie nicht verstehen werden, sondern in letzter Konsequenz durch Berücksichtigung des Mediums, dem sie, ihren Affekten unterworfen, verpflichtet sind; und das ist das Medium bloßen Meinens. So heißt es, daß die Menschen von der Regierung so zu leiten sind, daß sie *den Eindruck* haben, nicht geleitet zu werden, sondern nach eigener Sinnesart und eigenem freien Entschluß zu leben (TP X, 8). Wenn es genügt, daß sie dies von sich glauben, dann sind sie zwar der Sache nach von außen geleitet, nicht aber ihrem eigenen Selbstverständnis nach. Machiavelli wußte dies, den Spinoza deshalb gebührend würdigt und zwar voller Sarkasmus ausgerechnet bei der Darlegung des optimalen Staates (TP V, 7), und in Übereinstimmung mit ihm bescheinigt Spinoza den Politikern, daß sie im Hinblick auf zu erlassende gemeinsame Rechtsgesetze nicht weise, sondern schlau und verschlagen sein müssen (TP I, 3).

Auf Verführungskunst läßt sich freilich keine Demokratie bauen. Und der Autor der ‚Ethik' wußte nur zu gut, daß eine auf diese Weise zusammengeschweißte Menge zwar einem gemeinsamen Affekt gehorchen wird, etwa einem solchen der Furcht vor etwas oder der Hoffnung auf etwas, daß ein solcher Zusammenhalt aber nur vorübergehend sein wird. Denn er stützt sich, von außen gesteuert, auf eine mit der individuellen Freiheit unvereinbare Gewalt, mag diese auch im Raffinement des Unauffälligen auftreten. Daß Affekte nicht andauern, ist seit der ‚Kurzen Abhandlung‘ eine der frühesten Einsichten Spinozas. Eine den Menschen beherrschende Kraft haben sie darin, daß sie einander gegen dessen Willen ablösen. In der ‚Ethik‘ hat Spinoza gezeigt, daß gegen diesen Wechsel und die damit verbundenen Schwankungen des Gemüts derjenige ohnmächtig ist, dessen *Urteilen* instabil ist. Für die Politik folgert Spinoza daraus, daß derjenige, der den Geist eines anderen täuschen kann, diesen in der Tat unter die eigene Macht und damit das eigene Recht gebracht hat (TP II, 11). Und deshalb gilt auch in der Politik: „Weil die menschliche Macht mehr nach der Kraft des Geistes als nach der Stärke des Körpers zu veranschlagen ist, ergibt sich, daß jene am meisten unter eigenem Recht stehen, die sich am meisten durch Vernunft auszeichnen, d. h. am meisten von ihr sich leiten lassen" (ebd). Und deshalb kann es gar nicht anders sein, als daß derjenige im höchsten Maße unter eigenem Recht steht, der „sich von der Vernunft leiten läßt, weil er nur dann aus Ursachen, die sich durch seine Natur allein adäquat begreifen lassen, zum Handeln bestimmt wird" (ebd.). Es ist derjenige, den die ‚Ethik‘ als frei beschrieben hat.

All das weiß der Philosoph, auch derjenige, der den ‚Politischen Traktat‘ konzipiert, aber er weiß zugleich, daß sich darauf keine Politik gründen läßt. Der Philosoph, so rechtfertigt Spinoza dort die Aufgabe der Philosophie angesichts der Politik, habe deren Geschäfte, die andere, die klugen Politiker, geschickt besorgen, nur zu *beschreiben* (TP I, 4), allerdings, so meinte Spinoza, mit dem Privileg, sie aus der Verfaßtheit der menschlichen Natur *herleiten* zu können (ebd.). Und zugleich meinte er von einer solchen philosophischen Begründung, daß sie ein falsches Verständnis von Politik und damit die einzige Gefahr, die dieser droht, beseitigen könne. Dasselbe hatte er von seiner Begründung der Religion geglaubt, die von ihm nicht attackiert, sondern durch eine Attacke gegen das falsche Verständnis, das die Theologen von ihr haben, gerade gerechtfertigt werde. Doch ist dies, überhaupt ein Verständnis zu haben, mag es richtig oder falsch sein, dem, was Religion ist und was Politik ist, nicht äußerlich. Es geht als etwas, das den Gläubigen und den Bürgern selbst eigen ist, in diese Bereiche ein, so daß gegen es eine Begründung von Religion und Politik nicht gelingen kann. In der ‚Ethik‘ haben Spinozas Begründungen ihre Stärke gerade darin, an das Verständnis, das der Vernünftige von sich hat, gebunden zu bleiben und am Ende damit zusammenzufallen. Dort, wo das nicht geschieht, müssen sie gegenüber der zu begründenden Sache, sei sie Religion, sei sie Politik, an Überzeugungskraft verlieren.

V. Nach Spinoza

1. Wirkungsgeschichte

Viele haben Spinozas Philosophie als ein geschlossenes System von großer Erhabenheit bewundert; produktiv aufgegriffen worden ist es als ein solches jedoch nicht. Seine Philosophie hinterließ bei den meisten eher den Eindruck des Exotischen. Die früheste Reaktion war eine heftige Polemik gegen den ,Theologisch-Politischen Traktat', die schon 1670 mit einer Streitschrift des Leipziger Rhetorik-Professors Jakob Thomasius einsetzte und die öffentliche Meinung schnell dezidiert gegen Spinozas Lehre gerichtet sein ließ. Philolaos in Herders ,Gott' zog gut hundert Jahre später die Bilanz: „Das habe ich aus dem Munde vieler, die ihn gelesen haben, daß er ein Atheist und Pantheist, ein Lehrer der blinden Notwendigkeit, eine Feind der Offenbarung, ein Spötter der Religion, mithin ein Verwüster der Staaten und aller bürgerlichen Gesellschaft, kurz ein Feind des menschlichen Geschlechts [. . .] gewesen sei. Er verdient also den Haß und Abscheu der Menschenfreunde und wahren Philosophen" (Werke, ed. Suphan, XVI, 412).

Die frühe Fortentwicklung spinozistischen Gedankenguts in den Werken von A. Koerbagh, F. van Leenhof, P. van Hattem und A. J. Cuffeler fand demgegenüber kaum Beachtung. Wirkungsvoll wurde im 18. Jahrhundert hingegen die Kritik Pierre Bayles in dessen einflußreichem ,Dictionnaire historique et critique' (1697), die, getragen von einer generellen Skepsis gegenüber der Metaphysik, Spinozas Philosophie als ein in sich widerspruchsvolles, abstruses und monströses Gebilde hinstellte. So waren es auch bloß isolierte und insofern mißverstandene Punkte, an die einige Frühaufklärer (F. W. Stosch, Th. L. Lau, J. G. Wachter, J. Chr. Edelmann), desinteressiert an

Spinozas philosophischem System im Ganzen, anknüpften. Und die zaghafte Verteidigung Spinozas, verkleidet unter Titeln, die auf die Irrtümer des Philosophen abheben, durch H. de Boulainviller (1731) und durch den ersten deutschen Übersetzer der ‚Ethica‘ J. L. Schmidt (1736/37) erschien in einer für die Rezeption Spinozas ungünstigen Zeit. Am ehesten war es noch seine Bibel-Hermeneutik, die in den Werken von R. Simon (1678), J. Le Clerc (1696) und vollends dann in der ‚Apologie‘ des Hermann Samuel Reimarus (1774–78 auszugsweise von Lessing publiziert) einen rezeptionsgeschichtlichen Erfolg verbuchen konnte.

Eine produktive philosophische Auseinandersetzung führte in der frühen Phase der Rezeption nur Leibniz. Der alt gewordene Hobbes reagierte nicht mehr auf den ‚Theologisch-Politischen Trakat‘, dessen Kühnheit er bewundert haben soll („I durst not write so boldly“). More und Cudworth, die Cambridger Neuplatoniker, übten ebenso wie Malebranche eine nur äußerliche Kritik von einer Philosophie her, die sie unabhängig von Spinoza schon konzipiert hatten. Leibniz hingegen entwickelte seine Philosophie, insbesondere seine Monadenlehre („Spinoza hätte recht, wenn es keine Monaden gäbe“, Phil. Schriften, ed. Gerhardt, III, 575), in kritischer Auseinandersetzung mit Spinoza. Stets war er bemüht, nicht selber einem Spinozismus zu verfallen, der in seinen Augen das Individuelle zu flüchtigen Momenten eines Absoluten mache und darin in grundlegenden Fragen der Philosophie versage. Weder könne er eine Theorie der Konstanz der Dinge in physikalischer Hinsicht noch eine Theorie des menschlichen Geistes als eines Ideen bildenden Subjekts und schon gar nicht eine moralphilosophisch befriedigende Theorie menschlicher Freiheit geben. Die Substanzialität von Singulärem versuchte Leibniz über eine Theorie des potenziellen Enthaltenseins des Weltganzen in jedem *einzelnen,* von dem es in völliger Autarkie entfaltet werde, zu sichern. Den darin gelegenen Determinismus der Ereignisabfolge versuchte er durch die Theorie eines welttranszendenten Gottes zu umgehen, dessen Kausalität nicht nur den auf das Notwendige gerichteten Sätzen der Logik unterliege, sondern in bezug auf tatsächlich Existierendes von einem davon verschiedenen Prinzip geleitet sei. Relativ darauf unterschied Leibniz zwischen notwendigen und zufälligen Wahrheiten. Die Kontingenz des Tatsächlichen werde durch das Prinzip eines zureichenden Grundes gesichert, das von den nach Gesetzen der Logik bloß möglichen Welten eine einzige verwirklicht und von dem Leibniz meinte, daß es ein Prinzip des Optimalen sei, das die wirkliche Welt der Güte Gottes und nicht einer blinden Notwendigkeit unterwirft. Wirklichkeitsstrukturen more geometrico zu erweisen, sei nur die Konsequenz der irrigen spinozanischen Ineinssetzung von ratio und causa, die nicht nur der Kontingenz des Wirklichen keinen Raum lasse, sondern letztlich überhaupt nicht erklären könne, wie sich *ein* wirklich Seiendes von einem *anderen* an sich selbst unterscheidet. Den Vorwurf der Weltvernichtung, also den des Akosmismus, der für einen Philosophen schlimmer ist als der des Atheismus, hat dann insbesondere Christian Wolff erhoben (Theologia naturalis, 1736–37, Pars II, § 671–716), die in Deutschland anerkannte philosophische Autorität des 18. Jahrhunderts, die wohl vollends dazu beigetragen hat, daß man zu dieser Zeit von Spinoza wie von einem toten Hund sprach.

1785 kam die Wende. Friedrich Heinrich Jacobi, irritiert über Lessings Bekenntnis zum Spinozismus, veröffentlichte ,Über die Lehre des Spinoza, in Briefen an den Herrn Moses Mendelssohn', worin er gegen Lessings, dem Rationalismus der Wolff-Schule verpflichteten Parteigänger Mendelssohn die rationalistischen Prämissen der Philosophie Spinozas durch einen konsequenten Irrationalismus zu untergraben suchte. Die Wirkung von Jacobis Spinoza-Buch war groß, ging allerdings in eine andere Richtung, als sein Autor beabsichtigt hatte. Aus dem toten Hund wurde der Vertreter „eines metaphysischen Typs erster Ordnung" (Scholz, Die Hauptschriften zum Pantheismus-Streit zwischen Jacobi und Mendelssohn, 1916). In der Blütezeit des deutschen Geisteslebens erhielt Spinoza einen festen Platz. Vielfach wurde er allerdings lediglich von Jacobis Deutung her verstanden, der den Blick auf vermeintlich nicht-rationale Komponenten im System Spinozas gelenkt hatte. Herder deutete im Rückgriff auf den Leibnizschen Kraftbegriff die Macht Gottes als ein sich organisierendes Leben im Sinne einer dynamischen Allbelebung. Goethe gewann aus Spinoza den Mut, „mein ganzes Leben der Betrachtung der Dinge zu widmen" (an Jacobi Mai 1786) und zwar unter dem gut spinozanischen Gesichtspunkt, daß jedes Ding ein eigenständiges Dasein habe, das nicht unter einen ihm fremden Maßstab gebracht werden könne und ebendeshalb trotz aller Immanenz Gottes etwas Unerforschliches an sich habe. Schleiermacher glaubte in Spinozas Philosophie theistische Elemente zu finden und in ihrem Abschluß einer Vermittlung des Menschen mit dem Unendlichen solche der Mystik.

Am stärksten war die Wirkung in der Philosophie. Kant sah sich unter dem Eindruck von Jacobis Spinoza-Buch genötigt, sich kritisch mit Spinoza auseinanderzusetzen (‚Was heißt: Sich im Denken orientieren?', 1786), betrachtete bei der Erörterung der Teleologie den Spinozismus aber noch als ein verfehltes System unter anderen (‚Kritik der Urteilskraft', 1790), während die häufige Bezugnahme auf Spinoza im nachkritischen ‚Opus postumum' in ihrer Bedeutsamkeit schwer abzuschätzen ist. Die Nachfolger Kants waren es, die für ihre Kritik an Kants Subjektivitätsphilosophie Spinozas herausragende Bedeutung erkannten. Gegen Kant wurde Spinoza als derjenige Philosoph zur Geltung gebracht, der auf hohem spekulativen Niveau mit seiner Theorie des Absoluten einen Anspruch auf Letztbegründung und vernünftige Durchdringung des Ganzen der Wirklichkeit erhoben hatte und der alle Schattierungen eines Dualismus zu überwinden vermochte, die – wie sich ehedem bei Descartes und jetzt wieder bei Kant gezeigt hatte – daraus resultieren, daß von einem der Welt gegenüberstehenden Subjekt ausgegangen wird. Allerdings war es im wesentlichen nur der spekulative Grundgedanke im allgemeinen, den sie an Spinoza rühmten, der in ihren Augen jedoch unzureichend konzipiert war und den es deshalb zu verbessern galt.

Für Hegel ist der Standpunkt des Spinozismus „der wesentliche Anfang alles Philosophierens" (Werke, ed. Glockner,

XIX, 376), weil sich bei Spinoza der spekulative Gedanken des Absoluten, ohne das nichts anderes ist, als solcher findet. Was ihm fehle, sei eine interne Bestimmung des Absoluten, aus deren Dynamik ein vermittelnder Übergang vom Unendlichen zum Endlichen einsichtig werden könne, also ein Herleiten der mannigfach gegliederten Welt, das zugleich deren Begreifen ist. Unter diesem Aspekt haben Fichte, Schelling und Hegel Spinozas Begriff des Absoluten in je unterschiedlicher Weise weiterbestimmt, wobei ihnen gemeinsam ist, daß sie in die ihrer Ansicht nach unterbestimmte und deshalb starre, wenn nicht gar inhaltsleere Substanz dadurch eine Selbstbewegung hineinzubringen suchten, daß sie mit dem Absoluten ein Sichwissen verbanden. Damit brachten sie das Wissen unter eine Form, die sehr bald und zurecht den Verdacht erweckte, daß sich mit ihr *menschliches* Wissen nicht beschreiben lasse.

Spinoza hatte demgegenüber der göttlichen Substanz jede Form von Wissen abgesprochen, weil er glaubte, daß nur unter dieser Voraussetzung das menschliche Wissen in seiner ihm möglichen Unbedingtheit verständlich gemacht werden könne. Er hatte in seiner Theorie von Subjektivität gezeigt, daß menschliches Wissen als eine subjektive Leistung nicht aus dem Subjekt allein verständlich gemacht werden könne, sondern einer ihm vorgängigen Theorie des Unbedingten bedürfe. Darin konnten die deutschen Idealisten in Spinoza in der Tat einen Verbündeten sehen, der allerdings – anders als die Späteren – die Dynamik der Fortentwicklung von Bestimmungen nicht aus dem Unbedingten, sondern im Rückgriff auf einen durch Erkennen ausgezeichneten endlichen Modus entwickelt und so die Fortentwicklung als ein fortschreitendes Sichverdeutlichen dessen versteht, was den Erkennenden von Ewigkeit her bestimmt. Zugleich hat Spinoza darauf insistiert – worin er sich von Hegel (wie auch von Leibniz) unterscheidet –, daß das die Fortentwicklung leitende Prinzip keinerlei teleologische Implikationen enthält, also nicht als eine einen Modus auf ein Ziel hinleitende Kraft verstanden werden könne. Das war für ihn die Voraussetzung dafür, daß von einer *Freiheit* des Menschen gesprochen werden könne, die ihm nicht gegen das unbedingte und darin absolut freie Prinzip zukommen kann, worin sie die Freiheit einer Wahl zwischen Alternativen wäre, die ihm aber auch nicht deshalb schon zukommt, weil dieses Prinzip in ihm, in welcher Weise auch immer, wirksam ist.

Im späteren 19. Jahrhundert erlahmte mit dem Nachlassen des Interesses an der philosophischen Spekulation und dem mit ihr verbundenen Begründungsgedanken auch das Interesse an Spinoza. Mehr denn je ließen sich einzelne Aspekte seines Systems herauspicken und je nach Geschmack in die eigene Philosophie integrieren, wie es Schopenhauer und Nietzsche unbekümmert taten. Andererseits erhielt Spinoza in der einsetzenden Philosophiegeschichtsschreibung einen angemessenen Raum als ein anerkannter, aber vergangener Philosoph, der für die Entwicklung der Philosophie von Descartes über Leibniz und Kant zum Deutschen Idealismus keinesfalls ausgespart werden konnte. Feuerbach hat ihn in der 3. Auflage seiner „Geschichte der Philosophie" (1847) noch einmal unter einen weltanschaulichen Gesichtspunkt gebracht und zu einem Materialisten stilisiert, wie achtzig Jahre vorher schon Diderot in seinem Spinoza-Artikel der ‚Encyclopédie' (1765) und der Baron von Holbach in seinem ‚Système de la nature' (1770).

Die im 20. Jahrhundert einsetzende Wissenschaft des Judentums erinnerte sich des ehedem jüdischen Philosophen und förderte nicht unerheblich die internationale Diskussion. Seit Mitte der 60er Jahre ist eine intensive Spinoza-Forschung zu verzeichnen, die ihre stärksten Impulse vom französischen Strukturalismus empfing, die sich Spinozas Rationalismus aber auch unter wissenschafts- und systemtheoretischen Aspekten und im Rahmen einer „philosophy of mind" zuwendet sowie an seine Anthropologie im Zusammenhang einer Aufwertung der naturalistischen und sogar ökologischen Ethik anknüpft.

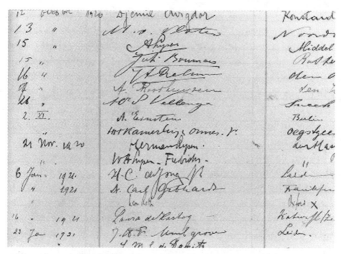

Abb. 5: Gästebuch des Spinoza-Hauses in Rijnsburg mit Eintragungen von Albert Einstein, Heike Kamerlingh-Onnes, Carl Gebhardt und Leon Roth.

2. Ausblick

Hegel hatte in seinen ‚Vorlesungen zur Geschichte der Philosophie' geschrieben: „Wenn man anfängt zu philosophieren, so muß man zuerst Spinozist sein. Die Seele muß sich baden in diesem Äther der einen Substanz, in dem Alles, was man für wahr gehalten hat, untergegangen ist. Es ist die Negation alles Besonderen, zu der jede Philosophie gekommen sein muß; es ist die Befreiung des Geistes und seine absolute Grundlage" (Werke, ed. Glockner, XIX, 376). Das ist das Lob für eine große Philosophie, mag Hegel sie auch nicht in der ihr eigenen Ausprägung im Blick gehabt haben. Spinozismus als den Anfang alles Philosophierens zu bezeichnen, meint, das Philosophieren als etwas zu verstehen, das es sich mit dem, was sich begründeterweise behaupten läßt, nicht zu einfach macht, das also nicht zu schnell zu Aussagen über Sachverhalte gelangt.

Das ist mehr als der Abbau von Vorurteilen und den in ihnen gelegenen Voreiligkeiten bloßen Meinens, den Spinoza sich auch zum Ziel gesetzt hatte; es ist der Aufruf zu einem Urteilen, in dem das Besondere aus einem universellen Zusammenhang, in dem es steht, zu begreifen ist. Nicht das Besondere als solches ist zu negieren, sondern der Versuch, es aus ihm selbst heraus begreifen zu wollen und darin sich mit Stückwerk zufrieden zu geben. Gegen die menschliche Zufriedenheit in der Bescheidung unseres Erkenntnisanspruchs mutet Spinoza der Philosophie viel zu, indem er sie, mit Hegels Worten, auf eine absolute Grundlage stellt. Diese Grundlage ist gewiß nicht das menschliche Subjekt selber; doch ist die Orientierung an dem Absoluten, das hat Hegel richtig gesehen, die Befreiung des menschlichen Geistes. Es ist die Befreiung des Menschen aus seiner Unwissenheit, auf die er sich zurückzuziehen geneigt ist angesichts von Problemen, die sich ihm aufdrängen, die er aber nicht aus sich heraus zu lösen vermag und in bezug auf die er alle affirmativen Aussagen dann bloß für wahr *halten* kann.

Für Spinoza hat der menschliche Geist die Macht unbedingten Erkennens nicht, weil er selber unbedingt wäre, sondern weil er durch ein von ihm verschiedenes Unbedingtes bestimmt ist, das Spinoza in traditionellem Vokabular Gott nennt, mögen viele darin ihre Vorstellung, die sie von Gott haben, auch nicht wiedererkennen. Gemäß dem realistisch gedeuteten Zusammenfall von esse und concipi hat Spinoza mit dem Begriff Gottes zwei fundamentale Bestimmungen verbunden: daß ihm eine weltbezogene Wirksamkeit, die Spinoza Kausalität nennt, zukomme und daß er über diese Wirksamkeit von einem Wesen dieser Welt adäquat erkennbar sei. Beide Thesen sind uns heute höchst fremdartig. In einer anderen Hinsicht kommt uns Spinozas Philosophie aber durchaus entgegen, insofern seine Metaphysik keine Metaphysik des Transzendenten ist, sondern eine Metaphysik elementarer Strukturen der Welt, die ewig zu nennen nicht absonderlich ist. Mit dieser Struktur-Metaphysik hat Spinoza eine davon zu *unterscheidende* Metaphysik menschlicher Weltorientierung verknüpft, auf die sein System hinausläuft, das er deshalb unter den Titel

‚Ethik' gebracht hat. Diese als Ethik zu verstehende Metaphysik, mag man sie mit Kant auch dogmatisch nennen, ist hinreichend offen. Spinozas Ethik ist metaphysisch, sofern sie sich in der Erkenntnis eines Unbedingten erfüllt, in der der Mensch sich von diesem Unbedingten als dem Prinzip ewiger Strukturen her selber als ewig begreift. Zugleich hat Spinoza aber deutlich gemacht, daß dieses Begreifen an einen in die Zeit fallenden Prozeß gebunden ist, in dem der Mensch auf die Hindernisse seiner natürlichen Ausstattung stößt, die ihn nötigen, einen Weg zu gehen, auf dem er sich zu bemühen hat, diese Hindernisse in dem ihnen eigenen Gehalt zu begreifen, d.h. in angemessener Weise in den Kontext seiner Welterfahrungen zu integrieren. Das kann ihm im Hinblick auf die Vielfalt der Weltbezüge, in denen er lebt, gar nicht vollständig gelingen; und Spinoza hat keinen Zweifel daran gelassen, daß diese Vielfalt vom Menschen nicht immer in adäquater Weise erkannt werden kann. Insofern sind das auf die Strukturontologie der Substanz sich stützende und im Dienst einer Ethik stehende adäquate Erkennen und der damit verbundene absolute Rationalismus nicht eine vom menschlichen Handeln unabhängige Prämisse der Ethik, sondern eher ein *Programm,* das der Mensch in seiner Weltorientierung zu verfolgen hat. Im Verfolg dieses Programms hat der Mensch, um noch einmal mit Hegel zu sprechen, das Besondere zu negieren, nicht um es aufzuheben (tollere), sondern um es in einen umgreifenden Zusammenhang zu integrieren (ponere).

Dem konkreten Erkennen geht die Annahme voran, daß es einen solchen Zusammenhang gebe, in dem jedes einzelne seinen Ort hat und aus dem heraus es deshalb allein, wenn überhaupt, adäquat begriffen werden kann. Sie gründet in der Ontologie der einen Substanz und der damit verbundenen Theorie elementarer Weltstrukturen. Doch wird der Mensch bloß in der Orientierung an den dort entwickelten elementaren Strukturen der Welt nichts von dem Besonderen, das ihn in seinem Leben bestimmt, in den Blick bringen können, da dieses Besondere nicht aus allgemeinen ewigen Strukturen folgt. Es bedarf deshalb, soll es nicht als nichtig erklärt werden, was Spinoza gewiß nicht tut, eines Erkenntniszugangs von den tatsächlichen Erfahrungen des Menschen her, die es jedoch, das ist das Programm, unter einem Aspekt des Ewigen zu betrachten gilt. Diesen Aspekt zu verfolgen, bedeutet, darauf aus zu sein, die Vielfalt der besonderen Erfahrungen in einen integrativen Zusammenhang zu bringen. Deshalb scheint es mir wichtig zu sein, Spinozas Philosophie nicht als ein deduktives System zu interpretieren, das von oben herab, aus den formalen Strukturen eines ersten Prinzips, die Mannigfaltigkeit der Welt und in eins damit die Stellung des Menschen in ihr zu erklären sucht. Eine solche Deutung würde Spinozas System nicht nur zu viel zumuten, sondern auch inhaltsarm machen und letztlich die Deutung eines Akosmismus nahelegen, in dem dann auch eine Ethik keinen Ort hätte, es sei denn eine solche der Weltflucht.

Zu einer solchen Deutung haben sich die Philosophen des Deutschen Idealismus verführen lassen, indem sie glaubten, das System der ‚Ethik‘ sei mit der abstrakten Strukturtheorie ihres ersten Teils fertig. Sieht man hingegen, daß die weiteren Teile integrale Bestandteile des Systems sind und zwar nicht im Sinne einer bloßen Applikation des von der Substanz generell Gesagten auf das Feld menschlichen Agierens, sondern im Sinne einer inhaltlichen Füllung des grundlegenden Prinzips, dann wird das System hinreichend offen für den Verfolg einer Perspektive, die ihren Ausgang von dem Modus Mensch nimmt, in bezug auf dessen Handeln die Substanztheorie ihre Bedeutung erhält. Wenn Spinoza auch zu zeigen sucht, daß der Erkenntnisweg des Menschen in der Erkenntnis des Unbedingten seinen Abschluß findet und daß diese Erkenntnis Bedingung gelingenden menschlichen Lebens ist, so ist dies doch nicht der Schlußpunkt des Systems, mag er auch das Ende eines Weges sein, den der Mensch durchlaufen muß, um sich bewußt zu werden, worin sein Glück besteht. Mit dem *Abschluß* der Erkenntnis in der Erkenntnis Gottes will Spinoza zeigen, daß sein grundlegendes Theorem einer immanenten Kausalität Gottes aus dem menschlichen Geist als einem Modus der Welt, in dem diese Kausalität ist, erweisbar ist und deshalb für das zu führende Leben des Menschen zurecht von Bedeutung ist. Aber diese über das menschliche Handeln erfolgende Rechtfertigung der Strukturontologie läßt dem Menschen Raum, die kontingenten, weil zeitlich erfolgenden Ereignisse seines Lebens, die nicht Folge der Ewigkeit Gottes sind, im *Horizont* einer Erfahrung des Ewigen zu begreifen. Und von dieser Form des Begreifens gilt, daß sie nicht an ein definitives Ende gelangen kann und darin offen ist für neuartige Erfahrungen, an denen sich die Kraft rationalen Erkennens bewähren muß und auch scheitern kann.

Spinozas Rationalismus ist keine einfache, die Phänomenmannigfaltigkeit überspringende Angelegenheit, die sich anheischig machte, aus einigen wenigen Prämissen die Zusammenhänge der Welt zu begreifen. Das Faszinierende seiner Philosophie scheint mir darin zu bestehen, angesichts der Mannigfaltigkeit der dem Menschen sich darbietenden Phänomene unbeirrt an einem Prinzip durchgängiger Rationalität festgehalten zu haben, wenn nicht als Fundament aller philosophischen Untersuchungen, so doch als deren Ziel, von dem Spinoza überzeugt war, daß es ein Ziel sei, das philosophischen Untersuchungen immanent ist. Spinozas Rationalismus macht es sich im Sicheinlassen auf die Phänomene gewiß nicht leicht, sondern legt im Gegenteil dar – damit endet die ‚Ethik‘ –, daß alles, was vortrefflich und damit Gegenstand der Philosophie ist, schwer (difficilis) sei (E V,42s). Schwer ist es, die höchste Form des Erkennens, die Spinoza intuitive Erkenntnis nennt, zu erlangen, nicht weil sie die exklusive Angelegenheit einiger Auserwählter mit besonderen Erkenntnisgaben wäre, sondern weil sie sich im Menschen zur Geltung bringen muß angesichts von Tatbeständen, die dieser Erkenntnis zunächst entgegenstehen. An der Wechselseitigkeit des Bezuges von Geist und Körper hat das Spinoza ebenso aufgezeigt wie an dem von Handeln und Leiden, von Erkennen und Affektivität, generell von Vernunft und Unvernunft und in menschlicher Perspektive schließlich auch von Ewigkeit und Zeitlichkeit. Und er hat damit die Absage an jede Form eines Sollens verbunden, dessen normativer Gehalt das den Menschen tatsächlich Bestimmende überspringt und deshalb zu keiner das menschliche Handeln bestimmenden Kraft wird.

Dem Erkennen hat Spinoza eine solche Kraft zugetraut und sie so auszuweisen gesucht, daß er sie an der den Menschen bestimmenden Wirklichkeit sich bewähren läßt. Daß das Erkennen tatsächlich diese Kraft hat, mag zweifelhaft sein. Einen dahingehenden Anspruch glaubte Spinoza auch für den Fall verteidigen zu können, daß dem Erkennen jener Erfolg der absoluten Befreiung des Menschen von aller Fremdbestimmung nicht beschieden ist. Er hat ihn verteidigt, weil er keine seriöse Alternative zu ihm gesehen hat. Absurd sei es, „wenn jemand deswegen, weil er nicht glaubt, seinen Körper mit guten Nahrungsmitteln in Ewigkeit nähren zu können, sich lieber mit Gift und todbringenden Dingen sättigen wollte, oder weil er seinen Geist nicht als ewig oder unsterblich ansieht, lieber geistlos sein und ohne Vernunft leben wollte" (E V,41s). Das schreibt Spinoza in der Anmerkung zu dem Lehrsatz der ‚Ethik‘, der nach dem Nachweis des Gelingens einer absoluten Befreiung durch rationales Erkennen betont, daß der *Weg* auf diese Befreiung hin vernünftig und damit gerechtfertigt sei *unabhängig* davon, ob sie am Ende gelingt oder nicht. Auch das ist – angesichts des spinozanischen Begriffs von Vernunft – immer noch ein hoher Anspruch, den man der Philosophie aber zubilligen sollte, will man ihr nicht von vornherein allzu wenig zutrauen.

VI. Anhang

Zeittafel

1666	Lodewijk Meyers *Philosophia Scripturae interpres* ...
1668	Prozeß gegen Adriaan Koerbagh, der im Gefängnis stirbt
1670	*Tractatus theologico-politicus* (anonym mit fingiertem Verleger und Druckort; tatsächlich Amsterdam bei Jan Rieuwertsz). Übersiedlung nach Den Haag. Beginn heftiger Attacken gegen den Traktat, dessen Verfasser bald bekannt wird
1672	Beginn des Krieges mit Frankreich. Ermordung Jan de Witts und Berufung Wilhelms III. von Oranien zum Statthalter der Republik
1673	Ablehnung des Rufs auf eine Professur in Heidelberg. Besuch des französischen Heerlagers in Utrecht
1674	Verbot des *Tractatus theologico-politicus* in den Niederlanden. Korrespondenz mit Ehrenfried Tschirnhaus
1675	Vollendung der *Ethica*, die nicht publiziert wird. Beginn der Arbeit am *Tractatus politicus*
1676	Besuch von Leibniz in Den Haag
1677	21. Februar Spinoza in Den Haag gestorben. Erscheinen der *Opera posthuma* (in Amsterdam bei Jan Rieuwertsz) und wenig später der niederländischen Übersetzung (*Nagelatene Schriften* bei demselben Verleger)

Bibliographie

A. Werke

Spinoza Opera, hrsg. von C. Gebhardt, 4 Bde., Heidelberg 1924–26, Nachdruck 1973, Ergänzungsband V 1987.

Korte Verhandeling van God, de Mensch en deszelvs Welstand, hrsg. von F. Mignini; in: Werken van Spinoza Bd. III, Amsterdam 1982, S. 223–436.

Deutsche Übersetzungen
Sämtliche Werke, Hamburg
Bd. 1: Kurze Abhandlung von Gott, dem Menschen und dessen Glück, hrsg. von W. Bartuschat, 1991.
Bd. 2: Die Ethik nach geometrischer Methode dargestellt, hrsg. von O. Baensch, Nachdruck 1994.
Bd. 3: Theologisch-politischer Traktat, hrsg. von G. Gawlick, 3. Aufl. 1994.
Bd. 4: Descartes' Prinzipien auf geometrische Weise begründet mit dem Anhang, enthaltend metaphysische Gedanken, hrsg. von W. Bartuschat, 2. Aufl. 1987.
Bd. 5.1: Abhandlung über die Verbesserung des Verstandes, lat.-dt., hrsg. und übers. von W. Bartuschat, 1993.

Bd. 5.2: Politischer Traktat, lat.-dt., hrsg. und übers. von W. Bartuschat, 1994.

Bd. 6: Briefwechsel, hrsg. von M. Walther, 3. Aufl. 1986.

Bd. 7: Lebensbeschreibungen und Dokumente, hrsg. von M. Walther, 1977.

Ergänzungsband: Algebraische Berechnung des Regenbogens. Berechnung von Wahrscheinlichkeiten, niederl.-dt., hrsg. und übers. von H.-Chr. Lucas und M. J. Petry, 1982.

Niederländische Übersetzung

Briefwisseling, hrsg. und übers. von F. Akkerman et al., Amsterdam-Antwerpen 1977.

Englische Übersetzung

The Collected Works of Spinoza Bd. I, hrsg. und übers. von E. Curley, Princeton 1985.

B. Hilfsmittel, Zeitschriften

Akkerman, F.: Studies in the posthumous works of Spinoza, Groningen 1980.

Akkerman, F. und P. Steenbakkers (Hg.): Lex textes de Spinoza, Assen 1995

Giancotti-Boscherini, E.: Lexicon Spinozanum, 2 Bde., Den Haag 1970.

Guéret, M. et al.: Spinoza, Ethica. Concordances, index verborum, liste de fréquences, tables comparatives, Louvain-la-Neuve 1977.

Préposiet, J.: Bibliographie spinoziste, Paris 1973.

Van der Werf, Th. et al.: A Spinoza bibliography 1971–1983, Leiden 1984.

Bulletin de bibliographie spinoziste. In: Archives de philosophie 42 ff, 1979 ff.

Cahiers Spinoza, Paris 1977 ff.

Chronicon Spinozanum, Bd. 1–5, Den Haag 1921–1927.

Mededelingen vanwege het Spinozahuis, Leiden 1934 ff.

Studia Spinozana, Alling 1985–1987, Würzburg 1988 ff.

C. Sammelbände

Altwicker, N. (Hg.): Texte zur Geschichte des Spinozismus, Darmstadt 1971.

Bend, J. G. van der (Hg.): Spinoza on knowing, being and freedom, Assen 1971.

Bostrenghi, D. (Hg.): Hobbes e Spinoza. Scienza e politica, Neapel 1992.

Curley, E. und P.-F. Moreau (Hg.): Spinoza. Issues and directions, Leiden 1990.

Domínguez, A. (Hg.): La ética de Spinoza. Fundamentos y significado, Ciudad Real 1992.

Freeman, E. und E. Mandelbaum (Hg.): Spinoza. Essays in interpretation, La Salle 1975.

Garret, D. (Hg.): The Cambridge Companion to Spinoza, New York 1996.

Giancotti, E. (Hg.): Proceedings of the first Italian international congress on Spinoza, Neapel 1985.

Grene, M. (Hg.): Spinoza. A collection of critical essays, Garden Green 1973.

Grene, M. und D. Nails (Hg.): Spinoza and the sciences, Dordrecht 1986.

Kashap, S.P. (Hg.): Studies in Spinoza. Critical and interpretive essays, Berkeley 1972.

Kennington, R. (Hg.): The philosophy of Baruch Spinoza, Washington 1980.

Neue Hefte für Philosophie 12 (Spinoza 1677–1977), Göttingen 1977.

Schewe, M. und A. Engstler (Hg.): Spinoza, Frankfurt/M 1990.

Shalan, R.W. und J. Biro (Hg.): Spinoza. New perspectives, Oklahoma 1978.

Synthese 37, Heft 1 (Spinoza), Dordrecht 1978.

Wilbur, J.B. (Hg.): Spinoza's metaphysics. Essays in critical appreciation, Assen 1976.

Yovel, Y. (Hg.): God and nature. Spinoza's metaphysics, Leiden 1991.

Yovel, Y. (Hg.): Spinoza on knowledge and the human mind, Leiden 1994.

D. Biographien und Hintergrund

Albiac, G.: La sinagoga vacia. Un estudio de las fuentes marranes del espinosismo, Madrid 1987 (frz. Übersetzung Paris 1994).

Brykman, G.: La juidéité de Spinoza, Paris 1972.

Dunin-Borkowski, S.: Spinoza, 4 Bde., Münster 1933/36.

Feuer, L.S.: Spinoza and the rise of liberalism, Boston 1958.

Francès, M.; Spinoza dans les Pays Néerlandais de la seconde moitié du XVIIe siècle, Paris 1937.

Freudenthal, J.: Spinoza. Sein Leben und seine Lehre, 2 Bde., Stuttgart 1904.

Méchoulan, H.: Amsterdam au temps de Spinoza. Argent et liberté, Paris 1990.

Meinsma, K.O.: Spinoza een zijn kring, Den Haag 1896 (dt. Übersetzung: Spinoza und sein Kreis. Historisch-kritische Studien über holländische Freigeister, Berlin 1909).

Osier, J.-P.: D'Uriel da Costa à Spinoza, Paris 1983.

Revah, I.S.: Spinoza et le Dr. Juan de Prado, Paris 1959.

Vaz Diaz, A.M. und W.G. Van der Tak: Spinoza, mercator et autodidactus, Den Haag 1932 (2. Aufl. Amsterdam 1982).

Vries, Th. de: Baruch de Spinoza mit Selbstzeugnissen und Bilddokumenten, Reinbek 1990.

Yovel, Y.: Spinoza and other heretics, Bd. 1 (The Marrano of reason), Princeton 1989 (dt. Übersetzung: Spinoza. Das Abenteuer der Immanenz, Göttingen 1994).
Wolfson, H. A.: The philosophy of Spinoza, 2 Bde., Cambridge 1934, 3. Aufl. 1983.

E. Einführungen

Allison, H. E.: Benedict de Spinoza. An Introduction, New Haven 1987.
Cristofolini, P.: Spinoza per tutti, Mailand 1993.
Curley, E.: Behind the geometrical method. A reading of Spinoza's Ethics, New Jersey 1988.
Hampshire, St.: Spinoza, Harmondsworth 1951, 3. Aufl. 1981.
Hubbeling, H. G.: Spinoza, Freiburg/München 1978.
Moreau, P.-F.: Spinoza, Paris 1975 (dt. Übersetzung: Spinoza. Versuch über die Anstößigkeit seines Denkens, Frankfurt/M 1994).
Seidel, H.: Spinoza zur Einführung, Hamburg 1994.
Widmann, F.: Baruch de Spinoza. Eine Hinführung, Würzburg 1982.

F. Gesamtdarstellungen

Alquié, F.: Le rationalisme de Spinoza, Paris 1981.
Bartuschat, W.: Spinozas Theorie des Menschen, Hamburg 1992.
Bartuschat, W.: Baruch de Spinoza. In: Grundriß der Geschichte der Philosophie. Die Philosophie des 17. Jahrhunderts, Bd. 2, Basel 1993, S. 893–969; 974–986.
Bennett, J.: A study of Spinoza's Ethics, Indianapolis 1984.
Curley, E.: Spinoza's metaphysics, Cambridge/Mass. 1969.
Deleuze, G.: Spinoza et le problème de l'expression, Paris 1968 (dt. Übersetzung: Spinoza und das Problem des Ausdrucks in der Philosophie, München 1993).
Donagan, A.: Spinoza, New Jersey 1988.
Harris, E. E.: Salvation from despair. A reappraisal of Spinoza's philosophy, Den Haag 1973.
Moreau, P.-F.: Spinoza. L'expérience et l'éternité, Paris 1994.
Wetlesen, J.: The sage and the way. Spinoza's ethics of freedom, Assen 1979.
Zac, S.: L'idée de vie dans la philosophie de Spinoza, Paris 1963.

G. Ontologie und Erkenntnistheorie

Biasutti, F.: La dottrina della scienza in Spinoza, Bologna 1979.
Cramer, W.: Spinozas Philosophie des Absoluten, Frankfurt/M 1966.

De Deugd, C.: The significance of Spinoza's first kind of knowledge, Assen 1966.

De Dijn, H.: De epistemologie van Spinoza, Diss. Löwen 1971.

Di Vona, P.: Studi sull'ontologia di Spinoza, 2 Bde., Florenz 1960/69.

Fløistad, G.: The problem of understanding in Spinoza's Ethics, Diss. London 1967.

Gueroult, M.: Spinoza I (Dieu), Paris 1968, Spinoza II (L'Ame), Hildesheim 1974.

Hubbeling, H. G.: Spinoza's methodology, Assen 1964.

Jarrett, C. E.: A study of Spinoza's metaphysics, Diss. Berkeley 1974.

Lécrivain, A.: Spinoza et la physique cartésienne. In: Cahiers Spinoza 1 (1977), S. 235–265, 2 (1978), S. 93–206.

Mark, Th. C.: Spinoza's theory of truth, New York 1972.

Mignini, F.: Ars imaginandi. Apparenza e rappresentazione in Spinoza, Neapel 1981.

Parkinson, G. H. R.: Spinoza's theory of knowledge, Oxford 1954.

Robinson, L.: Kommentar zu Spinozas Ethik, Bd. 1, Leipzig 1928 (2. Aufl. London 1980).

Rombach, H.: Spinoza. In: Substanz, System, Struktur, Bd. 2, Freiburg/München 1966, S. 9–97.

Rousset, B.: La perspective finale de l'„Ethique" et le problème de la cohérence du spinozisme, Paris 1968.

Sprigge, T. I. S.: Spinoza's identity theory. In: Inquiry 20 (1977), S. 419–445.

Walther, M.: Metaphysik als Anti-Teleologie. Die Philosophie Spinozas im Zusammenhang der religionsphilosophischen Problematik, Hamburg 1971.

H. Ethik und Affektenlehre

Bertrand, M.: Spinoza et l'imaginaire, Paris 1983.

Hampshire, St.: Spinoza and the idea of freedom. In: S. P. Kashap (Hg.), Studies in Spinoza, Berkeley 1972, S. 310–331.

Kolakowski, L.: Jednostka i nięskończoność. Wolność i antynomie wolności w filozofii Spinozy [Das Individuum und das Unendliche. Die Freiheit und die Antinomie der Freiheit in der Philosophie Spinozas], Warschau 1958.

Macherey, P.: Introduction à l'Ethique de Spinoza. La III e partie: La vie affective, Paris 1995

Matheron, A.: Individu et communauté chez Spinoza, Paris 1969, 2. Aufl. 1988.

Misrahi, R.: Spinoza, un itinéraire du bonheur par la joie, Paris 1992.

Naess, A.: Freedom, emotion and self-subsistance. The structure of a central part of Spinoza's Ethics, Oslo 1975.

Naess, A. und J. Wetlesen: Conation and cognition in Spinoza's theory of affects, Oslo 1967.

Schrijvers, M.: Spinozas Affektenlehre, Bern 1989.

Wiehl, R.: Die Vernunft in der menschlichen Unvernunft. Das Problem der Rationalität in Spinozas Affektenlehre, Göttingen 1983.

I. Politik und Religion

Balibar, E.: Spinoza et la politique, Paris 1985.

Den Uyl, D.J.: Power, state and freedom. An interpretation of Spinoza's political philosophy, Assen 1983.

Haddad-Chamakh, F.: Philosophie systématique et système de philosophie politique chez Spinoza, Tunis 1980.

Hecker, K.: Gesellschaftliche Wirklichkeit und Vernunft in der Philosophie Spinozas, Diss. Regensburg 1975.

Laux, H.: Imagination et religion chez Spinoza, Paris 1993.

Malet, A.: Le Traité théologico-politique de Spinoza et la pensée biblique, Paris 1966.

Matheron, A.: Le Christ et le salut des ignorants chez Spinoza, Paris 1971.

Matheron, A.: Anthropologie et politique au XVIIe siècle (Etudes sur Spinoza), Paris 1986.

McShea, R.: The political philosophy of Spinoza, New York 1968.

Mugnier-Pollet, L.: La philosophie politique de Spinoza, Paris 1976.

Negri, A.: L'anomalia selvaggia. Saggio su potere e potenza in Baruch Spinoza, Mailand 1981 (dt. Übersetzung: Die wilde Anomalie. Baruch Spinozas Entwurf einer freien Gesellschaft, Berlin 1982).

Röd, W.: Spinozas Lehre von der Societas, Turin 1969.

Spinoza, Science et religion. De la méthode géometrique à l'interprétation de l'Ecriture Sainte, Paris 1988.

Strauss, L.: Die Religionskritik Spinozas als Grundlage seiner Bibelwissenschaft. Untersuchungen zu Spinozas Theologisch-politischem Traktat, Berlin 1930, 2. Aufl. Darmstadt 1981.

Tosel, A.: Spinoza ou le crépuscule de la servitude. Essai sur le Traité théologico-politique, Paris 1984.

Wernham, A.G.: Introduction to Spinoza. The Political Works, New York 1958.

Zac, S.: Spinoza et l'interprétation de l'Ecriture, Paris 1965.

K. Kurze Abhandlung von Gott, dem Menschen und dessen Glück

Boss, G.: L'enseignement de Spinoza. Commentaire du „Court Traité", Zürich 1982.

Mignini, F.: Spinoza. Korte Verhandeling/Breve Trattato, L'Aquila 1986.
Mignini, F. (Hg.): Dio, l'uomo, la libertà. Studi sul „Breve Trattato" di Spinoza, L'Aquila 1990.

L. Abhandlung über die Verbesserung des Verstandes

De Dijn, H.: Spinoza. The way to wisdom, West Lafayette 1996.
Mignini, F.: Per la datazione e l'interpretazione del „Tractatus de intellectus emendatione" di Spinoza. In: La Cultura 17 (1979), S. 87–160.
Rousset, B.: Spinoza, Traité de la réforme de l'entendement, Paris 1992.
Zweerman, Th.: Spinoza's inleiding tot de filosofie, Diss. Löwen 1983 (frz. Übersetzung Assen 1993).

M. Descartes' Prinzipien der Philosophie und Metaphysische Gedanken

Gueroult, M.: Le cogito et l'ordre des axiomes métaphysiques dans les „Principia philosophiae cartesianae" de Spinoza. In: Ders., Etudes sur Descartes, Spinoza, Malebranche et Leibniz, Hildesheim 1970, S. 64–78.
Schnepf, R.: Metaphysik im ersten Teil der Ethik Spinozas, Würzburg 1996.

N. Wirkungsgeschichte, Vergleichende Studien

Bloch, O. (Hg.): Spinoza au XXe siècle, Paris 1993.
Bollacher, M.: Der junge Goethe und Spinoza. Studien zur Geschichte des Spinozismus in der Epoche des Sturm und Drang, Tübingen 1969.
Boss, G.: La différence des philosophies. Hume et Spinoza, Zürich 1982.
Bouveresse, R.: Spinoza et Leibniz. L'idée d'animisme universel, Paris 1992.
Chiereghin, F.: L'influenza dello spinozismo nella formazione della filosofia hegeliana, Padua 1961.
Cramer, K. et al. (Hg.): Spinozas Ethik und ihre frühe Wirkung, Wolfenbüttel 1981.
Delf, H. et al. (Hg.): Spinoza in der europäischen Geistesgeschichte, Berlin 1994.
Gründer, K. und W. Schmidt-Biggemann (Hg.): Spinoza in der Frühzeit seiner religiösen Wirkung, Heidelberg 1984.
Macherey, P.: Hegel ou Spinoza, Paris 1979, 2. Aufl. 1990.
Otto, R.: Studien zur Spinozarezeption in Deutschland im 18. Jahrhundert, Frankfurt/M 1994.
Pätzold, D.: Spinoza-Aufklärung-Idealismus, Frankfurt/M 1995.

Scholz, A.: Hauptschriften zum Pantheismusstreit zwischen Jacobi und Mendelssohn, Berlin 1916.

Schröder, W.: Spinoza in der deutschen Frühaufklärung, Würzburg 1987.

Spinoza en Allemagne. In: Archives de philosophie 46 (1983), S. 531–612.

Spinoza entre Lumières et Romantisme, Fontenay-aux-Roses 1985.

Timm, H.: Gott und die Freiheit, Bd. 1 (Die Spinozarenaissance), Frankfurt/M 1974.

Vernière, P.: Spinoza et la pensée française avant la Révolution, 2 Bde., Paris 1954.

Walther, M. (Hg.): Spinoza und der deutsche Idealismus, Würzburg 1992.

Yakira, E.: Contrainte, nécessité, choix. La métaphysique de la liberté chez Spinoza et chez Leibniz, Zürich 1989.

Yovel, Y.: Spinoza and other heretics, Bd. 2 (The adventures of immanence), Princeton 1989 (dt. Übersetzung: Spinoza. Das Abenteuer der Immanenz, Göttingen 1994).

Personenregister

Sachregister

Beck'sche Reihe „Denker"

Herausgegeben von Otfried Höffe

Verlag C. H. Beck München

Buchanzeigen

Philosophie und Geistesgeschichte

Jürgen Audretsch (Hrsg.)
Die andere Hälfte der Wahrheit
Naturwissenschaft, Philosophie, Religion
1992. 255 Seiten. Paperback
Beck'sche Reihe Band 469

Thomas Buchheim
Die Vorsokratiker
Ein philosophisches Porträt
1994. 262 Seiten. Broschiert

Rafael Ferber
Philosophische Grundbegriffe
Eine Einführung
3., durchgesehene Auflage. 1995. 184 Seiten. Paperback
Beck'sche Reihe Band 1054

Vittorio Hösle
Philosophiegeschichte und objektiver Idealismus
Acht Aufsätze
1996. 277 Seiten. Paperback
Beck'sche Reihe Band 1159

Wolfgang Röd
Der Weg der Philosophie
Von den Anfängen bis ins 20. Jahrhundert
Band 1: Altertum, Mittelalter, Renaissance
1994. 525 Seiten. Leinen

Werner Schneiders (Hrsg.)
Lexikon der Aufklärung
Deutschland und Europa
1995. 462 Seiten. Leinen

Verlag C. H. Beck München

Klassiker des Denkens

Klassiker der Philosophie
Herausgegeben von Otfried Höffe
Band 1: Von den Vorsokratikern bis David Hume
3., überarbeitete Auflage. 1994. 564 Seiten mit 23 Porträtabbildungen.
Leinen
Band 2: Von Immanuel Kant bis Jean Paul Sartre
3., überarbeitete Auflage. 1994. 565 Seiten mit 23 Porträtabbildungen.
Leinen

Klassiker der Naturphilosophie
Herausgegeben von Gernot Böhme
Von den Vorsokratikern bis zur Kopenhagener Schule
1989. 458 Seiten mit 4 Abbildungen und 24 Porträtabbildungen.
Leinen

Klassiker der Sprachphilosophie
Herausgegeben von Tilman Borsche
Von Platon bis Noam Chomsky
1996. 548 Seiten mit 24 Abbildungen. Leinen

Klassiker des politischen Denkens
Herausgegeben von Hans Maier, Heinz Rausch und Horst Denzer
Band 1: Von Plato bis Hobbes
6., überarbeitete und erweiterte Auflage. 1986. 379 Seiten. Leinen
Band 2: Von Locke bis Max Weber
5., völlig überarbeitete und um einen Beitrag erweiterte Auflage. 1987.
410 Seiten. Leinen

Klassiker der Religionsphilosophie
Herausgegeben von Friedrich Niewöhner
Von Platon bis Kierkegaard
1995. 397 Seiten mit 18 Abbildungen. Leinen

Klassiker der Theologie
Herausgegeben von Heinrich Fries und Georg Kretschmar
Band 1: Von Irenäus bis Martin Luther.
Band 2: Von Richard Simon bis Dietrich Bonhoeffer
Sonderausgabe
1988. Zusammen 948 Seiten mit 43 Porträtabbildungen. Broschiert

Verlag C. H. Beck München